법과 논증이론

Juristische Argumentationslehre

울프리드 노이만 지음
윤 재 왕 옮김

세창출판사

이 도서의 국립중앙도서관 출판시도서목록(CIP)은 e-CIP 홈페이지 (http://www.nl.go.kr/ecip)에서 이용하실 수 있습니다.(CIP제어번호: CIP2009003561)

한국어판 서문

이 책의 본문을 이루고 있는 「법과 논증이론」(Juristische Argumentationslehre) 독일어판은 1986년에 Wissenschaftliche Buchgesellschaft 출판사의 시리즈인 '연구성과들(Erträge der Forschung)'의 한 권으로 출간되었다. 이 책은 두 가지 목표를 갖고 있었다. 첫째, 논리적, 문제중심적-수사학적, 논의이론적 논증모델 등 법적 논증이론과 관련된 여러 가지 경향들을 서술하고자 했다. 둘째, 법적 논증에 대해 입문적인 소개를 하면서, 특히 법관의 판결에 대한 실질적 근거설정이 갖는 과학이론적 및 법치국가적 의미를 서술하고자 했다.

이 책이 출간된 이후에 법적 논증이론과 관련하여 전개된 논의들 가운데 중요한 내용들은 부록으로 실린 논문 "법적 논증이론"에 담겨 있다. 이 논문은 빈프리드 브루거(Winfried Brugger), 스테판 키르스테(Stephan Kirste) 그리고 내가 공동 편집한 「21세기의 법철학」(Rechtsphilosophie im 21. Jahrhundert)에 실렸다. 이 논문은 특히 논의이론적 경향에서 이루어진 최근의 발전 및 법적 논증에 대한 체계이론(니클라스 루만, Niklas Luhmann)의 비판을 다루고 있다. 더 나아가 이 논문은 법철학의 근본문제와의 연관성 속에서 법적 논증을 분석하고 있다. 이 점에서 이 책의 본문과 부록은 상호보충적인 관계에 있다.

한국어판의 번역을 위해 수고해준, 나의 제자 윤재왕 박사에게 고마움을 전한다. 나는 법적 논증의 문제들이 한국의 법문화에서는 상당부분 독일, 유럽, 미국의 법문화에서와는 다른 방식으로 제기될 것이라는 사실을 잘 알고 있다. 앞에서 언급했듯이 법적 논증은 법철학의 근본문제와 밀접하게 관련되어 있고, 이러한 근본문제에 대한 대답은 당연히 각 법문화마다 다를 것이기 때문이다. 특히 '서양'의 전통에 서 있는 논증이론들은 법과 도덕 또는 법과 관습을 엄격히 분리하는 반면, 한국의 법문화나 이에 가까운 법문화에서는 이러한 엄격한 분리가 제한적으로만 타당성을 갖는다.

나는 바로 이와 같은 차이가 여러 법문화들 사이의 대화를 촉진하는 중요한 계기가 되기를 희망하고 또한 그렇게 되리라고 생각한다. 법철학 전반이 그렇듯이 법적 논증이론도 진정한 의미의 학문적 이론이 되고자 한다면, 특정 국가나 특정 대륙의 전통에서 벗어나야 한다. 수십 년 또는 수 세기에 걸쳐 입법과 법도그마틱의 영역에서 이루어진, 국가와 대륙들 사이의 교류는 지나치게 일방적이었고, 법수출자와 법수입자의 역할이 불평등하게 분배되어 있었다. 다행스럽게도 법도그마틱과 관련해서는 이러한 상황에 변화가 이루어지기 시작했다. 법철학과 법이론의 영역에서는 애당초 그러한 일방성과 불평등성이 존재할 이유가 전혀 없다. 서로 다른 법적 전통을 대표하고 있지만, 전통적으로 밀접한 유대를 맺고 있는 나라인 한국과 독일은 이와 관련하여 선구자적인 역할을 해낼 수 있을 것이다. 이 점에서 이 책이 그러한 새로운 발전에 하나의 계기가 되기를 희망한다.

2009년 10월

Frankfurt/Main에서

Prof. Dr. Dr.h.c. Ulfrid Neumann

Vorwort

Die 'Juristische Argumentationslehre', die den Haupttext des vorliegenden Bandes bildet, ist in deutscher Sprache 1986 in der Reihe 'Erträge der Forschung' der 'Wissenschaftlichen Buchgesellschaft' erschienen. Sie verfolgt ein doppeltes Ziel. Zum einen geht es darum, die unterschiedlichen Ansätze einer Theorie der juristischen Argumentation darzustellen, zu denen vor allem logische, topischrhetorische und diskurstheoretische Argumentationsmodelle gehören. Zum andern soll zugleich eine Einführung in das juristische Argumentieren gegeben und insbesondere die wissenschaftstheoretische ebenso wie die rechtsstaatliche Bedeutung einer substantiellen Begründung richterlicher Entscheidungen dargestellt werden.

Die Diskussion, die sich seit dem Erscheinen dieses Bandes zur juristischen Argumentationstheorie entwickelt hat, ist in wichtigen Punkten in dem ergänzenden Text 'Theorie der juristischen Argumentation' berücksichtigt, der 2008 in dem von *Winfried Brugger*, *Stephan Kirste* und *mir* herausgegebenen Sammelband 'Rechtsphilosophie im 21. Jahrhundert' erschienen ist. Das betrifft insbesondere neuere Entwicklungen im Bereich des diskurstheoretischen Ansatzes sowie die von Seiten der Systemtheorie (*Niklas Luhmann*) an der Theorie der juristischen Argumentation geübte Kritik. Darüber hinaus wird in diesem Beitrag die juristische Argumentation in ihrem Zusammenhang mit Grundfragen der

Rechtsphilosophie analysiert. Insofern ergänzen sich die beiden hier abgedruckten Texte gegenseitig.

Meinem von mir hoch geschätzten Schüler, Herrn Dr. *Zai-Wang Yoon*, bin ich für die Mühe, die er mit der Übersetzung dieser Texte ins Koreanische auf sich genommen hat, sehr verbunden. Ich bin mir bewusst, dass sich die Probleme der juristischen Argumentation in der Rechtskultur Koreas jedenfalls partiell in anderer Weise stellen als in Deutschland, in Europa und den Vereinigten Staaten. Das ergibt sich schon aus der erwähnten engen Verbindung der juristischer Argumentation mit rechtsphilosophischen Grundfragen, auf die es in unterschiedlichen Rechtskulturen naturgemäßunterschiedliche Antworten gibt. Insbesondere dürfte die strikte Trennung zwischen dem Recht auf der einen, Moral und Sitte auf der anderen Seite, die den in der 'westlichen' Tradition stehenden Argumentationstheorien zugrunde liegt, für die Koreanische Rechtskultur und die ihr nahestehenden Rechtsvorstellungen nur bedingt zutreffen.

Ich hoffe und denke aber, dass sich gerade aus derartigen Unterschieden wichtige Impulse für einen Dialog zwischen den Rechtskulturen ergeben werden. Wie die Rechtsphilosophie insgesamt, so muss sich auch die Theorie der juristischen Argumentation aus den Fesseln nationaler und kontinentaler Traditionen lösen, wenn sie zu einer wirklichen wissenschaftlichen Theorie werden will. Im Bereich der Gesetzgebung und der Rechtsdogmatik war der Austausch zwischen den Nationen und Kontinenten über Jahrzehnte und Jahrhunderte hinweg asymmetrisch, die Rollen von Rechtsexporteuren und Rechtsimporteuren waren ungleich verteilt. Erfreulicherweise beginnt sich das hinsichtlich der Rechtsdogmatik zu ändern. Auf dem Gebiet der Rechtsphilosophie und Rechtstheorie bestand und besteht zu einer solchen Asymmetrie von vornherein kein Anlass. Der Dialog zwischen Korea und Deutschland, als zweier traditionell miteinander verbundenen Repräsentanten unterschiedlicher Rechtstraditionen, kann hier eine Vorreiterrolle übernehmen. Der vorliegende Band möchte dazu einen weiteren Anstoß geben.

Frankfurt/Main, im Oktober 2009

Prof. Dr. Dr.h.c. Ulfrid Neumann

차 례

제1장 서 론

Ⅰ. 법적 논증이론의 비약적 발전

법적 논증에 관한 이론은 지난 20년 동안 법이론 연구를 지배하는 분야가 되었다. 이는 독일어권에만 국한되는 현상이 아니다. 법에서 어떻게 논증이 이루어지는가의 문제는 오늘날 법이론에 관한 국제적 논의 전면에 부각되어 있다. 이러한 발전은 국내나 국제 법철학회의 주제선정에도 반영되고 있다. 몇 가지 중요한 보기를 들면 다음과 같다. 1971년 브뤼셀에서 열린 법철학과 사회철학 세계학회[1], 독일 학술진흥재단의 지원으로 1977년 뮌헨에서 열린 심포지움 "법적 논증이론",[2] 세계 법철학과 사회철학 학회 독일 지부가 1978년 뮌헨에서 개최한 학회,[3] 세계 법철학

1) 이에 관해서는 Die juristische Argumentation, ARSP Beiheft n.F. Nr. 7 (1972)와 *H. Rodingen*(Hg.), Le raisonnement juridique. Actes du congres mondial de philosophie du droit et de philosophie sociale, Brüssel 1971 참고.

2) 이에 관해서는 *H. Rodingen*, Juristische Argumentationstheorie. Bericht über das gleichnamige Rundgespräch vom 3. 5. 11. 1977 in München, in: Rechtstheorie 9 (1978), 236면 이하 참고.

과 사회철학 학회 오스트리아 지부가 그라츠 대학의 법철학 연구소와 공동개최한 1979년의 국제 심포지움,[4] 세계 법철학과 사회철학 학회 핀란드 지부가 1979년에 헬싱키에서 개최한 국제 심포지움[5] 등.

법적 논증이론이 이처럼 여러 지역에서 발전을 거듭하게 된 원인이 무엇인가 라는 물음과 그에 대한 대답은 신중하게 이루어져야 한다. 무엇보다 법적 논증에 관해서는 하나의 이론만이 존재하는 것이 아니라는 사실을 분명히 밝혀 둘 필요가 있다. 예컨대 논리적 증명에 관한 이론, 합리적 논의에 관한 이론, 문제중심적 수사학적 입장 등과 같은 상이한 접근방법이 모두 법적 논증이론에 속한다. 따라서 '법적 논증이론'이라는 표현은 어떤 특정한 경향을 의미하는 것이 아니라, 법철학의 특정한 문제영역을 지칭한다. 다시 말해, 부분적으로는 극히 이질적이기도 한 다수의 접근방법들이 모두 법적 논증이론이라는 영역에 속한다고 보아야 한다. 이런 점에서 '왜' 법적 논증이론이 비약적으로 발전하게 되었는가 라는 물음은 법철학의 특정한 '학파'가 성립하게 된 배경에 대한 물음과는 달리 '뚜렷한' 대답을 찾기 어렵다.

그렇지만 지난 20여 년 동안 법이론이(비록 출발점은 서로 다

---

3) 이에 관해서는 *W. Hassemer/A. Kaufmann/U. Neumann*(Hg.), Argumentation und Recht, ARSP Beiheft n.F. Nr.14 (1980) 참고.

4) 이에 관해서는 *F. Rotter/O. Weinberger/F. Wieacker*(Hg.), Wissenschaft und Philosophie als Basis der Jurisprudenz, ARSP Beiheft n.F. Nr. 13 (1979); *W. Krawietz/K. Opalek/A. Peczenik/A. Schramm*(Hg.), Argumentation und Hermeneutik in der Jurisprudenz, Rechtstheorie Beiheft 1 (1979) 참고.

5) 이에 관해서는 *A. Aarnio/I. Niiniluoto/J. Uusitalo*(Hg.), Methodologie und Erkenntnistheorie der juristischen Argumentation, Rechtstheorie Beiheft 2 (1981) 참고.

르지만) 왜 동일한 문제영역에 관심을 기울였는지를 설명할 필요가 있다. 이와 관련해서는 우선 일반 논증이론의 영역에서 이루어진 발전,[6] 특히 도덕철학에서 논증이 갖는 의미를 재발견[7]하게 되었다는 점을 지적할 수 있다. 법철학의 논의가 이로부터 자극을 받았다는 점은 의심할 여지가 없다. 하지만 내가 보기에는 도덕철학에서 논증이론이 비약적으로 발전하게 된 이유와 직접 관련되는 또 다른 관점이 더욱 결정적인 것 같다. 도덕철학의 영역에서 이성적인 논증에 관한 이론을 구성하는 작업은 한편으로는 형이상학적 및 직관주의적 가치윤리를, 다른 한편으로는 환정주의(Emotivismus)와 결단주의 같은 비인지주의 윤리학을 극복하면서, 도덕을 근거짓기 위한 제3의 길을 찾아야 할 과제를 떠맡게 된다.[8] 이와 비슷하게 법적 논증이론은 법적 결정주의와 법적 결단주의를 극복하는 제3의 방법을 의미한다. 포섭도그마에 기초한 법적 결정주의(Determinismus)의 입장이나 법적 비합리주의인 결단주의(Dezisionismus)의 입장에서는 법적 논증이 주제가 될 수 없다. 왜냐하면 법적 결정주의(포섭도그마)는 논증이론을 필요로 하지 않으며, 법적 비합리주의에는 논증이론이 존재하지 않기 때문이다. 이에 반해 법관의 결정을 순수한 법률 '적용'이나 법관의 자의적

6) 이에 관해서는 *Hülsmann*, Argumentation, Faktoren der Denksozialität, 1971; *Huth*, Argumentationstheorie und Textanalyse, in: Der Deuschunterricht 1975, 80면 이하; *Klein*, Argumentation und Argument, in: Zeitschrift für Literaturwissenschaft, 1980, 9면 이하; *Kopperschmidt*, Allgemeine Rhetorik, 1973; *ders.*, Das Prinzip vernünftiger Rede, 1978; *Völzing*, Begründen, Erklären, Argumentieren. Modelle und Materialien zu einer Theorie der Metakommunikation, 1979, 참고.

7) 예컨대 *Habermas*, Diskursethik – Notizen zu einem Begründungsprogramm, in: Moralbewußtsein und kommunikatives Handeln, 1983, 54면.

8) *Habermas*, a.a.O.

인 행위로 보지 않고, 법률에 의해 (완전히) 확정되지는 않지만, 그럼에도 합리적인(즉, 합리적으로 근거지을 수 있는) 결정으로 파악하는 제3의 입장에서는 법적 논증이 중대한 의미를 갖는다. 이에 대해서는 약간의 설명이 필요하다.

법적 결단주의의 입장에서도 법적 논증을 위한 규칙들이 표면상으로는 어떤 의미를 갖는다는 점은 분명하다. 하지만 법관의 결정을 의지에 기초한 행위로 이해하는 한, 어떠한 논거가 결정을 정당화할 수 있는가 라는 물음은 아무런 역할도 하지 못한다. 이 경우 법적 논증은 기껏해야 겉치레를 위한 작업, 즉 결정이 순전히 의지적 성격을 갖고 있다는 사실을 은폐하는 의미를 가질 뿐이다. 이런 점에서 자유법학(Freirechtslehre)은 논리의 일관성을 유지했다. 즉, 자유법학은 판결에 결정적 영향을 미치는 법관의 평가를 '비합리적'이라고 규정하고, 판결이유를 공개적으로 밝히는 것은 마치 기독교 신자가 최후의 심판에 대해 근거를 밝히라고 요구하는 것과 같이 있을 수 없는 일이라고 생각했다.[9] 따라서 법관의 결정이 자의적 행위라면, 이 결정을 정당화하기 위해 내세우는 논증은 실제로는 겉치레를 위한 수사(修辭)에 불과하다.

법적 결정주의에서도 판결을 합리적으로 근거짓기 위한 이론인 법적 논증이론은 관심의 대상이 되지 못한다. 유일하게 정당한 결정이 법률을 통해 이미 법관에게 주어져 있는 것이라면, 이 결정은 정당화를 필요로 하지 않는다. 이미 주어져 있는 것에 대한 인식은 인식 그 자체를 통해 정당화될 뿐이다. 법관의 결정을 인식으

9) *H. Kantorowicz*(필명은 Gnaus Flavius), Der Kampf um die Rechtswissenschaft, 1906, 42면; 이에 관해서는 *Haverkarte*, Offenes Argumentieren im Urteil. Über die Darstellung der richterlichen Wertung bei kontroversen Rechtsfragen, in: ZRP 1973, 281면 이하 참고.

로 이해한다면, 이를 부정하는 논증은 불가능하다. 사실에 반하는 논증은 타당성이 없기(contra factum non valet argumentum) 때문이다.

Ⅱ. 법적 방법과 법적 논증

물론 법적 결정주의의 입장에서도 판결을 근거짓는 것이 아무런 의미가 없는 것은 아니다. 철저히 포섭이데올로기의 관점을 취하더라도 법학이 단순한 계시종교에 그치는 것은 아니다. 그렇지 않다면 법학은 입법자나 법률이 내려놓은 결정을 마치 신의 계시처럼 여기고, 법관에게는 그저 이를 인식할 수 있는 능력을 구사하는 것만을 허용하게 될 것이다. 하지만 포섭이데올로기의 입장에서 볼 때 판결을 근거짓는 것은 논증과는 다른 의미를 갖는다. 즉, (정당한) 결정이 법률을 통해 이미 법관에게 주어져 있다고 여긴다면, 결정에 대한 근거설정은 단지 법관의 판결이 입법자의 결정을 그대로 재현했음을 입증하면 된다. 이 경우 근거설정의 과제는 사안이 입법자의 결정에 해당하는 것임을 증명하는 것이다. 사안이 그에 해당한다는 점을 입증하는 데에는 단순히 문제된 사안을 인식하기 위한 방법, 다시 말해 실재하는 대상을 인식하는 방법을 제시하는 것으로 충분하다. 따라서 법관의 결정을 인식으로 이해하는 법학이 필요로 하는 것은 법적 방법이지, 법적 논증이 아니다. 포섭이데올로기는 논증이론을 필요로 하지 않는다.[10] 설령 법관의 인식활동을 창조적 인식으로 이해[11]

10) *Hassemer*, Juristische Argumentationstheorie und juristische Didaktik, in: Jahrbuch für Rechtssoziologie und Rechtstheorie Bd. 2, 1972, 467면.

11) *Larenz*, Methodenlehre der Rechtswissenschaft, 5. Aufl., 1983, 387면 이하. 이에 대한 비판으로는 *Neumann*, Rechtsontologie und juristische

할지라도, 논증보다는 인식방법이 우위를 차지한다. 그렇기 때문에 법적 결정주의를 주장하는 사람이 법적 논증과 법적 방법은 같은 대상을 다른 측면에서 본 것일 뿐이라고 생각하는 것은 당연한 일이다.[12)]

이에 반해 법획득에 대한 인식비판적 이론의 관점은 법적 방법(정당한 인식에 이르기 위한 방법)과 법적 논증이 원칙적으로 다르다는 입장을 견지한다. 이 구별에 따르면 법적 논증에 관한 이론은 결정을 발견하는 절차가 아니라, (그것이 어떻게 '발견'된 것이든) 결정을 정당화하는 문제와 관련을 맺는다. 다시 말해 법적 논증이론은 판결의 도출(결론의 확정 Herstellung)이 아니라, 그에 대한 설명(결론에 이르게 된 과정에 대한 서술 Darstellung)과 관련을 맺는다. 오늘날 도출과 설명을 구별하는 것 자체에 대해서는 기본적으로 반론이 없다. 다만 이 구별이 미치는 영향의 범위에 대해서는 논란이 있다. 이 두 영역을 극단적으로 분리할 때 어떠한 결론에 이르게 되는가는 헤르만 이자이(Hermann Isay)의 이론에서 분명하게 볼 수 있다. 그는 이미 1920년대 말에 법관의 결정이 성립하는 맥락과 이를 근거짓는 맥락을 확연히 구분했다.[13)] 이를 기초로 이자이는 판결을 사후적으로 통제하는 것은 합리적 방법으로 가능하지만, 판결의 성립 자체는 합리적 방법으로 이루어질 수 없다고 주장했다. 그리하여 판결의 성립과정은 법적 방법론의 영역에서 벗어나, '판결행위의 심리학'이라 부를 수 있는 분과의 대상영역이 된다고 한다. 이는 판결의 도출과 그에 대한 설명을 극단적으로 분리하는 것으로서, 이러한 입장에 선다면 판결의 성립과 그 근거설정을 연결할 다리는 존재하지 않는다. 이처럼 법

Argumentation, 1979, 86면 이하 참고.

12) *Larenz*, Methodenlehre der Rechtswissenschaft, 1983, 148면.

13) *Isay*, Rechtsnorm und Entscheidung, 1929.

적 논증이론을 판결의 발견이 아니라, 이와 엄격히 분리되는 근거설정에만 국한시키려는 입장은 결국 법적 결정에 관한 (규범적 또는 경험적) 이론과 아무런 관련성도 갖지 않게 된다.

그러나 이 두 영역을 이렇게 분리시키는 것은 억지가 아닌 한, 사실상 불가능하다. '발견의 맥락(context of discovery)'과 '정당화의 맥락(context of justification)'을 구별하고, 하나의 과학적 이론이 성립하는 개인적이고 우연적인 요소를 이에 대한 근거설정과 엄격히 분리하여 오로지 후자의 문제에 대해서만 학문적 관심을 집중시키는 자연과학과는 달리, 법학에서는 판결을 근거짓기 위해 제시하는 논거들을 이 결정의 배후에 자리잡고 있는 동기들과 완전히 별개의 것으로 취급하는 것은 불가능하다. 이러한 차이는 자연과학과 법학에서 정당화가 갖는 기능이 서로 다르다는 데 기인한다. 약간 단순화시켜 대비를 하자면 이렇다. 자연과학에서는 하나의 주장이 진리임을 입증하는 것이 문제된다면, 법학에서는 결정(여기서 결정은 법관의 판결뿐만 아니라, 특정한 도그마틱 이론을 선택하는 결정도 포함한다)의 정당성을 근거짓는 것이 중요하다. 하나의 주장이 진리인가를 객관적으로 입증할 수 있는 한, 이 주장이 성립하게 된 상황이나 동기가 주장 자체를 의심할 근거가 되지는 못한다. 물론 그러한 상황이나 동기가 심리학자, 전기작가, 사회과학자 등의 관심을 불러일으킬 수 있을지 모르지만, 그 주장 자체를 문제삼는 전문분과에서는 전혀 의미가 없다. 이에 반해 법학과 같이 결정을 근거짓는 분야에서는 사정이 다르다. 여기서는 결정에 대한 정당화가 '사실상의' 결정동기와 일치하지 않는다고 확인되면, 결정 자체나 그에 대한 근거설정 모두 — 물론 반드시 그런 것만은 아니지만 — 설득력을 상실하는 것이 보통이다. 이처럼 객관적인 입증에 도달할 수 없는 영역에서는 논증을 하는 사람의 정직성이 중요한 의미가 있다.

이러한 이유 때문에 법이론은 자연과학의 과학이론(Wissenschafts-theorie)과는 달리 이른바 위장된 근거설정(Scheindbegründung)의 문제[14]를 제기한다. 위장된 근거설정이란 '사실상'의 결정동기를 드러내지 않거나 논증을 하는 사람 자신도 인정하지 않는 논거를 겉으로만 이용하는 논증을 말한다. 이 위장된 근거설정을 어떻게 판단해야 할 것인가에 대해서는 논란이 있다. 다수의 입장은 학문적 정직성이나 논증의 합리성과 설득력에 비추어 위장된 근거설정을 피해야 하며, 결정의 사실상의 동기를 밝혀야 한다고 강조한다.[15] 다른 한편 '명백히 위장된 연역논증'이라 할지라도 법률로부터 판결을 연역하는 것 자체는 판결에서 결코 배제할 수 없다는 점을 상조하기도 한다.[16]

---

14) 이에 관해서는 *Brecher*, Scheinbegründungen und Methodenehrlichkeit im Zivilrecht, in: Nikisch Festschrift, 1958, 227면 이하; *Haverkarte*, Offenes Argumentieren im Urteil. Über die Darstellung der richterlichen Wertung bei kontroversen Rechtsfragen, in: ZRP 1973, 281면 이하; *ders.*, Gewißheitsverluste im juristischen Denken. Zur politischen Funktion der juristischen Methode, 1977; *Kriele*, Offene und verdeckte Urteilsgründe. Zum Verhältnis von Philosophie und Jurisprudenz heute, in: Collegium Philosophicum. Studien Joachim Ritter zum 60. Geburtstag, 1965, 99면 이하 참고.

15) *Strömholm*, Allgemeine Rechtslehre, 1976, 181면; *Brüggemann*, Die richterliche Begründungspflicht. Verfassungsrechtliche Mindestanforderungen an die Begründung gerichtlicher Entscheidung, 1971, 84면; *Esser*, Methodik des Privatrechts, in: Enzyklopädie der geisteswissenschaftlichen Arbeitsmethoden, 11. Lieferung, 252면; *Simitis*, Die Bedeutung von System und Dogmatik – dargestellt an rechtsgeschäftlichen Problemen des Massenverkehrs, in: AcP 172 (1972), 147면; *Haverkarte*, Gewißheitsverluste im juristischen Denken, 1977, 72면 이하, 168면.

16) *Kriele*, Offene und verdeckte Urteilsgründe, 1965, 113면; 결정의 근거를 밝혀야 한다는 요청에 대해 회의적인 입장으로는 *Struck*, Zur Theorie juristischer Argumentation, 1977, 23면; *Krawietz*, Juristische Entscheidung

이에 관한 논의를 여기서 자세히 다룰 수는 없다. 다만 두 가지 관점을 지적해 두기로 한다. 첫째, 법적 논증은 법관이 자신의 판결에 영향을 미쳤을지 모를 어떤 개인적 호감이나 반감을 밝혀야 한다는 뜻은 아니다. 결정의 동기를 밝혀야 할 의무는 오로지 결정의 배후에 있는 요소 가운데 원칙적으로 합의의 대상이 될 수 있는 합리적, 실질적 관점에만 국한된다. 이런 의미에서 판결이 미칠 결과에 대한 고려가 판결에 결정적 역할을 한다면, 결과에 대한 전반적 고려를 밝힐 것이 요구된다. 이에 반해 판결의 영향을 받는 개인(또는 특수한 개인적 상황)과 관련된 판결 동기를 밝힐 필요는 없다. 이런 경우에는 다른 근거설정이 아니라, 다른 결정을 필요로 할 것이기 때문이다.

둘째, 방법의 정직성에 대한 요구가 마치 법률에 지향된 논증을 포기하는 것을 의미한다고 오해해서는 안 된다. 법관이 일차적으로 법률에 부합하는 결정이 아니라, 구체적 사안에 합당한 결정을 내리려고 노력하는 경우라 할지라도, 이 법관의 결정과 논증은 언제나 법률의 규범적 규준에 구속된다.

Ⅲ. 결정의 근거설정이 갖는 법이론적 의미

법관의 판결은 법률에 지향되어 있긴 하지만, 그렇다고 법률에 의해 완전히 규정되는 것은 아니다. 즉, 법률뿐만 아니라, 정당하고 이성적인 결정이어야 한다는 요청 또한 판결의 수준을 가늠하는 척도가 된다. 법관의 판결을 이렇게 이해한다면, 법적 논증은 독자적이고 핵심적인 의미를 얻게 된다. 이 경우 법적 논

und wissenschaftliche Erkenntnis, 1978, 81면 참고.

증은 어떤 사안이 법률에 해당한다는 점을 입증하기 위한 것이 아니라, 특정한 행위, 즉 특정한 결정이 정당하다는 것을 입증하기 위한 것이다. 따라서 결정의 정당성은 이 결정에 대해 제시된 근거들과 분리해서 생각할 수 없다(바로 이 점이 법적 논증과 법적 결정주의의 입장을 구별하는 핵심적 측면이다). "법의 정당성이 구체적 결정과정 바깥에 존재하는 것이 아니라면, 법의 정당성은 바로 이 과정 자체 속에서 참여자들의 성찰과 논증, 상호주관성과 합의를 통해 확보되어야 한다."[17] 법적 결정주의처럼 판결을 법률의 내용에 대한 인식으로 이해하면, 법률과 판결이 서로 일치할 가능성이 있는지 여부와는 상관없이 판결의 정당성 여부가 결정된다. 이는 마치 행성운행의 법칙이 그에 대한 증명이 불가능했을 때에도 이미 '정당'했다는 것과 같은 논리인 셈이다. 이에 반해 판결의 정당성을 판결이 합리적이다 또는 실제로 적절하다는 의미로 이해한다면, 판결을 어떻게 정당화할 수 있는가에 따라 정당성 여부가 결정된다. 약간 과장해서 표현하자면 이렇다. 법적 결정주의에서는 판결의 수준이 근거설정(만일 근거설정이 이루어진다면)의 수준을 좌우한다면, 합리적 결정 모델에서는 근거설정의 수준이 곧 판결의 수준을 좌우한다.

이처럼 판결의 수준과 그 정당성이 이에 대한 근거설정에 달려 있다는 점에서 법적 논증은 적어도 자연과학에서의 논증이나 더 나아가 다른 정신과학과 사회과학에서의 논증과 구별된다. 예컨대 하나의 물리학 가설이 진리인가는 이 가설에 대해 제시된 근거설정에 의존하지 않는다. 즉, 근거설정이 쓸모없는 것이거나 전혀 말도 안 되는 것일지라도 가설 자체는 타당할 수 있다.

---

17) *Arth. Kaufmann*, Durch Naturrecht und Rechtspositivismus zur juristischen Hermeneutik, in: Juristenzeitung 1975, 337면 이하; wiederabgedruckt in (und zitiert nach): ders., Beiträge zur juristischen Hermeneutik, 1984, 88면.

이와는 달리 법적 근거설정의 수준은 곧 이 근거설정이 지지하려는 결정 자체의 수준을 좌우한다. 결정과 근거설정의 의존관계는 결정과 잠재적 근거설정 사이의 관계에서는 무제한적으로 타당성을 갖는다. 즉, 하나의 법적 결정에 대해 '정당하다'는 형용사를 붙일 수 있기 위해서는, 최소한 그 결정에 대한 근거설정이 가능해야 한다. 이 점은 결정과 그에 대한 현재적인, 즉 실제로 이루어진 근거설정 사이의 관계에서도 제한적이긴 하지만 타당하다. 하나의 견해가 어떤 때는 일정한 근거설정으로 주장될 수 있는가 하면, 다른 근거설정으로서는 주장될 수 없는 때가 있다. 그렇기 때문에 구체적 근거설정을 납득할 수 있는가는 결정 자체를 납득할 수 있는가와 직결된다고 말할 수 있다. 법학과 다른 학문분과 사이의 이러한 차이는 법학을 다른 학문(신학은 예외에 속한다)과 구별하게 만드는 다음과 같은 특수성에 기인한다. 즉, 법학의 연구는 그 학문활동의 대상영역까지도 변경시킨다. 한 권의 조류학 교과서가 조류의 세계를 바꾸는 일은 없다. 그러나 어떤 형법 교과서는 형법까지도 변하게 만든다.[18] 다시 말해 법은 일차적으로 '그 자체' 정당한 인식이 아니라, 여러 가지 의견들로 형성되며, 이 의견들의 수준은 그에 대해 제시된 또는 제시가능한 근거들에 좌우된다.

이런 의미에서 법적 논증에 관한 이론의 급격한 발전은 전통적인 법학 방법론의 쇠퇴 및 법관의 판결에 대한 새로운 견해의 부상과 밀접한 관련이 있다. 이 새로운 견해에 따르면 법관의 판결은 비록 법률에 지향되기는 하지만, 법률에 의해서만 규정되지 않고, 정의와 합리성이라는 척도에도 구속되는 결정이라고 한다. 이 점에서 법률 이외의 법원(法源)에 관한 요제프 에써,[19] 마

18) *Adomeit*, Rechtstheorie für Studenten, 1991, 14면. 비슷한 언급으로는 *Peczenik*, Grundlagen der juristischen Argumentation, 1983, 142면 참고.

틴 크릴레,[20] 테오도르 피벡,[21] 프란츠 비아커[22]의 획기적인 연구들 또한 법적 논증이론의 발전에 선구적인 역할을 했다.[23]

법관의 결정이 전적으로 인식적 활동(kognitiver Akt), 즉 이미 주어져 있는 법상태에 대한 단순한 인식만이 아니라는 통찰은 필연적으로 논증에 참여하는 사람들 및 결정의 영향을 받는 사람들 사이의 합의(Konsens)를 더 중시하는 결과를 낳는다.[24] 논증이 하나의 법적 견해가 정당하다는 것을 입증할 수는 없을지라도, 동의를 도출하는 데 기여할 수는 있다. 물론 법적 논증의 합리성과 합의지향 사이에 어떠한 관계가 있는가 하는 점은 문제가 될 수 있다. 만일 특정한 집단에서 도출해 낸 사실상의 동의만을 중요하게 여긴다면, 합리적 논증이라는 요청은 개입할 여지가 없다. 이 경우에는 감언이설로 설득하여 도출해 낸 합의와 합

---

19) *Esser*, Grundsatz und Norm in der richterlichen Fortbildung des Privatrechts, 1956, 3. Aufl. 1974; *ders.*, Vorverständnis und Methodenwahl, 1970, 2. Aufl. 1974.

20) *Kriele*, Theorie der Rechtsgewinnung, 1967, 2. Aufl. 1976.

21) *Viehweg*, Topik und Jurisprudenz, 1953, 5. Aufl. 1974.

22) *Wieacker*, Gesetz und Richterkunst. Zum Problem der außergesetzlichen Rechtsordnungen, 1968.

23) 이에 관해서는 *Fikentscher*, Methoden des Rechts in vergleichender Darstellung, Bd. IV, Dogmatischer Teil, 1977, 355면 참고. 법적 논증이론에 대한 초기의 연구들에 관해서는 또한 *Otte*, Zwanzig Jahre Topik-Diskussion: Ertrag und Aufgaben, in: Rechtstheorie 1 (1970), 183면 이하도 참고.

24) 이에 관해서는 *Lüderssen*, Juristische Topik und konsensorientierte Rechtsgeltung, in: Coing-Festschrift, 1982, 549면 이하 참고. 법에서 합의지향이 갖는 의미에 대해 비판적인 입장으로는 *Naucke*, Konsens als Quelle richtigen Rechts; richtiges Recht als Grenze des Konsenses, in: H. Hattenhauer/W. Kalterfleiter(Hg.), Mehrheitsprinzip, Konsens und Verfassung, 1986, 47면 이하 참고.

리적 논증을 통한 확신에 기초하여 이루어진 합의 사이에 아무런 차이가 없다. 이에 반해 논증의 합리성이 결정적이라면, 합의라는 요소는 그 의미를 상실할 수밖에 없다. 법적 논증이론에서는 합리성과 합의의 관계를 둘러 싼 이러한 문제가 여기저기에서 상이한 형태로 등장한다. 단순한 사실상의 합의와 이성적인 합의의 구별[25)]이라든가 '설득하는(überredend)' 논증과 '확신을 갖게 만드는(überzeugend)' 논증을 구별하려는 시도[26)] 등이 그러한 예에 속한다.

Ⅳ. 결정의 근거설정이 갖는 정치적 의미

법관의 결정에 대한 근거설정은 법이론적 측면과 함께 제도적, 정치적 측면도 내포하고 있다. 법관 또는 여타의 국가기관의 결정에 대해 얼마만큼 근거설정이 이루어지는가 라는 물음과 그 사회가 어떠한 정치구조를 갖고 있는가 라는 물음은 밀접한 연관성이 있다. 이 연관성은 결정에 대한 근거설정이 갖는 기능을 통해 명백하게 밝힐 수 있다. 하나의 행위(법관의 판결도 언제나 하나의 행위이다)에 대한 근거설정은 어떤 이론적 명제, 즉 하나의 주장에 대한 근거설정과는 원칙적으로 다른 의미를 갖는다. 하나의 주장에 대한 근거설정은 주장하는 내용이 실제로 존재한다는 사실을 증명하거나, 왜 그 내용이 존재하는가에 대한 근거를 제시함으로써 이루어진다. 이 때 두 가지 가운데 어떤 방식의 근거설정을 선택할 것인가는 대답해야 할 물음(Warum-Frage)의 의미에 따라 다르다. 즉, 주장 자체가 의문의 대상이 되면(인식근거에 대한

25) 아래의 107면 참고.

26) 아래의 102면 이하 참고.

물음), 첫 번째 방식의 근거설정이 필요하며, 주장하는 내용 자체에 대해서는 의문이 없고 다만 그 실재근거를 묻고 있다면 문제된 내용의 원인이 되는 요소를 제시하는 것으로 충분하다. 이에 반해 하나의 행위에 대한 근거설정은 이 행위를 정당화하려는 시도를 의미한다.[27] 결정도 하나의 행위이기 때문에 결정을 근거짓는다는 것은 곧 이를 정당화함을 뜻한다. 따라서 결정에 대한 근거설정은 결정을 내리는 사람이 자신의 결정을 정당화해야 한다는 사실을 승인하고 있음을 의미한다. 바로 이 점이 상하 복종관계에서는 근거설정이 거의 이루어지지 않는 이유이다. 상하 복종관계에서는 "내가 그 것을 원하고, 그 때문에 명령한다. 나의 의욕이 곧 내 명령의 근거다(sic volo, sic jubeo, stat pro ratione voluntas)"라는 원칙이 관철될 뿐, 결정자의 권위가 아닌, 결정의 내용과 관련된 실질적 근거설정은 이루어지지 않는다. 그 때문에 절대주의 체제에서는 국가기관이 '신민'에 대해 그들의 결정을 근거지어야 할 의무가 있다는 생각이 자리잡을 곳이 없다. 이런 맥락에서 교회법이 카논법 대전(Codex juris canonici)이 공포될 때(1918년)까지 법관의 판결에 대한 근거설정을 원칙적으로 거부했다는 사실은 주목할 부분이다.[28] 권위적이고 엄격한 위계질서에 기초한 제도는 결정을 정당화해야 할 의무에 대해 회의적일 수밖에 없다.

이와 반대로 민주주의 질서에서는 국가의 결정에 대한 근거설정 의무가 필수적이다. 예를 들어 법원의 판결이 파기되지 않기 위해서는 반드시 판결이유가 제시되어야 한다. 즉, 법원의 판

27) 근거설정이 갖는 이러한 이중의 의미에 관해서는 *Horak*, Zur rechtstheoretischen Problematik der juristischen Begründung von Entscheidungen, in: Sprung/König(Hg.), Entscheidungsbegründung, 1974, 3면 참고.

28) *Schnizer*, Die Entscheidungsbegründung im Kirchenrecht, in: Sprung/König(Hg.), Entscheidungsbegründung, 1974, 27면.

결은 근거설정이 이루어져야 한다. 판결이유를 포함하고 있지 않은 판결은 오판으로, 그 결론의 실질적 정당성 여부와는 관계없이 상고심에서 파기되어야 한다.[29] 물론 이에 관한 법규정들은 단지 형식적 의미의 판결이유가 존재할 것만을 요구한다고 해석하는 것이 지배적인 견해이다. 따라서 지배적 견해에 따른다면 제시된 근거들이 판결을 실질적으로 근거짓는가는 중요하지 않다. 그렇지만 근거설정의무라는 제도가 재판부로 하여금 단순히 문서를 작성해야 할 의무를 부과하는 것에 그친다고 생각해서는 안 된다. 법관의 판결이 합리적 논증에 기초해야 한다는 점은 연방헌법재판소가 법관의 법형성을 허용하는, 법이론적으로 아주 중요한 판결에서도 강조하고 있다.[30] 판결에 대한 근거설정이 단순한 의식(儀式)이나 연습경기에 불과한 것이 아니라면, 판결은 내용적으로 정당화되어야 한다. 다시 말해 판결은 합리적 논증을 통해 근거지어져야 한다.

V. 규범적 논증이론과 서술적 논증이론

판결을 합리적 논증을 통해 근거지어야 한다는 요청은 설득이나 겉치레에 불과한 논증, 단정적인 주장만을 내세우는 논증으로부터 합리적 논증을 구별할 수 있음을 전제한다. 이러한 전제는 규범적 논증이론의 핵심문제에 속한다. 그렇기 때문에 규범적

29) 보기: 독일 민사소송법 제551조 7호; 독일 형사소송법 제338조 7호.

30) BVerfGE 34, 269, 287; 판결의 근거설정에 대한 헌법적 요청에 관해서는 *Brüggemann*, Die richterliche Begründungspflicht. Verfassungsrechtliche Mindestanforderungen an die Begründung gerichtlicher Entscheidungen, 1971 참고.

논증이론은 합리적 논증의 기준을 밝히는 데 주력한다.

그러한 기준으로 논리규칙이 고려되는 것은 너무나도 당연하다(여기서는 일단 상이한 논리체계들을 구체적으로 고려하지 않고, 그저 논리체계 일반으로 이해하기로 하자). 하나의 논증이 논리적 추론관계로 적절히 재구성될 수 있는 한, "이 논증은 합리적이다"라고 말할 수 있다. 현재의 법이론 가운데 몇몇 경향들은 이 최소한의 논리적 요건을 더 강화하여, 단순함축(Implikation)을 일반함축(Äquivalenz)으로, 즉 충분조건을 필요조건으로 대체한다. 다시 말해 판결에 대한 근거설정은 논리적 추론연관으로 적절히 재구성될 수 있을 때에만 합리적이라고 한다.

물론 논증의 연역적 구조는 논증의 형식적 합리성을 보장하는 데 불과하며, 이마저도 단지 제한된 의미에서만 그렇다. 사실 결정이 연역적으로 추론 가능해야 한다는 요청은 언제나 간단히 충족시킬 수 있다. 모든 명제는 아무런 문제없이 논리적 추론연관 속에 집어넣을 수 있기 때문이다. 따라서 논증의 합리성에 대한 요청이 공허한 것이 되지 않으려면, 논증의 전제(Prämisse)들이 갖는 구조 또한 특정한 요건을 갖추어야 한다.

전제들의 논리적 구조와 관련해서는 특히 전제들 가운데 최소한 하나의 전제가 논리적 전칭명제(Allsatz)로서의 성격을 가져야 한다는 데 대해서는 견해가 일치한다.[31] 이 요청은 이른바 보편화가능성원칙(Universalisierbarkeitsprinzip)을 근거로 삼는다. 즉, 하나의 구체적 사례에 적용되어야 하는 원칙은 본질적 관점에서 이와 동일한 다른 모든 사례에도 적용되어야 한다.

---

31) *Alexy*, Theorie der juristischen Argumentation, 1978; *Koch*, Der unbestimmte Rechtsbegriff im Verwaltungsrecht, in: ders.(Hg.), Juristische Methodenlehre und analytische Philosophie, 1976; *Koch/Rüßmann*, Juristische Begründungslehre, 1982.

이 보편화가능성원칙을 통해 결정이 하나의 규칙에 지향되도록 하는 것이 비로소 보장된다. 그러나 최소한 하나의 전제가 전칭명제의 구조를 가져야 한다는 형식적 기준을 통해 결정이 곧바로 법률규정에 지향되도록 보장하는 것은 아니다(거의 대부분의 법률규정은 전칭명제의 구조를 갖고 있지 않기 때문에－옮긴이). 바로 이 때문에 논리적 추론연관에서 보편적(전칭) 전제는 법률 텍스트 자체가 아니라, 법률텍스트를 해석한 문장이어야 한다고 요구하기도 한다.[32] 이 요구는 '논증과 논리'라는 주제에서 논증과 언어의 관계로 관심을 돌리게 만든다. 법관의 결정이 법률에 구속되어야 한다는 원칙을 법률의 가능한 문언의 의미(möglicher Wortsinn des Gesetzes)에 구속되어야 한다는 요청으로 이해하게 되면, 가능한 법적 논증의 범위는 의미론 규칙에 의해 제한된다. 그렇게 되면 판결이 실질적 합리성이라는 기준을 지향하거나 판결이 미치는 결과까지 함께 고려하는 것은 언어규칙의 모호함으로 인해 법관이 어느 정도 재량을 가질 수밖에 없는 경우에만 가능하다. 즉, 법률구속을 언어규칙에 대한 구속으로 이해하면, 판결이 합리성이나 정당성이라는 관점을 고려할 수 있는 범위가 제한된다.

판결의 합리성과 법률구속의 관계를 다른 출발점에서(그렇다고 결론까지 다르다는 것은 아니다) 규정하는 견해에 따르면, 법적 논증은 일반적 실천적 논의의 특수경우(Sonderfall)라고 한다.[33] 법적 논증을 실천적 논의로 이해할 수 있다면, 법적 논증은 필연적으로 이성적이고 합의가능한 결과를 지향하게 된다. 당연히 법률구속은 (비록 법률구속이 거의 대부분의 경우 판결을 규정하는 결정적

32) *Koch*, Der unbestimmte Rechtsbegriff im Verwaltungsrecht, in: ders. (Hg.), Juristische Methodenlehre und analytische Philosophie, 1976; *Koch/Rüßmann*, Juristische Begründungslehre, 1982.

33) *Alexy*, Theorie der juristischen Argumentation, 1978, passim.

요소라 할지라도) 일반적인 실천적 논의를 제한하는 조건으로 여겨진다.[34]

이와는 달리 특히 피벡(Viehweg)과 페를만(Perelman)에 의해 발전된, 법적 문제중심론(Topik)과 '새로운 수사학(neue Rhetorik)'의 전통에 연결된 법적 논증이론은 규범적 이론보다는 법적 논증에 대한 분석의 성격이 짙다. 물론 이러한 입장을 기초로 시도된 비판적 분석[35]과 같은 경우는 법적 논증에 관한 규범적 모델을 포함하고 있기도 하다. 이에 반해 지난 몇 년 사이에 급속한 발전을 보이고 있는, 최고법원의 판결에 대한 분석들은 명백히 서술적 논증이론에 속한다. 이러한 시도들은 최고법원의 판결이유들을 특징한 관점(결과지향, 특수한 논증형태)에서 분석한다.

Ⅵ. 법철학과 논증이론

서두에서 강조했듯이 법적 논증이론은 오늘날의 법철학 논의에서 핵심적인 위치를 차지하고 있다. 그렇다고 해서 법적 논증이론에 관한 연구들이 법철학의 전통적인 물음들을 완전히 배제하고 있다고 오해해서는 안 된다. 오히려 법적 논증이 어떠한 구조나 법칙성을 갖는가 라는 물음은 여러 가지 측면에서 법철학의 고전적 물음에 대한 새로운 접근방법을 가능하게 만든다. 다시 말해 법적 논증이론은 법의 일반이론에 속하는 물음들과 밀접한 연관성을 갖고 있다. 이 점을 아래에서는 세 가지 대표적

---

34) 이에 관해서는 *Alexy*, Theorie der juristischen Argumentation, 1978, 263면 참고.

35) 예컨대 *Seibert*, Kritik des Larenz'schen Sprachgebrauchs, in: ARSP Beiheft n.F. Nr. 9, 69면 이하.

인 보기를 들어 설명하겠다.

1. 정당성을 근거설정 가능성과 결합시키는 것을 핵심으로 삼는 법적 논증이론은 결과적으로 어떤 구체적 내용을 담은 규범적 전제나 형이상학적 전제를 포기하는 것을 뜻하기 때문에, 그와 같은 전제와는 다른 관점에서 출발하여 정의의 문제를 새롭게 구성할 수밖에 없게 된다. 논증이론의 측면에서 볼 때, 특정한 규정이 정당하다고 말할 수 있기 위한 조건이 무엇인가 라는 물음은 미리 주어져 있는 (자연법적) 법원칙에 의해 결정되는 것이 아니라, 어떠한 근거설정이 이루어지느냐에 달려 있게 된다. "정의롭다는 것은 곧 정당하다고 입증된다는 것이다."[36] 물론 이러한 관점만으로 정의의 내용적 기준이 밝혀지는 것은 아니다. 중요한 것은 과연 어떠한 조건하에서 하나의 규범이 정당하다고 입증되는가이다. 법적 논증에 관한 규범적 이론은 당연히 이 물음에 대한 대답을 회피해서는 안 된다. 그렇지만 논증이론적 관점도 우회적이긴 하나 결국은 정의의 내용적 기준으로 귀착하게 되고, 따라서 결과적으로 자연법적 입장에 도달한다고 비판하는 것은 너무 성급한 태도이다. 정의의 문제에 대한 논증이론적 접근방식은 정당화를 위한 실질적 기준이 아니라, 절차적 기준을 밝히는 가능성을 열어 놓기 때문이다. 예를 들어 이성적인 논의의 규칙을 통해 확정된 기준들을 충족하는 규범은 정의롭다고 말할 수 있는 경우가 있다.[37] 물론 절차적 규칙만으로 정당한 규범과 부정당한 규범을 확연하게 구별하는 것이 과연 가능한지는

---

36) *Tammelo*, Theorie der Gerechtigkeit, 1977, 99면. 또한 *Perelman*, The Idea of Justice and the Problem of Argument, 1963; *ders.*, Justice, Law and Argument, 1980, vii면 참고.

37) *Alexy*, Theorie der juristischen Argumentation, 1979, 36면.

별개의 문제이다. 오늘날 법이론과 관련된 문헌들에서는 바로 이 문제가 치열한 논쟁의 대상이 되고 있다.[38]

2. 법적 논증이론과 법원이론(法源理論 Lehre von der Rechtsquelle) 사이에도 명백한 연관성이 있다.[39] 하나의 법적 결정에 대한 근거설정이 이 결정을 전체 법질서에 비추어 정당하다고 입증하는 것이라면, 이 결정을 위해 제시된 모든 논거들은 법질서와 관련을 맺는 것이어야 한다. 다시 말해 하나의 결정을 정의에 관한 고려를 통해 근거짓는다면, 이는 곧 관련된 정의원칙들을 법질서의 구성부분으로 인정하는 것이 된다. 예를 들어 판결이유가 (논의상황에 대한 정보제공의 차원이 아니라) 판결을 정당화하는 데 통설을 원용한다면, 이는 통설이 단순히 사실상으로뿐만 아니라, 규범적으로도 법적 결정에 중요한 의미가 있음을 전제하는 셈이다. 이 점에서 모든 법적 근거는 넓은 의미의 법원이다.[40]

그러나 논증이론적 관점에서 파악된 법원이론이 법의 일반이론에서 갖는 이와 같은 의미를 결코 과대평가해서는 안 된다. 앞에서 간략히 서술한 논증이론과 법원이론 사이의 연관성에 대한 인식은 단지 (정의에 관한 고려나 통설의 원용이 상당히 중요한 역할을 하는) 판결실무를 극단적으로 비판하거나 아니면 법률과 관습법뿐만 아니라, 일반적인 법원칙, 선결례, 결과지향, 통설 등을 넓은 의미의 법원으로 인정하는 법모델 가운데 어느 하나를 선택하도록 만들 뿐이다.[41] 첫 번째 가능성은 거의 현실성이 없기

38) 이에 관해서는 아래의 138면 이하 참고.

39) 이에 관해서는 *Kriele*, Recht und praktische Vernunft, 1979, 91면 이하 참고.

40) *Peczenik*, Grundlagen der juristischen Argumentation, 1983, 59면.

때문에, 법원개념을 수정하는 방법만이 남을 뿐이다. 이와 관련해서는 이미 보편적 법원칙[42]이나 선결례가 갖는 의미[43]에 비추어 법원개념을 수정하는 입장이 있다.

3. 법적 결정의 기능에 대한 물음에 대해서도 법적 논증이론은 직접적인 의미가 있다. 만일 법적 결정이 특정한 결과를 야기 또는 회피하는 과제를 담당해야 한다는 점을 부정한다면, 결정이 야기할 확실한 또는 가능한 결과를 원용하는 논증은 필연적으로 부정당한 것이 된다.[44] 이에 반해 결정이유가 점차 결정의 결과(Output)를 지향하는 경향을 인정한다면, (법관의 결정에 명시적으로 밝혀져 있는 한) 법을 단순히 '기대보장(Erwartungssicherung)'의 기능에만 국한시킬 수는 없다. 이처럼 법원이론의 경우와 마찬가지로 법적 논증이론은 법의 기능과도 상호의존 관계에 놓여 있다.

이 점은 어떤 논거의 허용 여부에 관한 언명을 해야만 하는 규범적 논증이론의 경우에는 특히 중요하다. 이에 반해 경험적 또는 분석적 분과를 표방하는 논증이론은 여러 가지 법모델에 대해 원칙적으로 중립성을 견지할 수 있다.[45] 판결이유에 관한

---

41) 이 두 가지 대안에 관해서는 *Kriele*, Recht und praktische Vernunft, 1979, 91면 참고.

42) *Dworkin*, Taking Rights Seriously, 1977(deutsch: Bürgerrechte ernstgenommen).

43) *Kriele*, a.a.O., 91면 이하; *Fikentscher*, Methoden des Rechts in vergleichender Darstellung Bd. IV, 1977, 313면 이하.

44) 이에 관해서는 *Luhmann*, Rechtssystem und Rechtsdogmatik 1974; *ders.*, Die Funktion des Rechts: Erwartungssicherung oder Verhaltenssteuerung?, in: ders., Ausdifferenzierung des Rechts, 1981, 73면 이하 참고.

45) 규범적 논증이론과 경험적 논증이론의 구별에 관해서는 *Schneider/Schroth*, Sichtweisen juristischer Normanwendung: Determination, Argumentation und Entscheidung, in: *A. Kaufmann/W. Hassemer*(Hg.), Einführung in Rechtsphilosophie und Rechtstheorie der Gegenwart, 1985, 399면 이하, 404면

경험적, 분석적 연구는 논증의 토대가 되는 법적 견해를 명백히 밝힐 뿐, 특정한 법모델을 선호하는 결정을 전제로 삼지는 않기 때문이다.

이와 같이 (규범적) 논증이론과 법의 일반이론 사이의 상호의존관계를 주장한다면, 법적 논증이 갖는 법이론적 특수성은 확인된 셈이다. 그렇다고 해서 과연 법적 논증이 다른 학문분과나 그 밖의 영역에서의 논증과 어떻게 구별되는가 하는 물음까지 대답된 것은 아니다.[46] 이 물음은 오늘날 특히 이른바 특수경우테제를 둘러싼 논쟁에서 다루어지는 문제이다. 특수경우테제는 법적 논증이 일반적 실천적 논증의 '특수한 경우'라고 주장한다.[47] 이 문제는 두 가지 측면에서 법적 논증이론의 영역에서도 역사적 연구가 필요함을 잘 보여준다. 첫째, 법적 논증이 각 시대마다 변화하는 문화적 논증형태[48]나 전통적인 학문분과(예컨대 중세의 수사학이나 변증론[49])에 구체적으로 얼마만큼 의존했는가를 밝혀야 한다. 둘째, 법적 논증이 법 이외의 다른 영역의 논증으로부터 어느 정도 독자성을 확보하게 되는 조건들을 밝힐 수 있는가 라는 물음을 제기해 볼 필요가 있다. 그러나 유감스럽게도 법적 논

이하 참고.

46) 이에 관해서는 *Tarrelo*, Sur la specifcite du raisonnement juridique, in: Die juristische Argumentation, ARSP Beiheft n. F. Nr. 7 (1972), 103면 이하; *Strömholm*, Zur Frage nach der juristischen Argumentationstechnik, in: ARSP 58 (1972), 337면 이하 참고.

47) 이에 관해서는 아래의 118면 이하 참고.

48) *Tarrelo*, Sur la spécifcité du raisonnement juridique, in: Die juristische Argumentation, ARSP Beiheft n. F. Nr. 7 (1972), 103면 이하.

49) *Villey*, Le Raisonnement juridique dans l'historie: I. Droit romain et moyen-âge, in: Die juristische Argumentation, ARSP Beiheft n. F. Nr. 7 (1972), 43면 이하.

증에 관한 역사적 분석은 아직 초보단계에 머물러 있다.[50)]

법적 논증이론(물론 이미 지적한 대로 여기에는 여러 가지 경향이 포함된다)의 발전은 오늘날 국내외에서 기존의 결과들을 '연구성과'로 요약할 수 있는 정도에 이르렀다. 물론 현시점에서 법적 논증이론에 대한 설명은 어디까지나 중간결산의 성격을 갖는다. '법적 논증'이라는 주제에 대한 논의는 계속 진행되고 있기 때문이다. 이 점에서 이 책은 단순히 법적 논증이론의 현상태에 대한 보고서에 그치지 않고, 그러한 논의에 참여하는 것으로도 볼 수 있다.

---

50) 시론적인 언급으로는 *Esser*, Juristisches Argumentieren im Wandel des Rechtsfindungskonzepts unseres Jahrhunderts, 1979; *Tugendhat*, Zur Entwicklung von moralischen Begründungsstrukturen im modernen Recht, ARSP Beiheft n. F. Nr. 14, 1980, 1면 이하; *Viehweg*, Notizen zu einer rhetorischen Argumentationstheorie der Rechtsdisziplin, in: Jahrbuch für Rechtssoziologie und Rechtstheorie, Bd. 2 (1972), 439면 이하 참고.

제2장 법적 논증에 대한 논리적-분석적 접근

Ⅰ. 논리학과 법적 논증

논리학이 논증과, 논증이 논리학과 관련을 맺는다는 사실을 반박할 만한 충분한 근거를 제시하는 것은 불가능하며, 실제로 이를 반박하는 경우는 없다. 이러한 최소한의 합의를 넘어 서면 곧 바로 견해의 차이가 시작된다. 즉, 논리학이 구속력을 갖는 논증의 틀을 제공하는지, 논증은 결국 논리학의 한 형태일 뿐인지 아니면 거꾸로 논리학이 논증의 한 형태에 그치는 것인지를 두고 격렬한 논쟁이 벌어지고 있다. 법이론의 논의 또한 이러한 과학이론에서의 논쟁을 그대로 반영하고 있다. 한편에서는 논리적 추론과 법적 논증을 거의 동일한 것으로 보는 입장이 있다. 이러한 입장에서 뢰디히(Rödig)는 소송을 논리적 증명으로 이해하고, 판결이유를 연역논리로 재구성한다.[1] 법적 논증이 어떠한 경우이든 그 핵심영역(법률 또는 어떤 법규율로 사안을 포섭하는 것)에

1) *Rödig*, Theorie des gerichtlichen Erkenntnisverfahrens, 1973, 3면; 같은 입장으로는 *Yoshino*, Zu Ansätzen der juristischen Logik, in: Strukturierungen und Entscheidungen im Rechtsdenken, 1978, 282면.

서는 삼단논법(Syllogismus)의 구조를 갖고 또한 가져야 한다는 점은 알렉시,[2] 코호/뤼스만,[3] 위르겐 슈미트[4]와 다른 여러 학자들의 일치된 견해이다. 다른 한편에서는 법적 논증이 논리학이 아니라, 문제중심론이나 수사학에 속한다는 점을 강조하고,[5] 논리적 연역적 모델을 주장하는 학자들에 대항하여, 삼단논법은 2단계의 사유(Enthymem)를 언어적으로 부풀린 것에 불과하다고 보는 이른바 '수사학자와 소피스트의 회의'를 제기한다.[6] 문제중심론의 진영 이외에도 법적 논증이 연역적 구조를 갖는다는 주장을 비판하는 입장들이 있다.[7] 어쨌든 판결을 근거지을 때 삼단논법의 추론절차가 어떠한 의미를 갖고 있고 또한 과연 법적 논증이 특정한 논리계산의 도움으로 재구성될 수 있는가 라는 물음은 논쟁의 중심에 자리 잡고 있다. 이 물음은 아래의 서술에서도 가장 커다란 비중을 차지한다.

---

2) *Alexy*, Theorie der juristischen Argumentation, 1978, 273-283면; *ders.*, Die logische Analyse juristischer Entscheidungen, in: Hassemer/Kaufmann/Neumann(Hg.), Argumentation und Recht, 1980, 121면 이하.

3) *Koch/Rüßmann*, Juristische Begründungslehre, 1982, 48, 58면.

4) *Schmidt*, "Begründung" – Einige Probleme eines rechtstheoretischen Problems, in: Recht und Gesellschaft. FS f. H. Schelsky zum 65. Geburtstag, 1978, 549면 이하, 557면, 575면.

5) *Viehweg*, Historische Perspektiven der juristischen Argumentation: II. Neuzeit, in: Die juristische Argumentation, ARSP Beiheft n. F. Nr. 7, 439면; *Seibert*, Juristische Topik. Ein Beispiel für die argumentative Wechselbeziehung zwischen Situation und Fall, Regel und Ausnahme, in: Argumentation, Zeitschrift für Literaturwissenschaft und Linguistik, 1980, 169면 이하.

6) *Rodingen/Falke*, Das Rechtsverfahren: Dressur oder Diskurs?, in: DSWR 1976, 38면.

7) *Struck*, Zur Theorie juristischer Argumentation, 1977, 45면 이하; *U. Neumann*, Rechtsontologie und juristische Argumentation, 1979, 10, 17면.

이 밖에도 법적 논리학과 법적 논증의 관계에 대한 물음은 결국 논증이 논리학에 기초하는지 아니면 거꾸로 논리학이 논증에 기초하는지에 대한 일반적 물음으로 귀결된다는 점을 지적해야 할 필요가 있다.[8] 끝으로 유추논거나 대소추론 및 소대추론(argumentum a fortiori)과 같이 법학에서 흔히 사용되는 특수한 논거들이 얼마만큼 논리적 타당성을 갖는가 하는 물음도 논의되어야 할 것이다.[9]

1. 법적 삼단논법의 르네상스

1960년대에 법적 해석학과 문제중심론은 법적 삼단논법(juristischer Syllogismus)에 대해 사망선고를 내렸다. 그 때문에 법적 삼단논법이라는 이 표현은 때로는 비난조로, 때로는 진지한 의도에서 사용된다. 하지만 법적 삼단논법은 최근의 문헌에서 놀라울 정도로 부활했다. 물론 부활한 법적 삼단논법은 과거와는 다른 모습을 띠고 있다. 과거의 이론은 법관의 판결행위를 삼단논법의 이행, 즉 사전에 완전히 결정되어 있는 과정으로 서술하고, 법적용의 이러한 논리적 구조로부터 어느 사례에서나 오직 하나의 정당한 결정이 존재하며, 법관은 이 유일하게 정당한 결정을 인식하기만 하면 된다는 결론을 도출했다.[10] 법적 삼단논법을 이런 식으로 주장하는 사람은 오늘날 더 이상 찾아볼 수 없다. 즉, 법발견이 삼단논법의 이행에 그치는 것이 아니라는 통찰[11]에 대해

8) 이에 관해서는 아래의 46면 이하의 서술을 참고.

9) 아래의 51면 이하의 서술 참고.

10) 예컨대 *Forsthoff*, Die Umbildung des Verfassungsgesetzes, in: Carl Schmitt-Festschrift, 1959; wiederabgedruckt, in: ders., Rechtsstaat im Wandel, 2. Aufl. 1976, 135면.

이의를 제기하는 사람은 아무도 없다. 이에 반해 결정에 대한 연역적 근거설정을 주장하는 오늘날의 학자들은 논증의 논리적 구조와 유일하게 정당한 결정의 문제를 뚜렷이 구별한다. 이 구별은 판결의 도출과 그에 대한 설명을 구별하고, 이를 기초로 연역성(Deduktivität)의 요청을 설명(Darstellung), 즉 판결이유의 영역에만 국한시킴으로써 가능하게 된다. 따라서 연역성의 요청은 법률구속의 요청과는 원칙적으로 분리된다.[12] 판결을 연역적으로 근거짓는 모델을 주장하는 학자들에게서는 예컨대 법률을 구체화한 이후에는 규범적용과 관련하여 법적용자에게 더 이상 판단의 여지가 남지 않는다는 테제처럼 과거의 이론적 잔재가 여전히 발견된다.[13] 하지만 이것이 이 모델의 필연적 결론인 것은 아니다. 왜냐하면 새로운 모델은 결정이 성립하는 과정이 아니라, 이 결정에 대한 근거설정이 '법적 삼단논법'에 의해 규정된 구조에 맞아야 한다고 주장하기 때문이다.

예를 들어 살인범(M) 안톤(a)을 종신형에 처한다(F)는 판결을 근거짓기 위해 법적 삼단논법 모델은 다음과 같은 구조를 제시한다.

---

11) 무엇보다 *Arthur Kaufmann*, Freirechtsbewegung – lebendig oder tot? Ein Beitrag zur Rechtstheorie und Methodenlehre, (wiederabgedruckt) in: ders., Rechtsphilosophie im Wandel, 2. Aufl., 1984, 240면 참고; 삼단논법의 '법적 결정주의'적 입장에 대한 비판으로는 또한 *Kilian*, Juristische Entscheidung und elektronische Datenverarbeitung, 1974, 55, 73면; *Simon*, Die Unabhängigkeit des Richters, 1975, 68면 이하 참고.

12) *Koch/Rüßmann*, Juristische Begründungslehre, 1982, 69면.

13) 예컨대 *Koch*, Der unbestimmte Rechtsbegriff im Verwaltungsrecht, in: ders.(Hg.), Juristische Methodenlehre und analytische Philosophie, 1976, 211면. 이에 대한 비판으로는 *Neumann*, Rechtsontologie und juristische Argumentation, 1979, 72, 73면 참고.

$$\wedge x\ (Mx \rightarrow Fx)$$
$$Ma$$
$$Fa$$

이를 읽으면 다음과 같다:

- 모든 x에 대해, 만일 x가 살인범이면 x는 종신형에 처해져야 한다.
- a는 살인범이다.
- a는 종신형에 처해져야 한다.

그러나 문제된 사안(하나의 개인 a의 행위나 상태)이 거의 대부분의 경우에 그렇듯이 중간단계의 논증이 없이 곧바로 규범의 구성요건에 포섭될 수 없다면, 이 도식은 보충을 필요로 한다. 특히 대전제를 보충함으로써 규범을 구체적 사안에 적용하는 데 아무런 문제가 없을 정도로 구체화해야 한다.

예컨대 독일 형법 제211조와 관련하여 법규정 이외에도 "피해자가 전혀 눈치를 못채는 무방비 상태에서 살해하는 것은 간교한(heimtückisch) 살인에 해당한다"는 형법도그마틱의 명제를 전제로 끌어들일 수 있다. 이 경우 추론은 다음과 같은 구조를 갖게 된다.

$$\wedge x\ (Mx \rightarrow Fx)$$
$$\wedge x\ (Hx \rightarrow Mx)$$
$$\wedge x\ (Ax \rightarrow Hx)$$
$$Aa$$
$$Fa$$

이 도식에서 전제들로부터 결론을 도출하는 것은 분명히 근거설정, 다시 말해 결론에 대한 정당화로 이해할 수 있다.[14] 이는 판결을 법명제(Rechtssatz; 여기에는 법규정뿐만 아니라, 사실상의 구속력을 갖는 도그마틱의 명제, 선결례, 법원칙 등도 포함된다－옮긴이)로부터 도출하는 것이 어떠한 기능을 갖는가에 대한 일반적인 이해와도 일치한다. 판결에 대한 근거설정은 보편적 법명제를 통해 이루어진다고 이해하는 것이 보통이기 때문이다.

2. 법적 삼단논법에 대한 비판

그러나 법적 삼단논법이 제안하듯이 법적 논증을 술어논리계산(Prädikatenkalkühl)을 통해 재구성하게 되면 이 근거설정 기능이 상실되고 만다. 왜냐하면 전칭명제

$$\wedge x\ (Mx \rightarrow Fx)$$

는 단칭명제 Ma → Fa를 근거짓는 것이 아니라, 반복해서 주장할 뿐이기 때문이다. 전칭명제는 전칭한량(∧)과 연언(∧ 連言; '그리고')이 유사하게 보이는 것에서 알 수 있듯이, 단칭명제들을 결합한 것이다. 즉, 전칭명제는 (Ma → Fa) ∧ (Mb → Fb) ∧ (Mc → Fc) … ∧ (Mn → Fn)의 축약된 표시이다. 따라서 Ma → Fa를 ∧x (Mx → Fx)를 통해 '근거짓는 것'은 Ma → Fa를 Ma → Fa를 통해 '근거짓는 것'도 포함한다. 이러한 근거설정은 명백히 순환논증이다. "모든 살인자는 처벌되어야 한다"는 명제를 논리적 전칭명제로 이해한

14) *Alexy*, Theorie der juristischen Argumentation, 1978, 273면.

다면, 이 전칭명제가 "살인자 안톤은 처벌되어야 한다"는 단칭명제를 '근거짓는' 방식은 이 단칭명제가 자기 자신을 근거짓는 것과 같다. 이러한 결론은 결코 놀라운 것이 아니다. $\wedge x (Mx \rightarrow Fx)$라는 표현은 다른 여러 개의 단칭함축을 덧붙여 $Ma \rightarrow Fa$를 반복한 것이기 때문이다. 이 점은 다음과 같이 생각해 보면 더욱 뚜렷하게 알 수 있다. 즉, 실제로 모든 살인자가 처벌되어야 하는가를 알려면 살인자 안톤도 처벌되어야 하는가를 알아야만 한다. 따라서 "모든 살인자가 처벌되어야 하기 때문에 살인자 안톤도 처벌되어야 한다"는 논증은 순환논증이다.[15)]

따라서 순환논증에 빠지지 않고 연역적 구조의 근거설정을 고수하려는 시도는 실패할 수밖에 없다. 하나의 판결 Rx가 타당성이 인정되는 명제들의 집합 M에 속하고, 그 때문에 판결 Rx는 M으로부터 도출될 수 있다는 점을 M을 통해 Rx를 근거짓는 행위라고 생각한다면,[16)] 그것은 문제가 있다. 왜냐하면 하나의 명제가 어떤 명제집합에 논리적으로 속한다는 점이 어떤 허용되는 논리적 변환(여기서 변환은 전칭명제 형태의 집합 M에서 단칭명제 형태인 판결 Rx로 전환되는 것을 의미한다 — 옮긴이)이 사실상 이루어졌는가 여부에 의존할 수는 없기 때문이다. 모든 명제집합(명백히 표현된 명제들이라는 의미에서)은 이 집합으로부터 논리적으로 도출될 수 있는 모든 명제들을 이미 포함하고 있다. 그렇기 때문에 판결 Rx를 M으로부터 연역적으로 도출하는 것은 위르겐 슈미트의 견

15) 이에 관해서는 *Neumann*, Juristische Logik, in: Kaufamnn/Hassemer(Hg.), Einführung in Rechtsphilosophie und Rechtstheorie der Gegenwart, 1985, 255면 참고.

16) *J. Schmidt*, "Begründung" — Einige Probleme eines rechtstheoretischen Problems, in: Recht und Gesellschaft. FS f. H. Schelsky zum 65. Geburtstag, 1978, 558면.

해와는 반대로 너무나 당연해서 특별한 의미를 부여할 필요가 없다.

모든 연역적 논증(연역논증은 논리적 필연성을 갖는다)이 순환논증일 수밖에 없다는 점은 법적 논증뿐만 아니라, 논증 일반을 삼단논법 모델에 구속시키려는 모든 시도에 깔려 있는 근본적인 오해를 드러나게 한다. 그것은 바로 삼단논법을 하나의 논증유형으로 생각하는 오해이며,[17] 이로 인해 삼단논법 추론이 갖는 설명적 측면과 논증적 측면을 혼동하게 된다. 논증이 근거설정이어야 하고, 근거설정은 동어반복이어서는 안된다는 요청에서 출발한다면, 논리적 필연성을 갖는 추론은 논리적 구조에 대한 서술(서술적 측면)일 수는 있지만, 결코 하나의 주장에 대한 근거설정으로 인정될 수는 없다. 왜냐하면 논리적 근거설정은 필연적으로 대전제에 포함된 내용을 다시 반복하는 순환논법적 성격(petitio principii)을 갖기 때문이다. 다시 말해 논리적 근거설정은 일정한 주장이 다른 주장을 함축[예컨대 $\wedge x\,(Mx \rightarrow Fx)$라는 주장이 $(Ma \rightarrow Fa)$라는 주장을 함축]한다는 사실을 보여줄 수는 있지만, 이를 근거지을 수는 없다. 왜냐하면 그것은 결국 근거설정이 이루어져야 할 주장을 근거로 삼는 것이 되기 때문이다.

이 점은 어느 누구도 삼단논법 모델에 따라 추론하지 않는다는 삼단논법에 대한 반론의 결정적 측면이라 여겨진다. 즉, "모든 사람은 죽는다"는 주장을 인정하는 것은 이미 소크라테스가 죽는다는 사실을 알고 있음을 전제한다.[18]

---

17) 이에 관해서는 *Perelman*, Juristische Logik als Argumentationslehre, 1979, 154면; *Perelman/Olbrecht-Tyteca*, La nouvelle rhétorique. Traité de l'argumentation, 1976, 28면 참고.

18) 다시 말해 소크라테스가 죽는다는 사실에 의문이 제기된다면, 어느 누구도 "모든 사람은 죽는다"라는 명제를 인정하지 않을 것이다. 이러한 반론

물론 삼단논법이 갖는 이러한 문제점에 대한 반론이 언제나 분명한 형태를 띠고 등장하지는 않는다. 삼단논법에 대한 반론이, 예컨대 소크라테스가 죽는다는 사실을 이미 알고 있지 않는 한, 어느 누구도 실제로 모든 사람이 죽는지를 알지 못한다는 사실에만 초점을 맞추게 되면, 논리학에서는 대전제를 획득하는 문제 자체는 중요하지 않다는 재반론을 통해 반박될 수 있다. 즉, 논리학은 단지 만일 모든 사람이 죽는다면, 소크라테스라는 인간도 당연히 죽는다는 점을 주장할 뿐, 이 보편적 대전제가 어떻게 획득되는가의 문제는 논리적 관점에서 중요하지 않다는 반박이 가능하다. 삼단논법을 논증도식으로 이용하는 입장에서는 전제가 결론을 근거짓는다는 사실만이 결정적일 뿐, 그 전제가 어떻게 획득되고 어떠한 근거설정이 이루어져야 하는가는 별개의 문제라는 것이다. 이처럼 전제에 대한 근거설정과 추론연관을 분리하는 것은 논리적 추론의 특징이다. 양자를 분리하는 입장은 법적 논증이론에서는 '1차 도식(Hauptschema)'과 '2차 도식(Nebenschema)'을 구별하는 코호/뤼스만[19]이나 '내적' 정당화와 '외적' 정당화를 구별하는 로블레브스키[20]와 알렉시[21]에서 찾아볼 수 있다. 이러한 구별이 가능하다는 사실 자체는 특별히 강조할 필요가 없다. 다만 과연 이러한 구별이 논증의 구조에 합당한 것인가는 또 다른 문제이다.[22] 왜냐하면 논증이론이나 실제적인 논증과 관련된 의미

은 이미 존 스튜어트 밀(J. St. Mill)이 제기한 바 있다. 이에 관해서는 *Perelman*, Juristische Logik als Argumentationslehre, 1979, 154면 참고.

19) *Koch/Rüßmann*, Juristische Begründungslehre, 1982, 56, 58면.

20) *Wroblewski*, Legal Syllogism and Rationality of Judicial Decision, in: Rechtstheorie 5 (1974), 33면 이하.

21) *Alexy*, Theorie der juristischen Argumentation, 1978, 273면.

22) 내적 정당화와 외적 정당화를 구별하는 것에 대한 비판으로는 *Weinberger*, Logische Analyse als Basis der juristischen Argumentation, in: W. Krawietz/

에 비추어 볼 때, 하나의 주장을 단순히 가설적 구조를 띤 대전제를 통해 '근거설정'을 할 수는 없기 때문이다.

어느 누구도 "모든 사람은 죽는다"는 사실로부터 "소크라테스는 죽는다"는 사실을 추론하지는 않는다는 반론이 미치는 파장은 여기서 그치지 않는다. 왜냐하면 "소크라테스라는 인간은 죽는다"라고 주장하지 않으면서 동시에 "모든 사람은 죽는다"라고 주장할 사람은 없을 것이기 때문이다(소크라테스가 사람이라면 그는 죽는다 라는 의미에서). 물론 여기서 "모든 사람은 죽는다"라는 주장은 논리적 전칭명제로 이해되어야 한다. 이 점은 앞에서 설명했듯이 논리적 전칭명제가 단칭명제들을 결합한 것과 일치한다는 사실에 따른 당연한 귀결이다. 논리규칙은 일정한 주장이 제기되었을 때 바로 주장된 명제 그 자체만을 다시 말해 줄 뿐이다. 하나의 명제를 주장하는 것은 이 명제를 근거짓는 것과는 완전히 다른 문제이다.[23] 따라서 법적 결정의 근거설정구조를 술어계산으로 재구성하자는 제안은 설득력이 없다. 살인자 안톤은 다른 모든 살인자들이 처벌되어야 하기 때문에 처벌되어야 하는 것이 아니라, 그가 살인자이고 살인자는 처벌되어야 한다는 규칙이 존재하기 때문에 처벌되어야 한다. 법관은 안톤에 대한 유죄판결을 안톤이 살인을 저질렀다는 사실로 근거짓는다. 법관은 이를 위해 살인자는 종신형에 처해야 한다는 규칙이 존재함을 근거로 삼는다. 그러한 규칙의 존재 자체가 의문의 대상이 되면, 법관은 형법 제211조 1항을 원용할 수 있다.[24]

R. Alexy(Hg.), Metatheorie der juristischen Argumentation, 1983, 203면 참고.

23) 더 자세히는 아래의 46면 이하 참고.

24) 이 점 및 아래의 서술과 관련해서는 *Neumann*, Juristische Logik, in: Kaufmann/Hassemer(Hg.), Einführung in Rechtsphilosophie und Rechtstheorie der Gegenwart, 1985, 255면 이하 참고.

법적 논증의 이러한 구조는 툴민(Toulmin)에 의해 밝혀진 논증도식을 이용하여 분명하게 밝힐 수 있다.[25)]

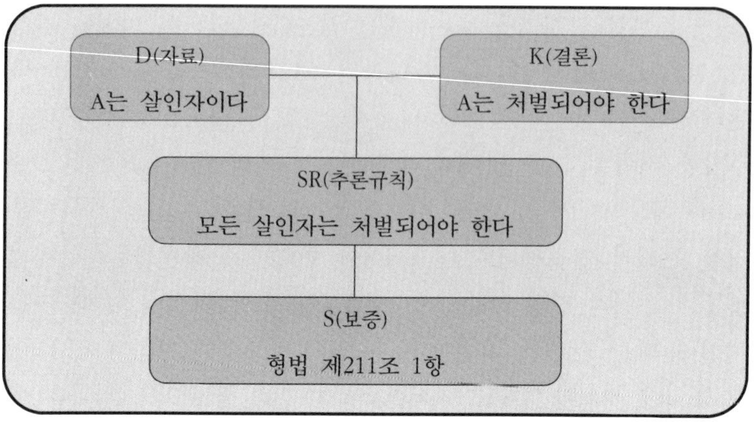

툴민은 이 논증도식을 통해 고전적 삼단논법을 반박하고 그에 대한 대안을 제시하려고 한다. 그는 삼단논법의 논리적 정확성을 반박하려는 것이 아니라, 삼단논법이 논증의 구조를 밝히는 데 적절하지 못하다는 점을 지적한다. 툴민에 따르면 분석적 삼단논법이 대전제를 "추론규칙이나 이 규칙을 지지하는 보증(Stützung)이 아니라, 이를 하나의 자료(Datum)로 오해하고, 그리하여 논증이 자료에서 결론에 이르는 과정을 가능케 하는 추론규칙을 갖지 못하게 되면" 삼단논법 원칙은 논증이 아닌, 단순한 논리일 뿐이라고 한다.[26)] 따라서 논증의 구조를 올바르게 파악하기 위해서는 근거설정이 이루어져야 할 결론, 근거가 되는 자료, 자료에서 결론에 이르도록 하는 추론규칙 그리고 추론규칙의 근거(보증)를 구별해

---

25) *Toulmin*, The Uses of Argument, 1958(deutsch: Der Gebrauch von Argumenten, 1975), 88면 이하.

26) *Toulmin*, a.a.O., 120면.

야 한다. "소크라테스는 사람이다"라는 자료는 "모든 사람은 죽는다"라는 추론규칙에 따라 "소크라테스는 죽는다"라는 주장을 근거짓는다. 이 추론규칙은 다시 지금까지 모든 사람은 일정한 연령에 도달하기 전에 죽었다는 경험을 근거로 삼을 수 있다.

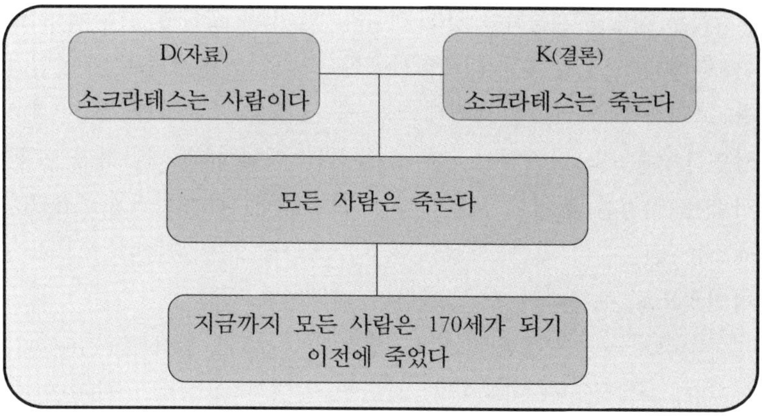

이러한 재구성은 삼단논법 도식에 비해 논증의 '실제' 구조에 훨씬 더 가깝다. 왜냐하면 삼단논법 모델은 너무나도 당연한 내용을 반복하는 것(Trivialität)을 이성적 논증의 기준으로 삼는 데 반해, 툴민의 논증도식은 진정한 의미의 전환, 즉 반복적이지 않은 논증적 전환(nichttriviale argumentative Übergänge)을 내용으로 하기 때문이다. 다시 말해 자료로부터 결론에 도달하는 단계와 보증에서 추론규칙에 이르는 단계 모두 내용의 전환을 포함하고 있다. 툴민의 논증도식은 또한 소크라테스가 죽는다는 것을 반박하려는 상대방과 대화하면서 그의 주장이 틀렸음을 밝히는 사람의 단계적인 논증모델로서도 설득력이 있다. 즉, 반박의 대상이 된 테제(결론)는 소크라테스가 사람이라는 사실을 지적함으로써 근거지을 수 있게 된다. 이 근거설정의 설득력에 대해 의문이 제기되면 추

론규칙을 원용할 수 있고, 추론규칙은 다시 보증을 통해 정당화할 수 있다. 하지만 툴민의 모델의 결정적 장점은 이 모델이 논증을 하면서 어떠한 정보들을 사실상 사용할 수 있고 또한 어떠한 정보들이 결론의 정확성을 보증할 수 있는지를 밝혀준다는 데 있다. 자료와 보증은 그러한 정보들을 포함하고 있는 반면, 추론규칙은 정보를 제공하는 것이 아니라, 단지 자료에서 결론에 이르는 단계를 보장할 뿐이다.[27] 사용할 수 있는 정보들이 무엇인가를 고려하게 되면, "소크라테스는 죽는다"를 추론하는 것은 결코 당연한 내용을 반복하는 것이 아니다. 왜냐하면 지금까지 모든 사람은 일정한 연령에 도달하기 이전에 죽었다는 사실과 "소크라테스는 인간이다"라는 사실로부터 소크라테스는 죽는다는 사실이 필연적으로 추론되는 것은 아니기 때문이다.

따라서 이 추론은 툴민의 용어에 따르면 분석적(analytisch)이 아니라, 실질적(substantiell)이다. 간단히 말해서 실질적 추론이란 추론의 앞부분에 이미 들어 있지 않은 정보들이 뒷부분에서 나타나는 모든 논증을 말한다. 더 자세히 말하면, 추론규칙에 대한 보증이 결론에서 알려진 정보를 포함하고 있지 않은 논증은 실질적이다. 만일 보증이 이 정보를 이미 포함하고 있으면, 이 논증은 분석적 성격을 갖는다.[28] 이런 의미에서 분석적 논증은 실제로 매우 드물다. 다음과 같은 추론을 예로 들어보자.

- 안네는 잭의 누나다.
- 잭의 누나들은 모두 붉은 머리를 갖고 있다.
- 안네는 붉은 머리를 갖고 있다

27) *Toulmin*, a.a.O., 103면.

28) *Toulmin*, a.a.O., 113면.

이 추론에서 두 번째 전제를 보증으로 해석하고 잭의 누나들 하나하나의 머리색깔이 빨간색임을 확인했다면 이 추론은 분석적이다.[29] 여기서 보증은 비록 다른 언명의 형식을 띠고 있지만 결론과 동일한 것을 주장하고 있다. 즉, 안네가 붉은 머리라는 사실을 보증도 이미 주장하고 있다. 결론이 보증에서 제공되어 있는 정보를 단순히 반복하는 경우에만 자료 및 보증과 결론 사이에 필연적 추론연관이 존재한다.[30] 이러한 전제하에서만 논증은 분석적이 된다.

툴민의 논증모델은 이 분야의 논의에서 커다란 반향을 불러일으켰다.[31] 법적 논증, 특히 이른바 법적 삼단논법에 대한 분석과 관련해서도 툴민의 모델은 아주 커다란 의미를 갖는다.[32] 이 모델은 지금까지 법적 삼단논법에 대해 가해진 비판들을 훨씬 더 면밀하게 구성할 수 있게 해준다. 지금까지의 비판들이 법발견 과정은 논리적 추론이 전부가 아니라는 사실을 확인하는 데 그쳤다면, 툴민의 이론은 결정에 대한 근거설정이 분석적 추론이 아니라, 실질적 추론으로 이해되어야 한다는 점을 분명하게 밝혀준다. 우리가 앞에서 이용했던 보기를 들어 이 점을 자세히 설명할 수 있다. 살인자 A의 가벌성에 대한 추론은 보증에 대한 검토가 사실상 결론에 대한 검토를 이미 포함하고 있을 때에만 분석적이 될 수 있다. 다시 말해 보증이 (살인자 A를 포함한) 모든

29) *Toulmin*, a.a.O., 112면.

30) *Toulmin*, a.a.O., 149면.

31) 예컨대 *Habermas*, Wahrheitstheorien, in: Wirklichkeit und Reflexion. Festschrift für Walter Schulz zum 60. Geburtstag, 1973, 240면 이하; *ders.*, Vorstudien und Ergänzungen zur Theorie des kommunikativen Handelns, 1984, 44면 이하; *Huth*, Argumentationstheorie und Textanalyse, in: Der Deutschunterricht, 1975, 86면 이하.

32) *Struck*, Zur Theorie juristischer Argumentation, 1977 참고.

개개의 살인자의 가벌성을 주장하고 있을 때에만 분석적 추론이 될 수 있다. 그러나 A가 살인을 저질렀다는 사실로부터 A의 가벌성을 추론하게 만들어 주는 추론규칙은 실제로 가벌적인 살인자들을 열거함으로써가 아니라, 형법 제211조의 존재를 지적함으로써 그에 대한 보증이 이루어진다. 즉, 이 추론에서는 자료(사안) 및 보증(법조문)과 결론(판결) 사이에 논리적으로 필연적인 추론연관이 존재하지 않는다. 따라서 "법적 삼단논법"이라 불리는 추론은 분석적이 아니라, 실질적인 성격을 갖는다.[33]

법이론 문헌에서는 툴민의 모델과 이를 법적 논증이론에 수용하려는 시도에 대해 이미 격렬한 비판이 가해지고 있다.[34] 그러나 이 비판이 삼단논법의 논리적 정확성 그리고 이른바 '1차 도식'에서 술어논리를 통해 법적 삼단논법을 재구성하는 것의 논리적 정확성을 옹호하는 데 그친다면, 이 비판은 설득력이 없다. 왜냐하면 툴민의 모델은 코호와 뤼스만의 생각[35]과는 달리, 삼단논법 추론 자체의 논리적 정확성을 반박하지는 않기 때문이다. 툴민의 모델이든 이를 법이론에 끌어들이려는 시도이든 특정한 추론형식의 논리적 정확성을 문제삼지는 않는다. 오히려 문제는 논증을 삼단논법 추론의 모델에 따라 재구성할 경우, 과연 논증의 구조(그것이 법학이든 아니면 다른 학문분과나 일상생활에서 이용되는 것이든 상관없이)가 적절하게 파악되는가이다. 이에 대한 툴민의 대답은 "아니다"라는 것이다. 툴민은 실질적 논증이 논리적 추론관계로 재구성될 수 있다는 사실 자체를 반박하지는 않는다. 그가 주장하는 것은 단지 그러한 재구성이 실질적 논증의 구조를

33) 이에 관해서는 *Neumann*, Rechtsontologie und juristische Argumentation, 1979, 14, 17면 참고.

34) *Koch/Rüßmann*, Juristische Begründungslehre, 1982, 59, 60면.

35) *Koch/Rüßmann*, a.a.O., 61면, 63면.

밝혀 주는 것이 아니라, 오히려 이를 더 모호하게 만든다는 사실일 뿐이다. 당연히 툴민은 올바른 추론규칙을 "전제"로 사용할 경우, 모든 논증은 형식적 타당성을 갖는 논증이라고 말한다.[36] 그러나 이를 두고 툴민이 삼단논법에 대한 자신의 반론이 틀렸다고 '자백'한 셈이고, 따라서 "논리학자에 대해 환상적인 반론을 제기했다는 그의 생각은 착각에 지나지 않는다"[37]고 비판하는 것은 툴민의 연구가 지향하는 바가 무엇인지를 오해한 데 기인한다. 삼단논법의 논증모델에 대한 툴민의 비판을 반박하기 위해서는 이 삼단논법 모델이 논증의 구조를 적절하게 표현하고 있음을 입증할 때에만 가능하다. 그러나 법학의 논증에서 그러한 입증이 이루어지는 것은 불가능하다. '법적 삼단논법'이라는 프로크루테스의 침대에 논증을 강제로 끼워 맞춘다면, 법적 논증은 당연한 내용의 반복과 자의(恣意)를 섞어 놓은 것에 불과하다. 법적 논증이 논리적 연역성이라는 요청을 충족하고, 단순히 전제로부터 결론을 도출하는 형식만을 취하는 한, 법적 논증은 순환적이며 따라서 당연한 내용을 반복하는 것일 뿐이다. 여기서 전제의 선택은 논리적 관점에서 볼 때 어떠한 것이든 상관이 없다. 물론 연역적 근거설정 모델에 집중된 법적 논증이론은 전제의 선택을 조종할 수 있게 하는 보조규칙(Zusatzregel)을 도입할 수 있다. 예를 들어 하나의 법규정 또는 '법률에 준하는' 규범만이 대전제로 사용되어야 한다고 확정할 수 있다.[38] 하지만 법률을 법적 삼단논

---

36) *Toulmin*, The Uses of Argument, 1958(deutsch: Der Gebrauch von Argumenten, 1975), 108면.

37) *Koch/Rüßmann*, Juristische Begründungslehre, 1982, 61면, 각주 7.

38) *Koch*, Das Frankfurter Projekt zur juristischen Argumentation: Zur Rehabilitation des deduktiven Begründens juristischer Entscheidungen, in: W. Hassemer/A. Kaufmann/U. Neumann (Hg.), Argumentation und Recht, ARSP Beiheft n. F. Nr.14, 1980, 62면.

법의 대전제로 삼으려는 시도 자체가 이미 논리적 재구성이 부적절함을 고백하고 있다. 술어논리에 따른 서술에서 보편적 전제는 논리적 전칭명제의 형식을 취한다. 예를 들어 형법 제211조는 $\wedge x\ (Mx \rightarrow Fx)$[모든 살인자는 종신형에 처해야 한다]라는 공식으로 표현할 수 있다. 이 공식의 바탕에 깔린 해석은 이 명제가 모든 개개의 살인자에 대한 언명이라고 본다. 즉, 모든 개개의 살인자와 관련하여 살인자는 종신형에 처해야 한다고 주장하고 있다. 그러나 형법 제211조가 그렇게 이해될 수 없음은 너무나 명백하다. 왜냐하면 제211조의 구성요건을 실현한 행위자 가운데는 종신형에 처해질 수 없는 행위자가 있기 때문이다(책임무능력, 감소된 책임능력, 면책가능한 긴급피난, 정당방위 등). 설령 정당화사유를 '소극적 구성요건표지'로 끌어들이는 것처럼 법규범의 공식을 다시 변형시킨다고 하더라도, 이러한 예외 모두를 공식의 대상으로 삼기는 어렵다. 왜냐하면 공식에 모든 예외규정이 포함되었다고 보장할 수 없기 때문이다. 그렇다고 해서 이른바 "예외에 대한 우려 때문에 만들어진 조항(Angstklausel: '… 어떠한 예외조건도 존재하지 않는다면')"을 도입할 수도 없다. 그러한 조항은 공식에 다시 다른 메타언어적 표현을 끌어들이는 것이기 때문이다.

법적 삼단논법의 대전제를 논리적 전칭명제의 형식으로 서술하는 것이 금지되는 이유는 또 있다. 앞에서 설명했듯이 판결을 논리적 전칭명제와 단칭명제인 소전제로부터 도출하는 것은 순환논증이며, 따라서 이를 근거설정으로 볼 수 없다. 법관이 구성요건의 실현과 법률효과 사이에 보편적 연관성이 있음을 지적하는 것은 전혀 다른 의미를 갖는다. 법관은 이를 통해 살인죄의 구성요건이 실현되면 일반적으로 종신형을 선고해야 한다는 요청 및 그에 대한 정당화로서 하나의 규칙을 원용하는 것이다. 이처럼 일정한 논증적 전환(우리의 보기에서는 형법 제211조의 구성요건이 실현되었다는 확인으로부터 종신형을 선고해야 한다는 확인으로 전환)을 가능케 하는 규칙이 존재한다는 지적은 보편적 법칙성을 주장하는 것이 아니다. 이 규칙은 보편적 법칙성과 달리 메타언어적 성격을 갖고 있다. 즉, 이 규칙은 대상(예컨대 특정한 살인행위) 자체가 아니라, 논증적 관련성에 대해서 말하고 있을 뿐이다.[39]

따라서 "모든 사람은 죽는다"라는 추론규칙은 결코 정보를 제공하는 것이 아니라, 단지 논증적 전환을 가능케 할 뿐이라는 확인은 바로 규칙의 이러한 의미를 염두에 둔 것이다.[40] 코호가 툴민의 연구에서 '발견하지 못했던' 이 테제[41]는 툴민의 논증모델을 이해하는 데 결정적인 의미가 있다. 왜냐하면 이 테제는, 보편명제를 삼단논법 추론의 대전제로 해석하면, 보편명제가 논증에서 행하는 전형적인 기능을 오해하게 된다는 점을 잘 보여주고 있기 때문이다. 이 테제는 동시에 삼단논법 모델보다 더 엄밀한 논증모델이 필요하다는 점도 일깨워 준다.

다시 한 번 강조하지만, 툴민의 모델은 삼단논법과 이에 상응하는 술어논리적 도식의 논리적 정확성에 대해 의문을 제기하지 않는다. 툴민의 비판대상은 '논리학'이 아니라, 논리적 추론을 보편적 구속력을 갖는 합리적 논증모델로 삼으려는 시도이다. 따라서 그의 논증모델은 순수논리학이 아닌, '응용논리학'의 문제들과 관련된다.[42] 툴민은 당연히 논리체계를 학문이나 일상에서 행해지

---

39) 규칙의 메타언어적 성격에 관해서는 *Bund*, Juristische Logik und Argumentation, 1983, 82면 참고.

40) *Toulmin*, a.a.O., 103면; *Neumann*, Rechtsontologie und juristische Argumentation, 1979, 15면.

41) *Koch/Rüßmann*, Juristische Begründungslehre, 1982, 60면, 각주 4; 이 테제는 독일어판은 103면, 영어원판은 114면에서 찾을 수 있다.

42) 이에 관해서는 *Toulmin*, a.a.O., 131면 이하 참고.

는 논증에 그대로 '적용'하기만 하면 된다는 순진한 사고를 거부한다. 왜냐하면 논리계산의 영역 내에서는 의미가 있는 것들일지라도 구체적인 논증의 구조와 반드시 일치하는 것은 아니기 때문이다. 바로 그렇기 때문에 논리적 관점에서 보더라도 추론의 타당성의 문제와 전제의 진리성 또는 입증가능성의 문제를 분리하는 것은 의미가 있을 뿐만 아니라, 심지어 불가피한 것이다. 논리학자는, 만일 모든 교통사고가 인간의 책임으로 인해 야기된다면, 특정한 교통사고 V_1이 인간의 책임으로 야기되었음을 주장할 수 있다. 그러나 어떤 교통사고 전문가가 소견서에 그러한 논리적 필연성만을 서술했다면, 아마도 다른 전문가의 소견서가 필요하게 될 것이다. 다시 말해 비록 전제의 타당성을 입증할 수는 없지만, 추론 자체는 정확하다고 주장하는 것은 실천적 논증에서는 아무런 의미가 없다. 논증에서 결정적으로 중요한 것은 과연 어떠한 정보를 사실상 이용할 수 있는가 하는 점이다. 실질적 논증과 분석적 논증을 구별하는 툴민의 모델은 바로 이 점에 기초하고 있다. 이 구별이 '추론의 타당성의 문제와 그 전제의 입증가능성의 문제를 혼동'한 데에서 연유한다는 비난[43]은 완전히 잘못된 비난이라는 사실은 지금까지의 서술에 비추어 볼 때 특별히 강조할 필요가 없을 것이다.

3. 법적 논증의 논리적 재구성의 문제점

논리계산을 법적 논증에 그대로 '적용'하는 것은 법률을 중심으로 판결을 근거짓는 행위가 '실제로' 어떠한 구조를 갖고 있는지를 전혀 밝혀 주지 못할 뿐만 아니라, 법적 논증과 법적 개

43) *Koch/Rüßmann*, Juristische Begründungslehre, 1982, 61면.

념들을 오해할 위험까지 불러일으킨다. 여기서는 몇 가지 예를 들어 그러한 위험성을 지적하는 것으로 충분하리라 생각한다.

논증을 논리학[참/거짓 이치(二値) 명제논리 또는 이치 술어논리]을 동원하여 파악할 수 있는 구조에만 국한시키게 되면, 논증의 실질적 측면을 마치 당연한 것으로 여기고, 따라서 논증이 토톨로지(Tautologie)에 불과하다는 부당한 비판을 가하게 된다. 이는 이른바 '애인에 대한 상속(Mätressentestament)'이 선량한 풍속에 반하는가에 대한 연방재판소의 판결을 비판하는 뤼스만의 입장에서 잘 드러난다.[44] 판결문 가운데 뤼스만이 비판하는 부분은 다음과 같다.

"한 남편이 유언장에서 자신의 부인에 대한 상속을 거부하고, 자녀들과, 비록 성관계를 맺지는 않았지만, 어쨌든 혼인 외의 관계에 있었던 다른 한 여자를 상속인으로 지명했으며, 더욱이 자녀들 보다 이 여인에게 더 많은 상속을 남기도록 했다면, 이 여인을 우대한 이 유언장의 내용은 선량한 풍속위반을 이유로 무효가 될 수 있다."[45]

뤼스만은 연방재판소의 이러한 판결이유가 토톨로지라는 비판을 제기한다. 즉, 이 판결이유는 "만일 p이면, q이거나 또는 q가 아니다($p \rightarrow q \vee \neg q$)"는 논리구조를 갖는다고 한다.

그러나 이 비판은 명백히 잘못이다. 연방재판소가 판결이유에서 제시한 주장이 토톨로지가 아니라는 점은 이미 이 주장에 대한 부정이 모순이 아니라는 사실에서 밝혀진다. 이 주장에 대한 부정, 즉 문제의 유언이 같은 전제하에서 선량한 풍속에 반하지 않고, 따라서 무효가 아니라는 주장은 원래의 주장과 결코 논

---

44) *Rüßmann*, Zur Abgrenzung von Rechts und Tatfrage, in: H. J. Koch (Hg.), Juristische Methodenlehre und analytische Philosophie, 1976, 246면.
45) 강조는 뤼스만의 글에 따름.

리적 모순관계에 있지 않다. 더욱이 법률가이든 일반인이든 판결문을 어렵지 않게 이해할 수 있는 사람이라면 연방재판소가 설명한 내용을 분명하게 이해할 수 있다. 즉, 연방재판소의 주장은, 어떤 유언이 혼인 외의 관계에 있는 여자를 상속인에 포함시켰다면, 이는 일정한 상황하에서는 그 유언이 선량한 풍속에 반하게 되는 하나의 논거가 되거나 최소한 그러한 논거가 될 수 있다는 것이다. 이 주장은 결코 당연한 내용을 반복하는 것이 아니다. 왜냐하면 법원은 혼인 외의 관계에 있는 여자를 상속인에 포함시킨 유언은 어떠한 경우에도 풍속위반의 논거가 될 수 없다는 입장을 취할 수도 있기 때문이다.

따라서 명제논리나 술어논리를 동원하여 이 주장을 재구성하면, 연방재판소의 설명이 갖는 의미를 제대로 전달할 수 없음은 물론이다. 이는 뤼스만처럼 '무효일 수 있다'는 확인을 "무효이거나 또는 무효가 아니다"로만 분리하지 않고, 무효가능성을 독립된 술어로 도입하더라도 마찬가지다. 설령 문제의 논증을 더 적절히 설명하기 위해 양상논리(Logik der Modalitäten)를 원용할지라도 별로 도움이 되지 못한다. 왜냐하면 양상계산의 범위 내에서도 혼인 외에 있는 여자를 상속인에 포함시킨 것과 유언이 무효일 수도 있다는 것 사이의 어떤 의미적 관련성을 표현할 수는 없기 때문이다.

그 이유는 이러한 논리계산이 외연(Extension) 중심의 이해에 기초하고 있기 때문이다. 법적 논증을 재구성하기 위해 지금까지 원용된 논리체계들은 여러 명제들의 진리치 사이에 존재하는 관계를 토대로 삼고 있다. 한 복합명제의 진리치와 관련하여 중요한 것은 오로지 부분명제들의 외연(진리치)일 뿐, 그 내포(의미)가 아니다. 그러나 어떤 의미연관의 존재는 명제들의 의미에 달려 있지, 명제들의 진리치에 좌우되지 않는다. "마르세유가 프랑스의 수도라면, 최대소수는 존재한다"는 명제는 술어논리의 조건문관계(논리적 함축)의 의미에서는 참인 명제이다. 왜냐하면 전제명제가 거짓이면, 함축관계는 그 개념정의상 전제명제가 참이고 결과명제가 거짓일 때에만 거짓이기 때문이다. 이 예가 보여 주듯이, 조건문의 진리성 여부는 어떤 의미연관의 존재를 전제로 하지 않는다. 거꾸로 의미연관이 존재할지라도 해당하는 함축관계가 반드시 참인 것은 아니다. 예컨대 동물을 키우는 데 관심을 갖고 있다는 것과 동물을 키우는 사람이라는 속성 사이에는 분명 어떤 연관성이 있다. 하지만 이 연관성을 논리적 함축관계로 재구성하는 것은 부적절하다. 왜냐하면 이를 논리적 함축관계로 보면, 동물을 키우는 사람은 어떠한 경우에나 동물을 키우는 데 관심을 갖고 있는 것처럼 주장하는 것이 되기 때문이다.

법적 논증을 재구성하고 분석하는 데 논리학이 어떠한 의미를 가질 수 있는가 라는 물음과 관련해서는 논리계산이 외연을 중심으로 논리를 구성한다는 점이 결정적 측면이 된다. 왜냐하면 외연 중심의 논리체계들이 의미연관을 파악할 수 있는 능력이 없다는 사실은 "p는 q에 대한 논거이다"는 관계가 이러한 논리체계로는 적절히 서술될 수 없다는 결론에 이르게 만들기 때문이다. 즉, 논거들이 갖는 기본적인 기능들이 표출되지 못하는 도식은 논증분석이라는 목적에는 거의 쓸모가 없다. 이런 의미에서 판결이유를 논리적으로 재구성하게 되면, 정작 판결이유가 제시하려는 설명은 논리적 모델이 갖는 선별성 때문에 희생되고 만다는 로트로이트너의 지적은 전적으로 옳다.[46] 명제논리나 술어논리를 도입하는 것이 법적 논증에 대한 잘못된 이해를 수반한다는 사실은 뤼스만의 서술에서 너무나도 명백히 드러나 있다.

---

46) *Rottleuthner*, Plädoyer für eine empirische Argumentationstheorie, in: ARSP Beiheft n.F. Nr.14, 1980, 87면.

4. 논증과 논리적 추론의 관계

연역적 논증이 순환논법이라는 점이 밝혀진 이상, 논리적 추론규칙을 논증의 규칙으로, 다시 말해 일정한 주장에 대한 근거설정의 규칙으로 잘못 이해해서는 안 된다. 논리규칙은 하나의 주장이 갖고 있는 내용을 규정한다. 즉, 논리규칙은 일정한 명제를 통해 주장되는 내용을 확정한다.[47] 따라서 논리적 추론은 일정한 주장의 내용을 확실하게 밝힐 뿐이다. 그렇기 때문에 최소한 묵시적일지라도 대전제에 포함되어 있지 않은 내용이 논리적 추론을 통해 획득되는 것은 불가능하다는 사실은 일반 논리학이나 법논리학의 저명한 주창자들에 의해서도 항상 강조된다.[48] 묵시적으로 포함된 주장을 명시적으로 밝히는 것은 이 주장을 근거짓는 것과는 완전히 다르다. 논리규칙이 어떤 주장의 내용을 확정하는 한, 논리규칙은 언어규칙과 유사한 기능을 갖는다.[49] 그렇다면 논리규칙은 언어규칙과 마찬가지로 일정한 주장을 근거짓는 규칙이 될 수 없다.

연역논리를 통한 법적 논증의 재구성이 부적절하다는 통찰 때문에 법적 논증을 분석할 때 이른바 귀납논리(induktive Logik)를 끌어들이려고 시도하는 경우가 있다.[50] 이 시도의 배후에는 설령

---

47) *von Savigny*, Die Phausnahme und die Phregel oder Was die Logik im Recht nicht leisten will, in: Jahrbuch für Rechtssoziologie und Rechtstheorie, Bd.2 (1972), 243면; 이와 관련해서는 또한 *Gethmann*, Die Logik der Wissenschaftstheorie, in: ders.(Hg.), Theorie des wissenschaftlichen Argumentierens, 1980, 18면의 서술 참고.

48) 특히 *Weinberger*, Jurisprudenz zwischen Logik und Plausibilitätsargumentation, in: ARSP 59 (1971), 567면.

49) *von Savigny*, a.a.O., 243면.

50) *Wittmann*, Induktive Logik und Jurisprudenz, in: Rechtstheorie 9 (1978), 43면; *ders.*, Die reductio ad absurdum aus wissenschaftstheoretischer

연역논리라는 도구가 부적절한 것으로 밝혀진 영역일지라도 논리분석을 통한 합리성판단을 결코 포기할 수 없다는 의도가 자리잡고 있다. 논증이론의 관점에서 볼 때, 이 시도는 특히 다음과 같은 이유에서 의미가 있다. 즉, 카르납(Carnap)이 말하는 귀납논리적 추론연관을 도입하든, 아니면 "더 좋은 보증이다(besser gestützt als)"라는 술어를 가지고 이른바 보증논리적 관계를 이용하든[51] 귀납적 방법은 "p는 q에 대한 논거이다"라는 논거연관을 재구성하는 데에는 술어논리를 통한 (연역적) 함축관계보다 훨씬 더 적합하다.

연역논리적 추론관계가 근거설정이라는 의미에서의 논증으로 이해될 수 없다는 사실은 결코 논리규칙이 법적 논증에서 아무런 의미도 없다는 것을 뜻하지 않는다. 논리규칙은 언어규칙과 마찬가지로 명시적인 주장에 포함된 묵시적인 내용이 무엇인가를 확정함으로써 일정한 명시적 주장을 다른 묵시적 주장으로 보충하는 것을 허용하거나 금지하는 역할을 한다. 마치 언어규칙이 "A는 총각이다"는 주장을 "A는 결혼했다"는 주장으로 보충하는 것을 금지하듯이, 논리규칙은 "A는 총각이다"와 "A는 총각이 아니다"를 동시에 주장하는 것을 금지한다. 만일 하나의 주장으로 다른 주장을 근거짓는 것뿐만 아니라, 하나의 명시적 주장에서 다른(하지만 앞의 주장에 묵시적으로 포함된) 명시적 주장으로 전환하는 것도 논증이라고 이해한다면, 논리규칙과 언어규칙도 논증규칙이라고 해석할 수 있다. 따라서 근거설정에만 국한된 좁은 의미의 논증개념을 이용할 것인지 아니면 논리규칙과 언어규칙을 포함하는 넓은 의미의 논증개념을 이용할 것인지는 용어선택의 문제이다. 그렇다 하더라도 하나의 주장을 근거짓는다는 것과 묵시적인 주장을 명시적으로 밝힌다는 것 사이에는 커다란 차이가 있다.

Sicht, in: Rechtstheorie 14 (1983), 336면 이하.

51) 비트만은 카르납의 귀납논리보다는 보증논리적 관계를 선호한다.

논리규칙이 "A는 총각이다"와 "A는 총각이 아니다"를 동시에 주장하는 것을 금지한다는, 앞에서의 설명은 더 자세히 고찰할 필요가 있다. 여기서 말하는 논리규칙이 논리규칙 일반을 의미한다고 여기게 되면, 마치 논리학이 어떠한 합리적 의문도 제기될 수 없는 완결된 규범으로서의 규칙들을 제시하는 듯한 오해를 조장할 위험이 있다. 그러나 실제로는 다수의 경합하는 논리체계가 있고, 각 체계의 규칙들 가운데 일부는 상반된 내용을 갖고 있기도 한다. 즉, 어떤 논리체계 S1에서 논리적으로 타당한 추론이 논리체계 S2에서는 그렇지 않을 수 있고, 하나의 논리체계에서 모순인 주장이 다른 논리체계에서는 주장 가능한 경우도 있다. 이처럼 서로 다른 논리체계들이 병존하기 때문에, 개별 학문분과는 자기 분과의 논증기준들을 확정할 때 어떠한 논리체계를 원용할 것인지를 결정해야 한다.

물론 그러한 선택의 필요성을 의식하는 경우는 거의 없다. 법이론에서는 여전히 거의 대부분 고전논리학을 원용하고 있지만, 이러한 결정에 대한 근거가 제시되지 않을 뿐만 아니라, 심지어 그것이 여러 논리체계들 가운데 하나를 선택 결정한 것이라는 의식 자체마저도 찾아보기 어렵다. 이는 고전논리학을 법학의 논증에 '적용'하는 것이 상당히 많은 문제를 안고 있다는 사실에 비추어 볼 때, 더욱 놀라운 일이다. 예컨대 고전논리학을 기초로 삼는 표준적인 규범논리(deontische Standardlogik) 영역 내에서는 의무의 역설(Paradoxie der Verpflichtung)*이 발생하지만, 직관주의 논리학(intuitionistische Logik)이나 최소논리학(Minimallogik)에서는 그러한 역설이 전혀 발생하지 않거나, 아니면 더 약한 형태로 발생한다.[52] 고전논리학을 기초로 삼게 되면, 구성요건에 해당하는 어

---

* '의무의 역설'이란 규범논리의 역설 가운데 하나로서, 예를 들어 "네가 약속을 했다면, 너는 약속을 지켜야 한다"는 명제를 $p \rightarrow Oq$라고 표

떤 행위가 '위법하지 않다'는 사실로부터 이 행위의 '합법성'이 도출된다. 그러나 형법도그마틱의 다수의 입장은 그 반대의 추론, 즉 '합법성'으로부터 '위법하지 않다'는 사실을 도출하는 것만을 인정한다. 이에 반해 고전논리학과는 달리 이중부정(doppelte Negation)의 원칙이나 배중률(der Satz vom ausgeschlossenen Dritten)이 적용되지 않는 직관주의 논리학에서는 합법성에서 '위법하지 않다'를 추론할 수는 있지만, '위법하지 않다'에서 '합법성'을 추론할 수는 없다.[53)]

이 밖에도 "전제가 거짓이면 명제는 언제나 참이다"는 정리(Ex falso quodlibet Theorem)가 법적 논증에서도 타당성을 갖는가에 관한 물음도 적절한 논리계산의 선택의 문제로 해석할 수 있다.[54)] 이 정리(定理)를 논증규칙으로 인정하면, 하나의 논증에서 모순된 명제로부터 어떠한 임의의 명제도 도출할 수 있게 되고, 결국 전체 논증이 '폭발'하게 되는 결과를 피할 수 없을

현(O는 당위를 표현하는 양상기호)하고, 그 진리성을 전제한다면, p에 "죽는다"를 표현하는 r을 추가하여 $(p \wedge r) \rightarrow Oq$로 확장하더라도 여전히 함축관계는 진리치를 갖지만, 이 함축관계를 읽으면 "네가 약속을 했고 죽는다면, 너는 약속을 지켜야 한다"는 역설에 봉착하게 된다. 이는 규범논리 또는 당위논리가 갖는 모순 가운데 하나이다(옮긴이).

52) 이에 관한 자세한 설명은 *Gethmann*, Die Logik der Wissenschafstheorie, in: ders., Theorie des wissenschaftlichen Argumentierens, 1980, 25면 참고.

53) 이에 관해서는 *Phillips*, Rechtliche Regelung und formale Logik, in: ARSP 50 (1964), 317면 이하; *ders.*, Das logische Tableau als Werkzeug des Rechts, in: Jahrbuch für Rechtssoziologie und Rechtstheorie 2 (1972), 223면 이하 참고. 이에 대한 비판으로는 *von Savigny*, a.a.O.; *Kalinowski*, Einführung in die Normenlogik, 1973, 113면 이하 참고.

54) 이에 관해서는 *Weinberger*, Ex falso quodlibet in der deskriptiven und in der präskriptiven Sprache, in: Rechtstheorie 6 (1975), S. 17면 이하 참고.

것이다. 이러한 결과가 직관에 반하는 것임에도, 대부분의 법이론 문헌에서는 이를 인정하고 있다.[55] 그러나 고전논리학 대신에 이른바 '최소논리학'의 논리계산을 이용하면 이러한 결과를 피할 수 있다. 왜냐하면 이 정리는 고전논리학과 직관주의 논리학에서는 타당하지만, 최소논리학에서는 타당하지 않기 때문이다.[56]

논증이론의 영역에서 여러 가지 논리체계 가운데 하나를 선택해야 한다는 필연성은 일단은 단순히 합목적성에 따른 결정의 문제로만 보이지만, 실제로는 논리학과 논증 일반이 어떠한 관계에 있는가 하는 물음과 직접 관련이 있다. 왜냐하면 여러 논리체계 가운데 하나를 선택해야 한다면, 논리체계의 규칙들이 논증의 기준을 확정하는 것이 아니라, 거꾸로 논증의 기준들이 논리계산의 적절성을 결정하기 때문이다. 이는 결국 논증의 기준들이 한 논리계산의 정리들에 우선함을 의미한다. 예를 들어 "전제가 거짓이면 명제는 언제나 참이다"는 정리가 학문이나 일상의 논증에서 타당성을 갖는지 여부는 이 정리가 고전논리학의 정리라는 사실을 지적함으로써 결정되는 것이 아니라, 과연 이 정리가 합리적 논증의 기준에 부합하는가를 검토해야만 한다. 따라서 법적 논증이나 여타의 합리적 논증과 관련된 이론과 실제에서 근원적 의미를 갖는 논리체계는 형식논리 체계가 아니라, 합리적 논증의 규칙을 재구성한다고 여겨질 수 있는 논리체계이다. 다시 말해, 한 논리계산의 전환규칙들이 과연 합리적 논증의 척도와 일치하는가를 검토해야 할 뿐, 이 논리규칙들이 바로 합리적 논증의 척

55) 예컨대 *Tammelo*, Theorie der Gerechtigkeit, 1977, 101면, 111면; 타멜로에 대한 비판으로는 *Neumann*, Theorie der Gerechtigkeit, in: JuS 1980, 80면 참고.

56) *Gethmann*, a.a.O., 36면.

도가 되는 것은 아니다. 이처럼 "논리학이 논증에 기초한다"는 통찰[57]은 논리학이 논증이론이나 실제의 논증에서 갖는 의미를 근거짓기도 하지만, 동시에 논리학의 의미를 축소시키기도 한다. 이런 의미에서 법적 논증이론에서 논리학에 부여된 역할을 정확히 판단하는 데 이러한 통찰은 아주 중요하다.

5. 특수한 법적 논거들(대소추론, 유비추론, 반대추론)의 논리적 구조

법적 논증이론에서 논리규칙과 논증의 기준 사이의 관계에 대한 물음은 과연 모든 논리규칙이 논증의 기준으로 인정될 수 있는가 하는 관점에서뿐만 아니라, 그 반대의 의미, 즉 법적 논증의 전형적 형식들을 논리적으로 엄밀한 추론으로 볼 수 있는가 하는 관점에서도 제기된다. 특히 대소추론 및 소대추론(argumentum a fortiori), 유비추론(Analogie), 반대추론(argumentum e contrario)을 둘러싸고 다툼이 있다. 즉, 이 추론형식들이 논리적 추론도식인지 아니면 단순히 설득력 있는 논거인지가 논란의 대상이 된다.[58] 이 추론형식들이 논리적 구조를 갖고 있다고 보는 사람들은 이 추론들에서 문제되는 것은 추론양태(Schlussmodus) 자체가 아니라, 대전제에 대한 정당화라고 주장한다.[59] 예컨대 대소추론의 추론형식

---

57) *Kambartel*, Überlegunen zum pragmatischen und argumentativen Fundament der Logik, in: K. Lorenz(Hg.), Konstruktionen versus Positionen Bd.1, 1979, 216면 이하.

58) 이에 관해서는 *Rödig*, Logik und Rechtswissenschaft, in: Grimm(Hg.), Rechtswissenschaft und Nachbarwissenschaft Bd.2, 1976, 72면 이하 참고.

59) 이에 관한 기본적인 내용은 *Alchourrón*, Juristische Schlüsse a fortiori und a pari, in: ARSP Beiheft n.F. Nr.4 (1965), 5면 이하; *Klug*, Juristische Logik, 4. Aufl. 1982, 109면 이하 참고.

은 이른바 '승계주장(Erblichkeitsbehauptung)'을 별개의 전제로 추가함으로써 보편타당한 추론형식으로 바꿀 수 있다고 한다. 알슈롱은 이를 다음과 같은 보기를 들어 밝히고 있다.

(P1) Ex	연리(年利) 12% 소비대차는 허용된다.
(P2) Rxy	연리 12% 소비대차는 연리 8% 소비대차보다 비싸다.
(P3) ErB (E, R)	허용된 이자보다 덜 비싼 소비대차는 허용된다.
(S) Ey	연리 8% 소비대차는 허용된다.

이 추론을 다음과 같이 재구성하면, 추론의 형식적 타당성을 확인할 수 있다.

(P1) Ex	x는 허용된다.
(P2) Rxy	x는 z보다 더 높은 정도의 속성 R을 갖고 있다.
(P3) $(Ex \wedge Rxy) \rightarrow Ey$	만일 x가 허용되고 또한 x가 y보다 더 높은 정도의 속성 R을 갖고 있다면, y도 허용된다.
(S) Ey	y는 허용된다.[60]

이 보기는 대소추론의 논증형식을 또 다른 전제를 끌어들임으로써 형식적으로 타당한 추론도식으로 변경시킬 수 있음을 보여 준다. 이는 유비추론의 경우에도 마찬가지다.[61] 물론 과연 이러한 변형이 논증형식의 구조를 이해하는 데 결정적인 역할을 하는지는 의문이다. 왜냐하면 논증형식의 형식적 타당성은 앞의 설명에서 보듯이 전제 (P1)과 (P2)가 결론을 함축한다는 주장(P3)

---

60) *Herberger/Simon*, Wissenschaftstheorie für Juristen. Logik – Semiotik – Erfahrungswissenschaften, 1980, 166면.

61) *Alchourron*, a.a.O.

을 끌어들일 때에만 가능하기 때문이다. 이러한 방식을 이용하면 어떠한 논증도 논리적으로 타당한 추론으로 변형시킬 수 있다. 이를 반대하는 입장, 즉 '법학의 전형적인' 세 가지 추론형식이 논리적으로 재구성될 수 없다고 생각하는 입장에서 보면, 위에서 시도된 재구성은 대소추론이나 유비추론의 논리적 구조를 입증한 것이 아니라, 논거들과 이를 근거짓는 주장 사이에 조건문 관계를 형성시키는 또 다른 전제를 추가함으로써 실제로는 비연역적 구조를 가진 논증을 연역적 구조로 변경시킬 수 있는 가능성을 서술한 것에 불과하다. 하지만 대소추론이나 유비추론을 논증을 통해 전제로부터 근거설정이 이루어져야 할 주장으로 전환시키는 문제로 보든, 아니면 보편타당한 추론형식을 갖추도록 추가된 전제들을 인정할 수 있는가 하는 문제로 보든, 이와는 별개로 이 추론형식들을 적용할 때에는 언제나 실질적 근거설정의 문제가 발생한다는 사실에 대해서는 논란이 있을 수 없다.

설령 추론의 허용 여부가 분명한 경우에도 근거설정의 문제가 진지하게 고려될 수밖에 없다는 점은 위에서 설명한 알슐룽의 보기와 페를만이 논의에 끌어들인 법규정[62]을 대비해 보면 잘 알 수 있다. 연리 12%가 허용된다는 것에서 연리 8%가 허용된다는 것을 도출하는 추론은 어떤 의미에서는 너무나도 당연하다. 왜냐하면 전제(P1: 연리 12%의 소비대차는 허용된다)를 "연리 12%까지의 소비대차는 허용된다"로 이해하는 데는 아무런 무리가 따르지 않기 때문이다. 그러나 이러한 해석이 두 이자율 사이의 수학적 비례를 근거로 삼을 수 없고, 어떤 실질적 근거설정을 필요로 한다는 점은 페를만이 지적한 벨기에의 lex Vandervelde

62) *Perelman*, Juristische Logik als Argumentationslehre, 1979, 82면.

의 규정을 통해 명확하게 밝힐 수 있다. 이 법에 따르면 소주판매는 최소 2리터 이상만이 허용되었다.[63] 이 경우 대소추론에 따라 2리터의 소주판매가 허용된다는 것에서 이보다 더 적은 양의 소주판매가 허용된다고 추론하는 것은 잘못된 결론이다.

과연 '법학의 전형적인' 논증(유비추론, 대소추론, 반대추론)이 갖는 추론의 정당성이 전제 선택의 문제인지 아니면 논증을 통해 전제로부터 근거설정이 이루어져야 할 주장으로 전환하는 문제인지는 유비추론과 반대추론의 논리적 호환성(logische Austauschbarkeit)을 둘러싼 논의의 결정적 요소이기도 하다. 논리적으로는 유비추론 대신에 반대추론이 언제나 가능하다고 주장하는 사람들[64]은 논증의 전제로서 이 논증의 연결점이 되는 법률의 구성요건과 법률효과 사이의 함축관계를 선택한다. $p \rightarrow q$(보기: 권리침해가 존재하면 손해배상이 성립한다)라는 함축은 $r \rightarrow q$(보기: 점유침해가 존재하면, 손해배상이 성립한다)라는 함축뿐만 아니라, $\neg p \rightarrow q$(보기: 권리침해가 존재하지 않으면 손해배상이 성립하지 않는다)라는 함축과도 서로 합치할 수 있다.

따라서 유비추론과 반대추론이 논리적 동치라는 사실은 옳다. 그러나 이 두 추론에 상응하는 어떠한 함축도 법률규정(이 또한 논리적 함축이다)에 의해 배제되지는 않는다(물론 이 두 함축 가운데 어느 것도 법률규정에 의해 이미 함축되어 있다고 볼 수도 없다). 따라서 법률규정의

---

63) 법률의 배경에 관해서는 *Perelman*, a.a.O. 참고(1919년에 제정된 이 법률은 노동자들의 알코올중독을 방지하기 위해 노동자들의 1주일 평균임금으로 살 수 있는 소주의 양이 약 2리터에 해당한다는 사실에 착안하여, 2리터 이상의 소주판매만을 허용한 법률이다 — 옮긴이).

64) 예컨대 *A. Kaufmann*, Analogie und "Natur der Sache." Zugleich ein Beitrag zur Lehre vom Typus, 2. Aufl. 1982, 36면.

조건문 관계만을 유비추론이나 반대추론의 대전제로 선택하게 되면, 이 두 추론형식은 논리적으로 모두 타당하다. 왜냐하면 두 추론형식은 법률규정에 의해 함축되지도 배제되지도 않기 때문이다. 그렇기 때문에 두 추론이 논리적으로 호환가능하다는 주장은 이 추론들을 비논리적 추론형식으로 해석한 결과이다.

이와 반대로 두 추론형식에 대해 그 보편타당성을 인정하고, 따라서 두 가지 논증 가운데 어느 쪽으로 결정할 것인가는 전제선택의 문제라고 보게 되면, 두 추론형식의 호환가능성을 부정할 수밖에 없다. 반대추론은 법률의 함축관계(권리침해가 존재하면, 손해배상이 성립한다)가 역함축(권리침해가 존재할 때에만, 손해배상이 성립한다)에 의한 보충이 이루어지거나, 쌍방함축(권리침해가 존재할 때에는 언제나 그리고 바로 이 경우에만 손해배상이 성립한다)으로 강화될 때에만 논리적으로 타당하다. 그렇다면 유비추론은 논리적으로 배제된다. 왜냐하면 법률효과는 반드시 법률이 언급하고 있는 조건이 충족될 때에만 발생하는 것은 아니기 때문이다.

그러므로 "논리적 관점에서 볼 때, 구성요건과 법률효과 사이의 관계가 역함축 또는 쌍방함축이라면 유비추론과 반대추론 가운데 어느 하나를 선택할 수 있다"는 주장[65)]은 오해일 뿐이다. 만일 역함축이나 쌍방함축이 존재하여 반대추론이 논리적 필연성을 가지면, 유비추론이 개입할 여지는 전혀 없다. 물론 구성요건과 법률효과 사이의 관계가 함축인지 아니면 역함축이나 쌍방함축인지는 논리의 문제가 아니라, 법률에 대한 해석의 문제이며, 이 해석 자체는 특히 '유추가능성'의 관점을 따른다. 논리학을 원용하는 것이 법적 논증을 더 명백하게 보여 줄 수는 있지만, 결

65) *Bund*, Juristische Logik und Argumentation, 1983, 190면.

코 문제해결에 기여할 수 없다는 앞에서의 확인은 반대추론과 유비추론의 문제와 관련해서도 타당성을 갖는다.

Ⅱ. 반증모델과 법적 논증

부정의 철학(philosophia negativa)은 우리가 대상의 본질을 알 수는 없지만, 대상의 본질에 속하지 않는 것은 알 수 있다는 사고에서 출발한다. 이를 법철학에 원용하면 정의를 인식할 수는 없지만, 부정의를 인식할 수 있다는 것이 된다.[66] 이러한 부정의 철학은 비판석 합리주의의 다음과 같은 주장에서 과학이론적 모습을 띠고 다시 등장하고 있다. 즉, 과학적 가설은 검증할 수 있는 것이 아니라, 단지 반증할 수 있을 뿐이라는 것, 다시 말해 하나의 가설은 입증이 아니라, 반증될 수 있을 뿐이라고 비판적 합리주의는 주장한다. 따라서 반증모델은 과학적 주장을 최종적으로 근거설정(Letztbegründung)하려는 시도는 필연적으로 토톨로지, 무한회귀 또는 논증과정의 자의적인 단절(이른바 뮌히하우젠 트릴레마)에 빠질 수밖에 없다고 비판하고, 그러한 최종적 근거설정 대신 비판적 검토의 방법을 제시한다. 이에 따르면 가설의 타당성은 이를 반증하려는 시도를 얼마나 잘 견뎌냈는가에 달려 있다고 한다.

---

66) *A. Kaufmann*, Einige Bemerkungen zur Frage der Wissenschaftlichkeit der Rechtswissenschaft, in: Bockelmann-Festschrift, 1979, 67면 이하: wiederabgedruckt in (und zitiert nach): ders., Beiträge zur juristischen Hermeneutik, 125면.

1. 비판적 합리주의와 법학

반증이라는 사고에 기초하여 과학적 가설을 검토하려는 모델을 과연 법학에 원용할 수 있는가 라는 물음은 최근의 법이론에서 격렬한 논쟁을 불러일으켰다. 비판적 합리주의를 지지하는 법학자들[67]에 대항하여 비판적 합리주의 자체를 의문시하거나 법학의 연구모델로서의 비판적 합리주의의 유용성을 문제삼는 비판자들[68]이 대립하고 있다. 하지만 이 논쟁이 비판적 합리주의에 대한 찬반진영으로 확실히 나뉘어 이루어지고 있는 것은 아니다. 이는 무엇보다 비판적 합리주의의 대표적인 주창자들이 법학의 과학적 성격을 부정하고, 법학을 하나의 사회기술(Sozialtechnologie)로 국한시키려고 하는[69] 반면, 다른 한편에서는 바로 비판적 합리주의의 과학이론을 기초로 법학의 과학성을 밝히려고 시도[70]하는 경우가

67) *Adomeit*, Rechtstheorie für Studenten, 1981; *Schwerdtner*, Rechtswissenschaft und kritischer Rationalismus, in: Rechtstheorie 2 (1971), 67면 이하 및 224면 이하; *Weimar*, Rechtserkenntnis und erkenntnistheoretische Rechtswissenschaft, in: Theorie der Normen, Festgabe für Ota Weinberger zum 65. Geburtstag, 1984, 69면 이하. 약간 유보적이긴 하지만 Friedrich Müller도 비판적 합리주의에 우호적인 방법론을 취한다.

68) *Schefold*, Das verfehlte Begründungsdenken. Kritische und systematische Überlegungen zur Begründungskritik bei Hans Albert, in: Philosophisches Jahrbuch 82 (1975), 336면 이하; *ders.*, Normative Falsifikation als die neue, naturrechtliche Methode der Jurisprudenz?, in: Zeitgenössische Rechtskonzeptionen, ARSP Supplementa I, 4 (1983), 81면 이하; *Kellmann*, Kritischer Rationalismus in der Rechtswissenschaft?, in: Rechtstheorie 6 (1975), 83면 이하; *Westermann*, Argumentation und Begründungen in der Ethik und Rechtslehre, 1977.

69) *Albert*, Erkenntnis und Recht. Die Jurisprudenz im Lichte des Kritischen Rationalismus, in: Jahrbuch für Rechtssoziologie und Rechtstheorie 2 (1972), 80면 이하; *ders.*, Traktat über rationale Praxis, 1978, 65면 이하.

있다는 사정에 기인한다. 법적 논증이론의 입장에서 보면 법학을 과학이론적으로 어떻게 위치지울 것인가에 관한 이러한 논쟁은 단지 간접적인 의미만을 갖는다. 논증이론적 측면에서는 과연 과학적 가설의 반증모델이 법적 논증에 대해 어떤 성과를 가져올 것인가 하는 물음이 더 우선한다. 이러한 물음을 다루기 위해서는 우선 칼 포퍼의 모델이 대상으로 삼는 경험적 논증과 법도그마틱의 논증 사이에 어떠한 구조적 동일성이 있는지를 확인하는 문제가 선행되어야 할 것이다.

2. 과학이론의 반증모델

경험과학에서 가설검증과 관련하여 반증모델을 끌어들일 수 밖에 없는 필연성은 무한한 숫자의 단칭명제를 포괄하는 전칭명제를 유한한 숫자의 단칭명제로부터 도출할 수 없다는 사정에 기인한다. 바로 그 때문에 포퍼는 단칭명제에서 전칭명제를 논리적으로 추론할 수 있다고 보는 귀납원칙에 대해 엄청난 비판을 가한다.[71] 간단하게 설명하면, "모든 까마귀는 검다"라는 명제는 아무리 많은 수의 검은 까마귀를 열거하더라도 증명될 수 없다는 것이다. 이 명제는 단 하나의 검지 않은 까마귀의 존재만으로 이미 반증될 수 있다. 이 점에서 경험과학의 이론들은 무한대의 전칭명제의 구조를 갖고 있기 때문에, 결국 자연과학의 인식은

70) *von Savigny*, Übereinstimmende Merkmale in der Struktur strafrechtsdogmatischer und empirischer Argumentation, in: Neumann/Rahlf/von Savigny, Juristische Dogmatik und Wissenschaftstheorie, 1976, 120면 이하; *ders.*, Die Rolle der Dogmatik wissenschfatstheoretisch gesehen, in: Neumann/Rahlf/von Savigny, Juristische Dogmatik und Wissenschaftstheorie, 1976, 100면 이하.

71) *Popper*, Logik der Forschung, 8. Aufl., 1984, 3면 이하.

항상 잠정적인 성격을 갖고 있다. 즉, 이론의 타당성은 언제나 단지 간접적으로, 다시 말해 그 이론을 반증하려는 시도가 성공하지 못했다는 사실에서 확인될 뿐이다.

하나의 이론은 기초명제(Basissatz)를 통해 반증될 수 있다. 기초명제는 그 논리적 구조가 단칭 존재언명이고 관찰 가능한 현상에 대한 서술을 실질적 내용으로 한다. 기초명제는 "특정한 시점의 특정한 공간 k에 이러이러한 것이 존재한다"는 형태를 띤다.[72] 이러한 구조의 기초명제로부터 하나의 보편적 존재명제를 도출할 수 있다. "특정한 시점의 특정한 공간 k에 흰색 까마귀가 존재한다"는 명제로부터 "흰색(=검지 않은) 까마귀가 존재한다"는 명제를 논리적으로 도출할 수 있다. 이 명제는 "모든 까마귀는 검다"는 명제와 논리적 모순관계에 있다. 두 명제는 상호부정의 관계이다. 따라서 논리학적으로 보면 두 명제의 반증관계는 대칭적(symmetrisch)이다. 다시 말해 전칭명제는 존재명제를 반증하고, 마찬가지로 존재명제는 전칭명제를 반증한다. 그러나 방법론적으로 보면, 존재명제에 대한 반증은 인정될 수 없다. 왜냐하면 존재명제만이 관찰 가능한 현상을 서술하고 있고, 따라서 과학적 주장의 경험적 관련성을 보장하기 때문이다.

3. 법학의 반증모델

이러한 반증모델이 법도그마틱 논증의 구조를 밝히는 데에도 적합한지를 살펴보기 위해서는, 우선 두 가지 측면을 구별할 필요가 있다. 하나는 과학이론의 경험적 토대와 관련된다. 이 점에서 법학의 방법이 특수성을 갖는다는 사실은 따로 강조할 필

---

72) *Popper*, a.a.O., 67면.

요가 없다. 무엇보다 법도그마틱의 가설들은 경험적 기초명제를 통해 반증되지 않는다. 예를 들어 "길거리에서 주운 물건을 자기가 가진 사람은 모두 처벌해야 한다"는 명제가 그런 행위를 했음에도 '유실물횡령죄'로 처벌받지 않은 사람이 있다는 사실로 반증될 수는 없다. 적어도 경험적 토대가 갖는 의미에서 법학은 경험과학과 명백히 구별된다.

이에 반해 법도그마틱 논증의 논리적 구조가 반증모델을 통해 적절히 표현될 수 있는가는 별개의 물음이다. 과학적 가설에 대한 반증원칙은 반증을 하는 기초명제의 경험적 성격을 반드시 전제로 하지는 않는다. 물론 반증모델이 방법론적으로 의미를 갖기 위해서는 기초명제가 고도의 상호주관성을 가져야 된다는 사실에 주의할 필요가 있다. 경험과학에서는 그러한 상호주관성이 관찰의 확실성을 통해 보장된다. 문제는 법학의 영역에서 관찰의 확실성과 같은 기능을 할 수 있는 어떤 통제장치를 확보할 수 있는가이다. 아이케 폰 사비니는 독일 형법학의 경우 그러한 확실한 통제장치가 있다고 본다. 폰 사비니에 따르면 형법학은 과학이론적으로 볼 때 가치가설의 체계로 이해할 수 있고,[73] 그러한 가치가설들은 가치의 확실성에 근거한 가치판단을 기초명제로 삼아 반증될 수 있다고 한다. 여기서 가치의 확실성은 관찰의 확실성이 갖는 과학이론적 속성을 모두 공유하고 있으며, 특히 관찰의 확실성과 마찬가지로 어떤 논거에 대해 자발적 동의를 통한 합의에 이르도록 작용한다고 한다.

가치의 확실성에 근거한 기초명제를 통해 반증되는 가설들은 경험과학의 가설들과 동일한 논리적 구조를 지니고 있다. 두 경우 모두 실제로 무한대로 넓은 적용범위를 갖는 전칭명제이기 때

73) *von Savigny*, Die Überprüfbarkeit der Strafrechtssätze, 1967, 95면.

문이다. 이에 반해 기초명제의 논리적 구조는 서로 다르게 나타난다. 경험과학의 기초명제는 그 논리적 구조가 단칭의 존재명제이지, 전칭명제가 아니다.[74] 이에 반해 법학의 기초명제에서 표출되는 가치평가는 원칙적으로 구체적 사례가 아니라, 특정한 구조를 지닌 다수의 사례집단을 대상으로 한다. 그렇기 때문에 (가설로서의) 하나의 구체적 결정이 아니라, 특정한 속성을 지닌 사례군(事例群)의 결정이 부정당하다고 여겨진다. 예를 들어 어느 여인 A의 행위를 간통죄로 처벌하는 것이 부정당하다고 여긴다면, 간통죄에 관한 형벌구성요건의 정당성을 원칙적으로 인정하지 않는 것이 된다. 설령 가치평가가 개별적 사례의 구체적 상황과 관련된 것일지라도, 가치평가는 하나의 단칭명제의 형태가 아니라, 보편명제로 표현된다. 왜냐하면 가치평가는 필연적으로 가치평가와 관련하여 중요하다고 여기는 상황이 존재하는 모든 사례와 관련을 맺기 때문이다. 폰 사비니가 강조하는 바와 같이,[75] 가치평가의 전칭명제로서의 성격은 보편화가능성(Universalisierbarkeit) 요청의 소산이다. 즉, 하나의 구체적 행위와 관련하여 어떤 도덕적 판단을 내리는 사람이라면, 이 행위와 모든 중요한 관점에서 서로 일치하는 다른 행위에 대해서도 동일한 판단을 내려야 한다.

법학의 기초명제가 갖는 이러한 특수성에도 불구하고 폰 사비니는 반증모델을 법학의 영역에 적용하는 데 아무 문제가 없다고 생각한다. 무엇보다 반증을 하는 기초명제는 경험과학에서도 흔히 (묵시적인) 전칭명제의 구조를 띠고 있다고 한다. 예를 들어 ("모든 사람은 죽는다"는 가설을 반증하는) 기초명제 "a는 사람이

74) *Popper*, Logik der Forschung, 1984, 68면.

75) *von Savigny*, Übereinstimmende Merkmale in der Struktur strafrechtsdogmatischer und empirischer Argumentation, in: Neumann/Rahlf/von Savigny, Juristische Dogmatik und Wissenschaftstheorie, 1976, 132면.

지만 죽지 않는다"는 "a가 죽는 시점은 전혀 존재하지 않는다"는 전칭명제를 포함하고 있다는 것이다. 다른 한편 그 자체로 보면 결코 전칭명제가 아닌 관찰명제도 검증과정에서는 때때로 전칭명제로 취급되기도 한다고 한다. 이는 특히 하나의 실험결과에 대해 이 실험을 다시 반복할 수 있어야 한다는 요청이 제기될 때 그렇다고 한다.[76] 이러한 근거에서 폰 사비니는 다음과 같은 결론을 도출한다. 즉, 만일 가치평가에 기초한 반증이 이 가치평가의 전칭명제로서의 성질로 인해 상대적일 수밖에 없다면, 이는 결코 경험과학과는 상반된 법학의 특수성 때문이 아니라는 것이다. 사비니의 판례분석[77]에 따르면 법도그마틱의 (잠정적 가설로서의) 명제들이 사실상 이 명제들에서 노출되는 결과에 비추어 반증된다는 사실은 결코 부정할 수 없다.

4. 법학에 반증모델을 수용하려는 시도에 대한 비판

반증모델을 법학에 수용하려는 시도는 이에 동의하는 입장[78]도 있는 반면, 상당한 비판[79]의 대상이 되기도 한다. 일단 도그마틱의 명제뿐만 아니라, 법률규정도 반증될 수 있어야 한다

76) *von Savigny*, a.a.O., 132면 이하.

77) *von Savigny*, Die Überprüfbarkeit der Strafrechtssätze, 1967; *ders.*, Übereinstimmende Merkmale in der Struktur strafrechtsdogmatischer und empirischer Argumentation, 1976, 120면 이하.

78) *Weimar*, Zur Theoriebildung in der Rechtswissenschaft, in: Gedächtnisschrift für Ilma Tammelo, 1984, 721면.

79) *Koch*, Ansätze einer juristischen Argumentationstheorie?, in: ARSP 63 (1977), 355면 이하; *Schefold*, Normative Falsifikation als die neue, naturrechtliche Methode der Jurisprudenz?, in: Zeitgenössische Rechtskonzeptionen, ARSP Supplementa I, 4 (1983), 81면 이하.

는 부당한 비판[80]을 제외하면, 반증모델을 법학에 수용하려는 시도에 대한 반론은 주로 다음과 같은 관점에 집중되어 있다.

1) 가치평가가 표명된 '기초명제'는 전칭명제의 구조를 갖고 있다. 따라서 포퍼의 반증모델의 핵심이 되는, 가설과 반증하는 명제 사이의 보편도의 차이가 법학의 반증모델에서는 존재하지 않는다.[81]

2) 실정법이나 법학의 규범적 결정은 경험적 가설이 아니라, 본질언명이다. 본질언명은 경험적 가설과는 반대로 개별사례의 판단에 기초하여 반증될 수 없다.[82]

3) 예외적인 사례에서 형평(Billigkeit)을 고려하는 가치평가를 기초로 규범을 수정하는 것은 그 규범에 대한 규범적 반증이 아니라, 새로운 규범적 결정을 통해 규범을 보충하는 것이다.[83]

기초명제로서 역할을 하는 형평에 대한 고려가 명시적 또는 묵시적으로 전칭명제라는 사실은 폰 사비니도 인정한다.[84] 따라서 이 점에 관한 한, 반론은 설득력이 없다. 다만 경험과학의 기초명제와 근본적인 차이가 존재하는가 하는 물음에 관해서는 논란이 있다.

폰 사비니는 경험과학의 기초명제와 법학의 그것 사이의 차이를 부정한다. 그 근거로서 폰 사비니는 경험과학의 기초명제도 흔히 묵시적인 전칭명제이거나 연구실제에서 대개 전칭명제로 취

80) *Schefold*, a.a.O., 85면.

81) *Koch*, a.a.O., 368면; *Schefold*, a.a.O., 85면, 각주 69.

82) *Schefold*, a.a.O., 95면 이하.

83) *Schefold*, a.a.O., 100면 이하.

84) *von Savigny*, a.a.O., 132면.

급된다는 사실을 지적한다. 이에 대해 코호는 성향술어(Dispositions-prädikat)* 를 사용함으로 인해 자연과학의 기초명제가 전칭명제의 성격을 갖게 된다고 해서 포퍼의 모델에서처럼 가설과 반증하는 명제가 동일한 보편도를 갖는다는 결론에 이르는 것은 아니라고 비판한다. 즉, 설령 성향술어를 사용한다고 하더라도 자연과학에서 반증을 하는 명제는 오로지 특정한 사례만을 표현하는 것임에 반해, 가설은 일정한 속성을 갖는 모든 사례를 표현한다는 것이다. 코호의 이 비판은 다음과 같은 보기를 들어 더 정확히 설명할 수 있다. 즉, "a는 사람이지만 죽지 않는다"는 명제는 a가 죽는 시점은 전혀 존재하지 않는다는 주장을 하는 것이기 때문에 묵시적인 전칭명제이다. 하지만 이 명제가 어쨌든 일정한 관점에서 볼 때 "모든 사람은 죽는다"는 명제보다 더 낮은 보편도를 갖는다는 사실 자체에는 변함이 없다. 왜냐하면 이 명제는 "모든 사람은 죽는다"는 보편명제와는 반대로 단지 한 명의 사람만을 대상으로 하기 때문이다. 이와는 달리 "아이들의 공격은 가급적 피해야 한다"는 명제는 "위법한 공격에 대해서는 적극적으로 방어할 수 있다"는 명제보다 더 낮은 보편도를 갖는다고 말할 수 없다. 두 명제 모두 특정한 속성을 지닌 사례군이 실현되는 모든 경우에 대해 말하고 있기 때문이다.

반증모델의 수용에 대한 이러한 형태의 비판은 설득력이 없다고 보인다. 무엇보다 코호는 가설과 반증하는 명제 사이의 보편도의 차이가 왜 폰 사비니가 행한 판결의 재구성이 포퍼의 반증주의와 '아무런 상관이 없을'[85] 정도로 중요한 의미를 갖는지

---

* '고의', '의도' 등과 같이 행태가 발생한 시점 이후의 다른 조건 하에서 그 행태의 성격을 규정짓는 술어를 말한다. 따라서 '성향술어' 대신 '귀속술어'라고 표현할 수도 있다(옮긴이).

85) *Koch*, a.a.O., 369면.

를 밝혀야 한다. 그와 같은 보편도의 차이가 반증에 '본질적'이라는 단순한 주장[86]을 비판의 근거로 볼 수 없다면, 코호는 이에 대한 타당한 근거를 제시해야 한다. 즉, 개별사례의 관찰에 기초한 자연과학적 가설의 반증과 특정한 사례군에 대한 가치평가에 기초한 도그마틱 명제의 반증 사이의 차이가 너무 커서 법학의 영역에서는 반증이라는 개념을 사용할 수 없다는 점을 입증해야 한다. 이러한 논쟁이 단순히 용어사용을 둘러싼 무익한 논쟁으로 끝나지 않으려면, 논리적 일관성을 갖는 반증주의 모델이 반드시 포함해야 할 기준을 제시해야 한다. 그렇지 않을 경우, 법학의 기초명제와 자연과학의 기초명제 사이에 존재하는 보편도의 차이를 지적하는 것만으로는 적확한 비판이 될 수 없다.

반론 2의 핵심은 법적 가치평가에서는 가설(도그마틱 명제)을 문제삼을 수 있는 새로운 개별사례가 발생하더라도 이는 경험과학에서와는 다른 의미를 갖는다는 점이다. 아마도 양자의 차이는 법적 가치평가에서는 예기치 않은 사건의 발생이 불가능하다는 말로 표현할 수 있을 것이다. 만일 처음으로 발생한 어떤 사안으로 인해 지금까지 승인되던 가치평가를 수정할 필요가 있게 되면, 이는 사실 이 새로운 사안이 발생하기 이전에 이미 고려해야 했고 또한 고려할 수 있었던 상황을 가치평가와 관련된 판단에 끌어들여야 한다는 것을 의미할 뿐이다. 다시 말해 그러한 상황의 존재가 아니라, 그 구조가 가치평가의 변경을 요구한다. 예를 들어 "만취상태에서 이루어진 행위는 비난할 수 없다"는 가설이 행위자가 책임회피를 하기 위해 만취상태를 의도적으로 야기한 경우와 관련해서는 그 적용범위가 제한되어야 한다면, 이는 그와 같은 경우가 사실상 발생했는지 여부와는 관련이 없다. 법적 가

86) *Koch*, a.a.O., 366, 367면.

설을 검토할 때 발생할 수 있는 상황은 사실상 발생한 상황과 똑같은 역할을 한다. 이에 반해 자연과학에서는 오로지 사실상 존재하는 상황에 의해서만 가설이 '반증'된다. 즉, "어떤 까마귀는 흰색일 수 있다"는 단순한 가능성만으로는 "모든 까마귀는 검다"는 가설을 반박할 수 없다.

이러한 반론은 법학적 반증과 자연과학적 반증 사이에 부인할 수 없는 차이가 있음을 보여주기는 하지만, 과연 이 반론이 어떠한 영향을 미치는지는 확실치 않다. 이러한 차이가 어떠한 의미가 있는지가 자세히 밝혀지지 않았기 때문이다. 어쨌든 자연과학적 가설은 실제로 일어난 사례를 통해 법도그마틱의 가설은 가상의 사례군을 통해 될 수 있다 하더라도 그 방식은 같다는 점은 폰 사비니가 밝힌 가치평가의 보편성에 따른 당연한 결론이다. 즉, 가치판단은 관찰명제와는 달리 언제나 가상의 사안까지도 대상으로 삼는다. 이 점에 비추어 볼 때, 결정적인 물음은 결국 비판이 지적하는 법학의 특수성으로 말미암아 반증모델이 법학에서 갖는 의미를 전면적으로 부정해야 하는가이다.

반론 3은 한 명제를 반증하는 논리적 절차와 어떤 가설을 사용할 것인지에 대한 연구실제상의 결정을 면밀히 구별함으로써 재반박할 수 있을 것이다. 예를 들어 "만취상태에서 행위한 자는 형법적 책임을 지지 않는다"는 명제는 "의도적으로 야기한 만취상태에서 행위한 자는 이 행위에 대해 형법적 책임을 진다"는 명제를 통해 논리적으로 반증된다. 즉, 만일 두 번째 명제를 인정한다면, 첫 번째 명제는 이 형태만으로는 견지될 수 없다. 그렇다고 해서 첫 번째 명제가 완전히 의미를 상실하는 것은 아니다. 고의로 유발한 원인에서 자유로운 행위(action libera in causa)의 경우에는 행위자의 가벌성을 인정한다고 해서 만취상태에서 행위한 모든 경우를 형법 제20조(책임무능력)의 적용범위에서 배제하는 결과를 낳지는 않는다. 그 대신 기존의 가설을 더 완화된 형태의 가설로 대체하여, 원인에서 자유로운 행위의 가벌성을 인정하는 쪽으로 변경해야 할 것이다. 이는 결과적으로 예외조항을 추가하여 규범을 변형하는 것이 된다. 다른 한편, 논리적으로 반증된 가설을 변형하는 것이 아니라, 이를 완전히 폐기하고, 이를 전혀 다른 가설로 대체해야 할 필요가 생길 수도 있다. 예를 들어 공범의 착수시기와 관련된 '개별행위설'이 정의에 관한 고려에 따른 기초명제("한 공범의 착수시기가 다른 공범보다 먼저 시작되는 것은 부당하다")를 통해 반증된다고 여긴다면, 개별행위설 전체를 폐기하고, 이를 '총체설'로 대체해야 한다. 그러나 반증된 가설을 과연 변형해야 할 것인지 아니면 완전히 폐기할 것인지는 개별사례에 따른 합목적성의 문제이며, 반증모델을 도입한다고 해서 이 문제에 대한 어떤 확실한 결정이 미리 내려지는 것은 아니다.

이처럼 논리적 반증과 가설의 변경 또는 폐기를 분리하는 데 대해서는 다시 반론이 있다. 즉, 예외적인 사례를 통한 규범적 반증이라는 사고는 대상이 되는 규범가설을 절대적인 것으로 상정하는 오류를 범하고 있기 때문에 근본적으로 잘못이라고 한다. 따라서 반증된 가설을 그와 유사한 다른 가설로 '대체'한다고 말하는 것 자체가 적절하지 못하며, 오히려 가설 그 자체는 그대로 남아 있고, 다만 이를 변형한 다른 가설들을 통해 보충될 뿐이라고 한다. 법학의 도그마틱 명제들이나 실정법 규범들이 어떠한 예외도 인정하지 않는 논리적 전칭명제가 아니라, 예외에 개방된 규칙들이라는 점에서 이 반론은 타당하다. 다시 말해 하나의 규범가설이 예외적인 사례를 통해 '반증'된다고 해서 완전히 처음부터 다시 시작해야 하는 것은 아니다. 규범가설의 효력 자체에는 아무런 변화가 없는 것이 보통이다.[87] 그 때문에 하나의 규범가설을 예외적인 사례에 비추어 보충하는 것을 두고 가설의 반증이라고 말하는 것은 사실 설득력이 없다. 그렇지만 형평에 대한 고려 때문에 어떤 도그마틱 가설을 완전히 폐기하는 경우 '반증'이라는 표현을 쓰는 데에 아무런 문제가 없다.

전체적으로 볼 때, 현재로서는 과학적 가설의 반증이라는 모델에 따라 법적 논증을 재구성하려는 시도에 대한 종국적 판단을 내리기 어렵다. 하지만 법이론이 비판적 합리주의로부터 여러 가지 중요한 자극을 받았다는 사실에는 의문의 여지가 없다.

Ⅲ. 법적 논증이론에 대한 언어이론의 기여

1. 언어와 논증

논증은 특정한 명제에서 다른 명제로 전환함으로써 이루어진다. 즉, 논증은 언어현상이다. 그 때문에 언어이론과 논증이론이 아무런 관련을 맺지 않은 채 별개의 영역으로 남아 있을 수는 없다. 그럼에도 언어와 논증의 관계 및 언어이론과 논증이론의 관계는 논리와 논증의 관계(논리학과 논증이론의 관계)에 비해서는 그다지 특수한 문제로 여겨지지 않는다. 이러한 차이는 논리학과 논증이론 및 언어이론의 위상을 서로 다르게 파악하는 데 연유한다. 논리학과 논증이론은 명제의 전환을 대상으로 한다. 명제의 전환은 동치(同値)의 명제로의 전환(논리학)일 수도 있고, 그렇지 않은 명제로의 전환(논리학보다 더 넓은 의미의 논증이론)일 수도 있다. 이에 반해 언어이론의 분석은 기본적으로 정태적(statisch)이다. 언어이론

87) *Schefold*, a.a.O., 100면 이하.

은 개별 단어나 문장의 의미를 대상으로 하지, 하나의 주장을 다른 주장으로 전환하는 것과는 관계가 없다. 물론 이러한 차이점을 절대시해서는 안 된다. 이 차이점은 다만 왜 언어이론과 논증이론이 서로 별다른 관계를 맺지 않은 채 전개되어 왔는가를 밝혀주는 관점일 뿐이다.

법학의 영역에서는 언어이론적 성찰과 논증이론적 분석 사이의 관계와 관련하여 또 다른 관점이 추가된다. 법학은 언어규칙의 존재와 의미 그리고 그 확정가능성을 무엇보다 법률해석을 할 때 문언의 의미가 어떠한 역할을 하는가 라는 관점에서 탐구한다. 가능한 문언의 의미의 제한기능은 대표적인 보기에 속한다. 하지만 이러한 문제는 법적 논증이론보다는 법학방법론의 영역에 속한다. 법관의 결정의 허용한계가 문제될 뿐, 결정의 근거설정에 대한 구속력 있는 기준이 문제의 대상은 아니기 때문이다.

그렇긴 하지만 최근의 법이론 논의에서는 언어이론과 논증이론을 서로 결합시키는 두 가지 경향이 나타나 있다. 첫 번째는 판결에 대한 연역적 근거설정 모델을 발전시키려는 시도에서, 두 번째는 법도그마틱 논증에 대한 언어비판적 분석에서 등장한다.

2. 결정의 근거설정에서 의미론 규칙이 갖는 역할

판결에 대한 연역적 근거설정 모델은 그 자체만으로는 언어이론적 문제제기를 필요로 하지 않는다. 법적 논증이 연역적 모델을 통해 적절하게 재구성될 수 있는지 그리고 만일 재구성이 가능하다면 과연 어느 정도까지가 가능한지 등의 물음은 원칙적으로 언어이론의 사고를 빌지 않고서도 논의할 수 있기 때문이다. 그러나 한편으로는 알렉시가, 다른 한편으로는 코호/뤼스만이 발전시킨 '내적 정당화' 모델[88]은 연역의 영역에서 의미론 규칙이 갖는 비중 때문에 언어이론과의 관련성을 갖게 된다. 즉, 연역모델에서 보편적 법명제 이외에 판결의 연역적 도출을 위해 필요한 다른 전제(Prämisse)는 그것이 어떤 경험적 주장을 내용으로 하지 않는 한, 기본적으로 의미론적 규칙으로서의 성질을 가져야 한다.[89] 예를 들어 "최근 10년 동안 세 번에 걸쳐 음주운전으로 처벌된 사람은 '신뢰성이 없다'"[90]는 주장이나 "피상속인의 애인을 우대하는 유언은 선량한 풍속에 반한다"[91]는 주장은 의미론적 규칙으로 여겨진다. 알렉시는 연방헌법재판소의 이른바 레바하 판결(Lebach Urteil)[92]을 재구성한다. 연방헌법재판소는 "TV에서 범행과 인물에 비추어 누구라도 문제된 범죄자의 그것과

---

88) *Alexy*, Theorie der juristischen Argumentation, 1978, 265면; *Koch/Rüßmann*, Juristische Begründungslehre, 1982, 56면에서는 '내적 정당화' 대신 '1차 도식(Hauptschema)'이라는 표현을 사용한다.

89) *Rüßmann*, Zur Abgrenzung von Rechts und Tatfrage, in: H. J. Koch (Hrsg.), Juristische Methodenlehre und analytische Philosophie, 1976, 254면; *Koch/Rüßmann*, a.a.O., 57면; *Alexy*, a.a.O., 278면 이하(여기서 알렉시는 의미론적 규칙을 '단어사용규칙'이라 부른다).

90) *Koch*, Der unbestimmte Rechtsbegriff im Verwaltungsrecht, in: ders. (Hrsg.), Juristische Methodenlehre und analytische Philosophie, 1976, 202면.

91) *Rüßmann*, a.a.O., 253면. 뤼스만은 이를 의미설명(Paraphrase)이라 부른다.

92) BVerfG 35, 202.(1969년 독일 자란트 주의 레바하 소재 미군무기고 침입으로 네 명의 군인이 살해된 사건이 있었는데, 주범은 종신형에 종범은 6년의 자유형을 선고받았다. 1972년에 독일 국영방송이 이 사건을 소재로 드라마를 제작하여 방영하려고 하자, 종범은 방영정지 가처분을 신청하고, 일반법원이 이를 모두 기각하자, 결국 헌법재판소에 헌법소원을 제기했다. 헌법재판소는 드라마를 방영할 경우, 헌법소원인의 재사회화를 저해하며, 이는 곧 기본법상의 인간의 존엄과 인격권을 침해하기 때문에 방송의 자유에 제한을 가할 수밖에 없다는 논지로 방영정지 가처분 신청을 인용했다－옮긴이).

일치한다고 알 수 있는 내용을 범죄자의 석방 직후 또는 석방 직전에 방영하는 것은 원칙적으로 재사회화를 위협한다고 할 수 있다"고 확인한 바 있다. 알렉시는 헌법재판소의 이 판결내용을 "재사회화의 위협이란 헌법재판소가 판결해야 했던 것과 같은 사안들에서 그러한 종류의 프로그램을 방영함으로써 야기되는 결과"라는 형태로 재구성하고, 이를 특수한 경우의 의미론적 규칙으로 분류한다.[93)]

이러한 명제들의 성격을 의미론적 규칙으로 규정하는 것은 법이론적으로 상당히 중요한 의미가 있다. 이는 무엇보다 법관의 판결을 언어적 연관성의 소산으로 보게 되는 결과가 된다. 특히 법률개념의 의미를 확인하는 경우에는, 판결은 명백히 언어적 연관성을 밝히는 작업이 된다. 이 경우 판결의 결론은 법규칙(법률)과 의미론적 규칙을 어떻게 결합시키느냐에 달려 있다. 물론 이와는 달리 의미론적 규칙의 엄밀성이 불충분하여 한 개념의 의미를 의미의 확정을 통해 구체화해야 하는 경우도 있다.[94)] 하지만 법률개념의 의미를 법적용자가 확정한다는 사고도 또한 의미의 확인과 마찬가지로 법적용자의 활동이 주로 개념이나 법률에 관련된 작업에 국한된다는 인상을 불러일으킨다.[95)]

그러나 이러한 고찰방식은 의미론(Semantik)이 법적 결정이나 법적 논증에서 가질 수 있는 의미를 과대평가하고 있다고 보인다. 무엇보다 앞에서 말한 모든 명제들이 과연 의미론적 규칙을

93) *Alexy*, Die logische Analyse juristischer Entscheidungen, in: Hassemer/Kaufmann/Neumann(Hrsg.), Argumentation und Recht, ARSP Beiheft n.F. Nr. 14 (1980), 201면 이하.

94) 의미의 확정에 관해서는 *Koch*, a.a.O., 208면.

95) 물론 이 경우에도 의미론적 규칙의 구성은 사실에 대한 인식이나 고려에 기초할 수 있다. 이에 관해서는 *Alexy*, a.a.O., 201면 참고.

표현하고 있는지 의문이다.[96] 예를 들어 이른바 애인에 대한 상속이 선량한 풍속에 반하는가의 문제에서 중요한 것은 언어규칙이 아니라, 법과 관련을 맺는 사회규범이다. 즉, '애인'을 우대하는 유언은 이 유언을 무효라고 보는 것이 적절한 법률효과라고 생각하게 만들 정도로 사회윤리적 비난의 대상인가 하는 점이다. 만일 이 문제에 대한 다툼이 있다면, 다툼은 각 입장을 주장하는 자들이 '풍속위반'이라는 개념을 서로 다르게 사용하기 때문이 아니라, 그러한 유언상의 처분에 대한 사회윤리적 평가를 서로 달리하기 때문이다. 따라서 논쟁을 단순히 용어상의 차이로 축소시켜 버리면, 애인에 대한 상속의 풍속위반 여부를 결정하는 것은 결국 법적용자의 가치평가라는 사실이 은폐되고 만다.

법이론적으로뿐만 아니라, 언어이론적으로도 특히 문제가 되는 점은 법률개념의 의미를 법적용자가 확정한다는 사고이다. '의미의 확정'은 하나의 개념을 반드시 특정한 방식으로 사용해야 한다는 의무부과의 성격을 갖고 있다.[97] 그렇다면 코호가 말하는 '의미의 확정'은 법적용자가 다른 사람(입법자)에 대해 사후적으로 하나의 개념을 특정한 의미로 사용했어야 했다는 의무부과이거나 법적용자 스스로 하나의 개념을 특정한 의미로 이해해야 한다는 자기구속의 의무부과를 뜻하게 된다. 전자는 명백한 모순이며, 후자 또한 인정할 수 없는 결론이다. 즉, '이해'를 하나의 인식적 과정으로 여긴다면, 스스로를 구속하는 의무부과는 공허한 것이

96) 물론 법률상의 표현에 대한 모든 '해석'은 '의미론적 해석'이라고 지칭하려 한다면 상황이 다를 수도 있다. *Koch/Rüßmann*, Juristische Begründungslehre, 1982, 23, 25면에서는 이러한 입장이 나타나 있다. 그러면서도 다시 같은 책 154, 157면에서 코호와 뤼스만은 이와는 다른 입장을 표명한다.

97) *von Savigny*, Grundkurs im wissenschaftlichen Definieren, 5. Aufl. 1980, 23면.

된다. 즉, 특정한 인식을 하도록 자기 스스로를 의무지울 수는 없다. 이에 반해 이해의 인식적 요소를 배제하게 되면, 의미의 확정은 특정한 언어규칙을 결정하는 것이 아니라, 하나의 행위규범을 확정하는 일이 된다. 다시 말해 법관 스스로 일정한 규범이 적용되어야 할 모든 사례에서 일관된 결정을 내리도록 자기구속의 의무를 부과하는 셈이다. 예를 들어 염산을 끼얹어 상해를 입힌 경우는 언제나 독일형법 제223a조('위험한 도구'를 사용한 상해죄에 대한 가중처벌)에 따라 판결을 내린다는 자기구속을 생각해 볼 수 있다. 따라서 법률규정을 구체화하는 법관은 단순히 '의미를 확정'하는 것이 아니라, 그 스스로 하나의 결정규범을 구성하는 셈이다.

의미의 확정이라는 사고가 규범의 구체화와 관련하여 오류를 범하고 있다는 사실은 다음과 같은 보기를 들어 더 명백히 밝힐 수 있다. 어느 아버지가 죽기 직전에 아들에게 자연과학 계열의 학과에 입학하라는 희망을 표명하고, 아들은 아버지의 마지막 희망에 따르기로 작정하여 물리학과에 입학했다고 하자. 이 경우를 두고 아들이 아버지가 말한 '자연과학 계열의 학과'라는 개념의 의미를 확정했다고 말하지는 않는다. 구체적인 결정을 완전히 규정하고 있지 않은 법규를 법관이 '적용'할 때에도 사정은 다르지 않다. 물론 법관의 경우는 규범을 구체화하는 일반규칙을 구성해야 한다는 점에서 첫 번째 사례와는 구별된다. 이런 이유에서 규범적용과 관련해서는 단어사용규칙을 제시해야 한다는 요청이 곧 보편화가능성원칙의 충족을 근거로 삼기도 한다. 하지만 보편화가능성원칙은 단지 법관이 판결을 할 때에는 일정한 규칙에 지향되어야 한다는 사실만을 요구할 뿐, 그 규칙이 반드시 의미론적 규칙이어야 한다고 요구하지는 않는다.

법규범의 구체화에 화용론(Pragmatik)이 갖는 의미를 강조하는 연구들[98]을 받아들여 코호와 뤼스만은 의미론적 해석의 범위를 상당히 제한하는 수정을 가한다. 그 때문에 이들은 '특수한 개별사례'와 같은 법률개념이 특수한 개별사례를 인정하게 만드는 요건들을 제시함으로써 의미론적으로 해석된다고 더 이상 주장하지 않는다.[99] 코호와 뤼스만은 이런 경우는 화용론적 해석이라고 지칭한다.[100] 이처럼 의미론적 해석의 범위를 제한하는 것은 전적으로 동의할 수 있다. 한 개념의 구체화를 의미론적 해석으로 인정할 수 있는 경우는 그러한 해석의 구속력을 'native speaker'의 언어능력만으로도 충분히 납득할 수 있을 때, 즉 해당되는 언어규칙에 대한 지식에 비추어 당연하게 여길 수 있을 때에만 가능하다. 그러나 '특수한 개별사례'라는 개념을 구체화하거나 평등원칙을 구체화할 때에는 단순한 언어능력을 뛰어 넘어 일정한 규칙에 대한 지식(Regelwissen)이 필요하다. 이 점은 예컨대 특정한 기관이 동의할 때에는 어떤 규칙의 적용을 배제하는 것을 허용하는 규정과 비교해 보면 더욱 분명해진다. 이 두 가지 경우 모두 규범과 관련하여 단지 절차만을 확정하고 있을 뿐이다. 즉, 기본법 제3조의 평등원칙이나 '특수한 개별사례'에서는 불평등취급 및 예외를 정당화할 수 있는 근거를 찾아야 하며, 두 번째 규정의 경우에는 관할 기관에 문의를 해야 한다.

이러한 비교는 어떤 규범에 대해 하나의 의미론적 내용을 부여하지 않으면서도 동시에 화용론적 의미를 인정할 수 있는 가능성이 있는지를 둘러싼 논의에서 등장하는 불필요한 오해를

98) *Podlech*, Gehalt und Funktion des allgemeinen verfassungsrechtlichen Gleichheitssatzes, 1971; *Schlink*, Abwägung im Verfassungsrecht, 1976; *Neumann*, Rechtsontologie und juristische Argumentation, 1979.

99) *Koch/Rüßmann*, a.a.O., 157면.

100) *Koch/Rüßmann*, a.a.O., 157면.

불식시키는 데 도움이 된다. 뢰디히는 특히 어떤 법명제가 의미론적으로 내용이 없음에도 불구하고, 이에 대해 화용론적 내용을 인정하려는 시도는 다음과 같은 이유에서 문제가 있다고 본다.[101] 즉, 문제된 법명제를 특정한 절차(예컨대 불평등취급의 근거를 밝히는 절차)를 준수하라는 요청으로 이해할 수 있기 위해서는 반드시 그에 상응하는 의미론적 내용이 전제되어야 한다고 한다. 하지만 하나의 법명제가 어떤 사례를 판단하기 위한 절차에 비추어 정보를 제공하는지(즉, 의미론적 내용이 있는지)의 문제는 그 법명제가 특정한 사안을 배제한다는 점에서 정보를 제공하는지(의미론적 내용이 있는지)의 문제와는 엄격히 분리해야 한다. 앞의 두 번째 보기를 들어 이 점을 더 분명하게 밝힐 수 있다. 즉, '예외적인 사례'에서 규칙의 적용을 배제하는 것을 허용하는 규범이 있는 경우, 이 예외영역의 규정을 '예외적인 사례'의 의미에 대한 확인 또는 확정으로 해석하는 시도가 가능할 수 있는 반면, 관할기관의 동의가 문제되는 두 번째 보기에서는 그와 같은 가능성은 처음부터 배제된다. 어떠한 경우든 언어능력과는 다른 별도의 지식을 필요로 한다. 즉, 두 번째 보기의 경우는 관할기관의 결정에 관한 지식이 필요한 반면, '예외적인 사례'와 관련된 규칙의 경우에는 예외구성요건의 의미를 파악할 수 있게 하는 규칙에 대한 지식을 필요로 한다. 이처럼 어느 경우에나 언어규칙과는 구별되는 다른 규칙에 대한 지식이 필요하다.

이러한 규칙들이 언어규칙과는 엄격히 구별된다는 점은 결정적으로 중요한 의미가 있다. 현대의 유럽 법문화에서 소송당사자가 판사의 절친한 친구라는 이유로 예외적인 사례가 존재한다

---

101) *Rödig*, Rezension von Podlech, Gehalt und Funktion des allgemeinen verfassungsrechtlichen Gleichheitssatzes, 1971, in: Rechtstheorie 3 (1972), 246면 이하, 251면.

고 여기는 경우는 없다. 물론 법관과 소송당사자 사이의 밀접한 관계가 일반규칙을 배제하는 결정에 대한 좋은 근거가 되는 법질서도 생각해 볼 수 있다. 그럼에도 '예외적인 사례'라는 단어는 개인적 친분을 '예외적 사례'로 인정하는 법질서에서는 그렇지 않은 법질서와는 전혀 다른 의미(즉, 다른 의미론적 내용)를 갖는다고 말하는 것은 별 의미가 없다. 정작 중요한 차이는 개념이 지시하는 언어 외적 규칙(außersprachliche Regel)이다. 마찬가지로 '관할기관의 동의'라는 개념 또한 설령 이 기관이 결정태도를 변경할지라도 그 의미는 변하지 않는다.

특정한 해석이 오로지 언어능력에 기초해서 인정 또는 거부될 수 있는지, 아니면 언어능력 이외에 다른 정보나 규칙에 대한 지식을 필요로 하는지에 따라 의미론적 해석의 경계가 그어진다면, 이는 법률의 '적용'에서 의미론적 규칙이 갖는 비중을 상당히 약화시키는 결과를 낳는다. 왜냐하면 법적 문제를 오로지 (법률과) 일반적 언어능력에 따라 결정할 수 있는 경우는 극히 드물기 때문이다. 바로 이 점에서 '가능한 문언의 의미'가 갖는 제한기능 역시 점차 회의적인 평가를 받고 있다.102)

3. 법적 논증에 대한 비판으로서의 언어비판

언어이론에 기초하여 법도그마틱의 논증을 비판하는 입장은 무반성적인 언어이해가 개념의 대상화(Verdinglichung)를 유발하고,

---

102) *Gast*, Zur Einübung der Ungewißheit. Sprachspiele aus der Vorschule juristischen Argumentierens, in: Hassemer/Kaufmann/Neumann(Hrsg.), Argumentation und Recht, ARSP Beiheft Nr. 14 (1980), 147면 이하; *ders.*, Recht als jus argumentandi, in: Ballweg/Seibert(Hrsg.), Rhetorische Rechtstheorie, 1982, 297면 이하.

이로 인해 법적 논증이 가치평가에 비추어 입증되지 않았고 또한 입증할 수도 없는 논증적 전환으로 전락한다는 혐의에서 출발한다.[103)] 법도그마틱 명제의 언명구조는 흔히 이 명제를 축약된 형태의 행위지침이 아니라, 어떤 법적 사안에 대한 서술로 해석하도록 현혹한다. 법도그마틱의 개념들과 법도그마틱의 명제들은 일정한 실천적 물음에 대한 대답, 즉 일정한 표지를 가진 사안들을 어떻게 결정해야 하는가 라는 물음에 대한 대답이다.[104)] 따라서 법도그마틱의 개념들은 행위지침('법률효과')을 직접 생활사실(구성요건에 해당하는 사실상의 전제)의 구조에 연결시킴으로써 제거할 수 있다.[105)] 만일 법도그마틱 개념들의 실천적 물음과의 관련성을 망각하거나 그러한 관련성이 상실되게 되면, 개념은 그것이 어떤 법적 본질을 지칭하고 있다고 이해될 때에만 해석이 가능하다. 개념의 실천적 물음과의 관련성은 그 개념에 상응하는 물음이 입법적으로 해결됨으로써 상실될 수도 있다.

"합명회사가 법인에 속하는가"라는 물음은 "합명회사가 민사소송에서 소송능력을 갖는가"라는 물음에 상응할 수 있다. 이 물

103) *D. Horn*, Rechtssprache und Kommunikation, 1966; *Neumann*, Rechtsontologie und juristische Argumentation, 1979; *Rodingen*, Ansätze zu einer sprachkritischen Rechtstheorie, in: ARSP 58 (1972), 161면 이하; *Seibert*, Von Sprachgegenständen zur Sprache von juristischen Gegenständen, in: ARSP 58 (1972), 43면 이하.

104) 이에 관해서는 *Lübbe-Wolff*, Rechtsfolgen und Realfolgen, 1981, 25면 이하, 40면 이하 참고.

105) 법개념의 제거가능성에 대해서는 *Hart*, Definition and Theory in Jurisprudence, in: The Law Quarterly Review 70 (1954), 37면 이하; *Lübbe-Wolff*, Rechtsfolgen und Realfolgen (1981), 59면 이하; *Neumann*, Rechtsontologie und juristische Argumentation (1979), 53면 이하; *Philipps*, Das dialogische Tableau als Werkzeug des Rechts, in: Jahrbuch für Rechtssoziologie und Rechtstheorie 2 (1972), 223면 이하 참고.

음과 관련하여 예컨대 합명회사의 소송능력을 인정하는 새로운 법률규정이 존재하게 되면, 합명회사가 법인에 속하는가 라는 물음은 의미가 없다. 즉, 입법적 결정이 내려진 이후에는 현행법해석과 관련하여 이 물음을 제기해야 할 이유가 없다.

그럼에도 이 물음을 제기한다면, 이는 법도그마틱의 개념을 존재론적으로 이해한다는 것을 상징한다. 그렇게 되면 소송능력은 존재론적으로는 법인이라는 속성의 결과로, 인식론적으로는 그러한 속성의 징표로 여겨진다. 이 경우 논증은 예컨대 합명회사를 법인으로 고찰해야 한다는 사실이 합명회사의 소송능력을 입증한다는 식으로 이루어진다. 그러나 소송능력이 — 일단 다른 모든 실제적 물음은 제외한다면 — 법인격이 존재한다는 징표가 되는 것이 아니라, 소송능력이 있다는 사실 자체가 법인격이 있다는 뜻이다. 이 점을 오해하는 사람은 '법인'이라는 개념의 기능, 즉 개념의 역할을 개념적용의 기준으로 삼게 되며, 따라서 이로 인해 발생하는 공백을 '법인'이라는 이론적 실체(theoretische Entität)로 메우지 않을 수 없다. 왜냐하면 "합명회사는 법인에 속하는가 라는 물음이 어떠한 의미를 갖는다고 생각하는가?"라는 질문에 대해 "내 생각으로는 합명회사가 소송능력을 갖는가의 물음"이라고 대답할 수 없게 되면, 결국 "내 생각으로는 합명회사가 법인에 속하는가의 물음"이라는 대답만이 남을 뿐이기 때문이다. 이 경우 "x는 법인이다"는 술어는 x의 속성을 지칭하는 것으로 해석되어야 한다. 즉, 법인의 속성에 대한 물음을 그에 상응하는 실천적 물음과 분리함으로써 개념을 하나의 이론적 실체로 대상화하지 않을 수 없게 된다.

하나의 개념에 대해 다수의 실천적 물음이 상응하는 경우에도 마찬가지이다. 예를 들어 자수범(自手犯, delictum sui generis)이라는 개념은 한편으로는 어떤 범죄의 기본구성요건적 성질의 문제를,

다른 한편으로는 공범의 가벌성 문제를 대상으로 한다. 이로써 두 문제는 하나의 문제에 대한 대답이 곧 다른 문제에 대한 대답을 결정하게 될 정도로 밀접하게 결합한다. 하지만 가치평가의 관점에서 볼 때, 이러한 결합은 정당화될 수 없다. 근친상간을 은폐하기 위해 형법 제211조(살인)의 요건을 충족하면서 자신의 아이를 살해한 여자에 대해 형법 제217조(영아살해; 이 조항은 그 사이 폐지되었다－옮긴이)의 형벌범위를 적용할 것인지 아니면 제211조의 형벌범위를 적용할 것인지를 결정하기 위해서는 영아살해의 공범을 제211조에 따라 처벌할 것인지 아니면 제217조에 따라 처벌할 것인지 문제를 해결할 때와는 다른 가치평가적인 논거가 중요하다. 두 물음을 결합시키는 것은 어떠한 입법적 결정이나 정의에 관한 고려에 기초하고 있지 않기 때문에 자의적이다. 그럼에도 이러한 결합은 불가피하다고 여겨진다. 즉, 법은 분명 입법자와 법적용자로부터 독립된 자율적 법칙성을 갖고 있고, 이러한 자율적 법칙성에 근거하여 현행법과 정의의 관점에서는 가능할 수도 있는 결정들을 배제하는 경우가 있다.[106]

법률언어를 개념실재론적으로 해석하여 논증이나 결정가능성을 제한하는 대표적인 보기는 이른바 이중효과(Doppelwirkung)를 '논리적' 근거에서 부정하는 경우이다.[107] 무효인 법률행위를 취소하는 것은 논리적으로 불가능하다는 주장은 '취소'나 '무효'라는 개념을 기능적으로 이해하는 것이 아니라, 실체적으로, 다시 말해 물리적 대상이나 사실을 표현하는 개념과 유사하게 이해한다. 물론 법적 논증에서 구속력을 갖는 '언어의 논리'와 개념실재론적 입장 사이의 한계가 어디에 놓여 있는지는 아직 정확히 밝혀져 있지 않다. 이 문제는 계속 조명되어야 할 필요가 있다.

---

106) *Neumann*, Rechtsontologie und juristische Argumentation, 1979, 81면.
107) *Neumann*, a.a.O., 47면, 각주 206의 문헌을 참고.

제3장 법적 논증에 대한 문제중심적-수사학적 접근

Ⅰ. 법적 논증이론으로서의 법적 수사학

1. 문제중심적 논증이론의 출발점

'문제중심론(Topik)'을 하나의 문제를 논의할 때 일정한 문제 해결방안에 대한 찬성 또는 반대의 근거로 제시되는 관점에 관한 이론으로 이해한다면, 법적 문제중심론은 실질적으로 법적 논증에 관한 이론으로 볼 수 있다. 문제중심론이 논증과 관련을 맺는다는 점은 법이론에 문제중심론을 도입했던 획기적인 연구[1]에서는 그렇게 분명하게 드러나 있지 않았다. 초기에 피벡(Viehweg)은 '문제중심적' 법사고와 '체계적' 법사고의 상반성을 강조했기 때문에 문제중심론은 일단 기존의 확립된 법학방법론에 대항하는 다른 대안으로서, 법학방법론의 새로운 방향으로 여겨질 수밖에 없었다. 피벡은 「문제중심론과 법학」의 제5판에서 비로소 문제중심론과 논증의 연관성을 분명하게 밝히기 시작했으며, "발전된

1) *Theodor Viehweg*, Topik und Jurisprudenz, 1953, 5. Aufl. 1974.

현대적인 수사학적 논증이론"의 구상을 기획하게 된다.[2] 피벡에 따르면 형식적 문제중심론, 즉 법적인 대화의 문제중심론적 구조를 분석하는 이론에서 논증이론과의 연관성을 찾을 수 있다고 한다. 법적인 대화에서는 논증의 상황관련성이라는 관점이 핵심적인 의미를 갖는다. 따라서 수사학의 새로운 발전은 1차적으로 '모든 논증을 대화상황으로부터 이해하려는' 시도를 토대로 삼는다고 한다.[3] 이 점을 분명히 하기 위해 피벡은 최근의 기호학(Semiotik)[4]에서 발전된, '구문론, 의미론, 화용론'의 구별을 원용한다. '구문론(Syntax)'을 기호와 기호 사이의 연관성으로, '의미론(Semantik)'을 기호와 이 기호의 의미 사이의 연관성으로, 그리고 '화용론(Pragmatik)'을 기호가 사용되는 상황과의 연관성으로 이해한다면, 수사학은 화용론의 차원에 속한다. 따라서 수사학적 관점은 구문론적 · 의미론적 측면이 지배하는 '오늘날 우리의 통상적인 사고방식'을 수정한다는 것을 뜻한다.[5] 상황을 고려하지 않는 의미론적 사유패턴은 존재론화(Ontologisierung)의 위험을 내포한다. 법학의 경우 이러한 위험은 일관된 문언의 의미가 있다거나 법적 평가의 대상이 실체로서 존재한다는 사고에서 두드러지게 나타난다.[6] 이에 반해 화용론적 분석의 과제는 의사소통과정 자체를 연구의 대상으로 삼는 것이다.[7] 이를 위한 착안점으로 피벡은 최근에 발전된 메타논리학, 언어비판 및 윤리학의 사고를 끌어들인다. 피벡에 따르면 논리학에서는 '대화논리학(dialogische Logik)'이

---

2) *Theodor Viehweg*, Topik und Jurisprudenz, 111면.

3) a.a.O.

4) *Morris*, Zeichen, Sprache und Verhalten, 1973.

5) *Viehweg*, a.a.O., 111면 이하.

6) a.a.O., 114면. 여기서 피벡은 *D. Horn*, Rechtssprache und Kommunikation, 1966을 원용한다.

7) *Viehweg*, a.a.O., 115면.

라는 구상[8]과 함께 화용론적 사고방식으로 전환되었다고 한다. 또한 최근의 언어비판적 경향은 언어의 서술적 기능보다 지시적(direktiv: 또는 명령적) 기능이 우선한다고 주장하며, 서술언명을 선호하는 언어이해로 인해 발생하는 실체적 대상화의 문제점을 분석하고자 한다.[9] 끝으로 철학은 의사소통적 의무를 다루기 시작했으며, 이러한 의무는 "철학이 대화와 관련되어 있다는 점을 재인식하면서 … 자명한 것으로 인정"된다고 본다.[10]

법적 논증이론을 법적 의사소통에 대한 이론으로 파악하려는 이러한 착안점들은 피벡 자신[11]과 오트마 발벡, 후베르트 로딩엔, 토마스 자이베르트 그리고 발데마 슈렉켄베르거에 의해 더욱 확충, 발선되어 왔다.[12] 물론 이들의 연구는 비록 출발점은 같지만 연구의 중점이 서로 다르다.[13]

---

8) *Kamlah/Lorenzen*, Logische Propädeutik, Bd. 1, 1967; *Kuno Lorenz*, Elemente der Sprachekritik, 1970.

9) 이에 관해서는 *Rodingen*, Ansätze zu einer sprachekritischen Rechtstheorie, in: ARSP 58 (1972), 161, 183면; *Th. M. Seibert*, Von Sprachgegenständen zur Sprache von juristischen Gegenständen, in: ARSP (1972), 45, 52면; *D. Horn*, Rechtssprache und Kommunikation, 1966. 참고.

10) *Viehweg*, a.a.O., 118면. 이 점과 관련하여 피벡은 *F. Kambertel*, Was ist und soll Philosophie, 1968을 원용한다.

11) *Viehweg*, Notizen zu einer rhetorischen Argumentationstheorie der Rechtsdisziplin, in: Jahrbuch für Rechtssoziologie und Rechtstheorie, Bd. 2 (1972), 439, 446면; *ders.*, Schritte zu einer rhetorischen Rechtstheorie, in: Würtenberger Festschrift, 1977, 3, 8면; *ders.*, Rhetorik, Sprachpragmatik, Rechtstheorie, in: Kaulbach/Krawietz(Hrsg.), Recht und Gesellschaft, Festschrift für H. Schelsky zum 65. Geburtstag, 1978, 717, 720면.

12) 토픽이 논증이론의 르네상스에서 갖는 의미에 관해서는 *N. Horn*, Topik in der rechtstheoretischen Diskussion, in: Breuer/Schanze(Hrsg.), Topik. Beiträge zur interdisziplinären Diskussion, 1981, 57, 64면 참고.

13) 아래의 Ⅰ. 2~5의 설명을 참고.

일단 구문론과 의미론보다는 화용론이 우선한다는 확신, 논증의 상황관련성을 강조하는 것, 상투적인 언어이해에 내포되어 있는 존재론화에 대한 비판은 공통된 출발점을 이룬다. 이러한 관점들은 그 강조점이 서로 다르긴 하지만, 피벡의 착안점을 발전시킨 연구에 모두 나타나 있다. 다만 피벡이 제기한 "대화상황의 분석"이라는 과제[14]를 처리하는 방식에서는 서로 차이가 있다.

2. 오트마 발벡(Ottmar Ballweg)

발벡이 행한 연구의 핵심은 법도그마틱이 구사하는 '본질주의적(essentialistisch)' 개념구성과 '실재론적 개념이해'에 대한 비판이다.[15] 발벡은 법도그마틱의 존재론화 현상이 도그마틱의 학문적 성격과 그 기능에 연유한다고 본다. 발벡이 말하는 법도그마틱이란 "법적 행위체계와 결정체계 및 이와 결부된 학설"을 말한다.[16] 법도그마틱에 비해 법학과 법철학은 메타차원에 해당한다. 즉, 법도그마틱의 사고방식 자체를 문제삼는 것이 법학과 법철학의 과제에 속한다.[17] 법도그마틱의 사고방식은 반드시 결정 및

14) *Viehweg*, Topik und Jurisprudenz, 114면 참고.

15) *O. Ballweg*, Rechtsphilosophie als Grundlagenforschung der Rechtswissenschaft und der Jurisprudenz, in: Jahrbuch für Rechtssoziologie und Rechtstheorie, Bd. 2 (1972), 45면; 이와 관련해서는 *Ballweg*, Ein wissenschaftstheoretisches Lehrschema für den juristischen Unterricht, in: Ambruster-Festschrift, 257면; *ders.*, Phronetik, Semiotik und Rhetorik, in: Ballweg/Seibert(Hrsg.), Rhetorische Rechtstheorie, 1982, 28면도 참고.

16) *Ballweg*, 1972, 44면.

17) *Ballweg*, 1972, 46면.

이 결정에 대한 근거를 제시해야 할 의무를 부담한다는 사실을 특성으로 한다.[18] 따라서 법체계는 법률이 침묵하고 있다는 이유로 다툼이 되는 문제에 대한 결정을 거부할 수 없다. 법체계는 모든 사례에 대해 법적 해결책을 제시해야만 한다.

다른 한편, 모든 결정은 그에 대한 근거도 함께 제시해야 한다. 그렇기 때문에 법률가는 자신이 "모든 문제에 대해 답을 줄 수 있는 능력을 갖게 만드는 언어를 사용하지 않을 수 없다. 설령 자신이 사용하는 언어체계가 특정한 문제와 관련하여 침묵하고 있더라도 법률가는 어떻게든 말을 하고 해석해야 한다."[19] 바로 이 해석가능성을 확보해야 한다는 것 때문에 본질주의와 존재론주의가 확립된다.[20] 다시 말해 법도그마틱이 구사하는 개념은 마치 개념 그 자체가 대상이 되는 사안에 적확하게 들어맞거나 또는 그렇지 않는 것처럼 이해하게 된다. 이렇게 해서 법도그마틱은 결정 및 근거설정 강제라는 현실적인 요구를 충족할 수 있게 된다.

근거가 있는 결정을 해야 한다는 요청은 법도그마틱을 통해 충족된다. 발벡은 법도그마틱이란 "법적 가치평가의 영역에서 결정이 가능하도록 만드는, 더 이상 의문의 대상으로 삼지 않는 견해들의 집합체"라고 본다.[21] 발벡이 법도그마틱을 '견해를 통한 사고(Meinungsdenken)'라고 표현하는 것은 법학이 인식(Erkenntnis)을 목적으로 하지 않는다는 뜻을 내포하고 있다. 즉, 수사학적 입장에 따르면 견해를 통한 사고는 인식기능이 아니라, 단순히 의사

18) *Ballweg*, 1972, 45면.
19) *Ballweg*, 1976, 256면.
20) *Ballweg*, 1972., 257면.
21) *Ballweg*, 1972, 45면.

소통의 기능만을 갖는다.[22] 그렇기 때문에 견해를 통한 사고의 합리성은 오로지 제도화된 틀 속에서 논의가능성이 있는지 여부에 대한 판단에 의존한다.[23] 다시 말해 확립된 견해에 부합하는 범위 내에 머물러야 하기 때문에 법도그마틱의 합리성은 권위에 대항할 수 없다. 이런 이유 때문에 법도그마틱에서는 합리성과 권위가 밀접한 관계를 맺고 있다.[24]

하나의 확립된 견해에 반드시 부합해야 한다는 속성은 비과학적 사고의 특성이다. 즉, 인식이 아니라 의사소통에 지향된 사고이다. 이러한 사고를 발벡은 '숙고(prudentia; phronesis)'라고 표현한다. 과학(scientia, episteme)과 숙고 가운데 어느 것을 선택할 것인지의 문제는 언어이론적 측면에서 매우 중요한 의미가 있다. 왜냐하면 과학의 언어사용과 숙고의 언어사용 사이에는 그 기호학적 구조에 비추어 현격한 차이가 있기 때문이다.

양자의 차이점을 분석하기 위한 출발점으로 발벡은 기호학을 구문론, 의미론, 화용론으로 구분하는 모리스(Morris)의 이론을 끌어 들인다. 다만 발벡은 모리스의 이 구별이 기호사용자와 기호 및 지시대상 사이의 지속적 관계 그리고 기호사용자와 다른 기호사용자 사이의 관계를 충분히 고려하고 있지 않기 때문에 보충을 필요로 한다고 본다. 그래서 이러한 관계들을 감안하는 다른 분과 — 발벡은 이를 'Phronetik'이라고 부른다 — 를 통해 기호학을 보충한다. 결국 발벡에 따르면 완전한 분석적 수사학은 다음과 같은 구조를 갖는다고 한다.

---

22) *Ballweg*, 1982, 32면; 1972, 46면.

23) a.a.O.

24) *Ballweg*, 1982, 48면. 이 관계에 대한 더 자세한 설명은 *N. Horn*, Rationalität und Autorität in der juristischen Argumentation, in: Rechtstheorie 6 (1975), 145면 이하 참고.

I. Holistik	1. Ontotaktik	o-o
	2. Axiotaktik	o-z
	3. Teleotaktik	o-s
II. Phronetik	1. Agontik	s-s
	2. Ergontik	s-o
	3. Agoretik	s-z
III. Semiotik	4. Pragmatik	z-s
	5. Semantik	z-o
	6. Syntaktik	z-z

z = 기호 o = 대상 s = 주체

과학언어와 숙고의 언어사용 사이의 차이점은 형식화된 과학언어(여기서 과학은 자연과학만을 지칭한다-옮긴이)에서는 주체와의 관련성을 배제할 수 있지만, 일상언어에서도 사용되는 전문용어(예컨대 법도그마틱의 전문용어)에서는 그것이 불가능하다는 데 있다.[25] 즉, 과학언어에서는 주체와 기호 그리고 주체와 대상의 관련성을 배제할 수 있지만,[26] 원칙적으로 일상언어에 지향된 법학의 전문용어에서는 이 두 가지 관계가 언제나 잠재되어 있다. 왜냐하면 이 관계는 어떤 구속력을 가진 규범적 규율을 통해 사전에 일의적으로 확정해 놓을 수 없으며, 그러한 관계가 확정되어 있지 않더라도 반드시 해석을 해야 한다는 요청이 제기되는 상황이 발생하기 때문이다(즉, 법관은 결정을 해야 할 의무가 있고, 그 결정에 대해 근거를 제시할 의무가 있기 때문에, 해석은 불가피하다-옮

25) *Ballweg*, 1982, 69면.

26) a.a.O., 58면.

긴이). "이 주체와 기호 및 주체와 대상 사이의 관계, 다시 말해 각각의 단위 상호간에 영향을 주고받는 관계를 저장하고 저장된 내용을 변환하기 위해서는 변화된 상황까지도 충분히 포착할 수 있는, 즉 해석이 가능한 용어가 필요하다. 이러한 목적에서 흔히 존재론화하는 언어구사방식을 통해 내용을 실체화하는 본질주의적 개념의 장점을 이용한다."[27]

---

27) a.a.O., 70면.

* 발벡의 분석적 수사학을 설명하고 있는 위 도표에 대해서는 약간 자세한 설명이 필요하다. 본문에서 지적한 것처럼 발벡은 구문론(기호와 기호의 관계), 의미론(기호와 대상의 관계), 화용론(기호와 주체의 관계)로 구별하는 모리스의 기호학이 일상언어에만 한정될 뿐, 주체를 최대한 배제하여 객관성을 최대한 보장해야 하는 자연과학적 언어에는 해당하지 않는다는 점에 착안하여, 법학적 전문용어도 일상언어와 마찬가지로 주체와의 관련성을 피할 수 없는 실천적 사고의 영역에 속한다는 전제에서 출발하고, 이 실천적 사고에 관한 분석을 숙고를 뜻하는 희랍어 phronesis를 변용하여 Phronetik이라 부른다. Phronetik은 모리스의 기호학이 간과하고 있는 측면을 보충하는데, Phronetik은 기호사용자(주체)가 하나의 언어체계 내에서 자신에 대한 개념정의와 지위 및 관계를 어떻게 이해하는지를 밝힌다고 한다. 그리하여 Phronetik의 하위분과 가운데, Agontik은 기호사용자 상호간의 관계(예를 들어 권리주체들 사이의 법적 관계)를, Ergontik은 소유나 점유와 같이 주체와 대상과의 관계를, Agoretik은 소송규칙이나 입증책임의 경우와 같이 기호사용자가 기호를 임의적으로 사용하는 것이 아니라, 일정한 규칙을 형성하게 된다는 측면을 분석한다고 한다. 하지만 발벡은 기호사용자들이 자신들의 언어사용에 대해 규정력을 갖고 있음에도 불구하고, 이 점을 의식하지 못한 채, 마치 언어 그 자체가 언어 외부의 실재를 반영하는 것처럼 이해하여, 언어체계 자체가 존재론화하고 실체화하게 된다고 한다. 따라서 Holistik이라는 분과는 마치 실재를 반영하는 보편적 해석의 기준인 것처럼 보이게 만드는 언어체계의 총체적 속성(즉, 언어가 자기 스스로를 하나의 실재로 서술하는 속성)을 분석하는 분과이다. Holistik의 하위분과들 가운데 Ontotaktik은 한 대상이 다른 대상에 작용하는 관계를 분석(예컨

3. 발데마 슈렉켄베르거(Waldemar Schreckenberger)

슈렉켄베르거는 「수사학적 기호학(Rhetorische Semiotik, 1978)」이라는 연구에서 수사학적 기호학이 발전시킨 개념들을 이용하여 법적 논증을 분석하기 위한 도구를 얻으려고 시도한다. 이 연구는 "기본법 텍스트와 연방헌법재판소의 판결 텍스트를 분석"(이 책의 부제이다)하려는 의도에서, 수사학적 기호학의 도움으로 "법률언어의 기호이론적 속성, 그 기능 및 전제에 대해 물음"을 제기한다. 또한 "법적 및 법학적 활동의 핵심영역"은 논증이라고 파악하기 때문에 슈렉켄베르거의 이 연구는 "1차적으로 논증이론적 연구"라고 한다.[28]

슈렉켄베르거의 경우에도 방법적 틀은 모리스가 발전시킨 '구문론, 의미론, 화용론'으로 3분된 기호모델이다. 피벡이나 발벡과 마찬가지로 슈렉켄베르거 역시 의사소통적 상황의 의미를 강조한다. "한 기호의 일반적 및 사전(辭典)적 '의미'는 개별적인 경우에 가능한 기호사용의 개연성을 확인한 것에 불과하며, 이 개연성 또한 결코 높다고 볼 수 없다."[29] 이 점에서 화용론이 구문론과 의미론에 우선한다는 결론이 도출된다(이 점 역시 피벡이나

대 개개의 사실적 대상들로부터 국가라는 하나의 규범적 존재가 성립하는 것)하고, Axiotaktik은 대상이 기호에 작용하는 관계가 필연적으로 가치를 부여하는 언어이해(예컨대 국가 자체가 가치를 갖는다는 주장)라는 점을 분석하며, 끝으로 Teleotaktik은 주체가 인간에게 영향을 미치는 전체 의미연관 속에 편입되게 만드는 과정(예컨대 존재로부터 주체의 당위를 도출하거나, 자연으로부터 조화로운 삶에 대한 명령을 도출하는 경우)을 분석한다. 여기서는 Semiotik과 관련된 용어 이외에는 적절한 번역어를 찾을 수 없어, 모두 원문으로 표기했다(옮긴이).

28) *Schreckenberger*, Rhetorische Semiotik, 13면.

29) a.a.O., 40면.

발백의 입장과 동일하다).[30]

슈렉켄베르거는 의미론과 화용론 사이의 구별을 대상언어와 메타언어 사이의 구별과 결합시킨다. "감각적으로 지각할 수 있거나 일상언어를 통해 확인할 수 있는 언어 외적 데이터의 개체 또는 그 집합과의 관련성이 확보되어 있다면" 대상언어적 기호사용이 존재한다. 이에 반해 "대상언어적 관련성 없이 어떤 대상을 지시하는 의미를 갖는 표현"은 메타언어에 속한다.[31]

슈렉켄베르거는 우선 두 개의 헌법조문에 대한 언어이론적 연구에 비추어 수사학적 기호학의 분석능력을 탐색한다. 기본법 제1조 1항 1문("인간의 존엄은 불가침이다")에 대한 분석은 "인간의 존엄"이라는 표현이 대상언어적 의미가 없다는 결론에 도달한다. 즉, 이 표현은 "대상언어적으로 확인할 수 있는 특정한 대상"을 지칭하지 않는다는 것이다. 따라서 이 표현은 메타언어적 성격을 갖는다.[32] 하지만 '불가침'이라는 표현은 대상언어로도 사용되기 때문에 "인간의 존엄은 불가침이다"는 문장은 하나의 표현이 서로 다른 두 가지 의미론적 차원(즉, 대상언어와 메타언어)에 속해서는 안 된다고 하는 의미론적 규칙에 위반된다.[33] 그렇기 때문에 이 문장은 의미론적으로 아무런 의미가 없다. 의미론적으로 의미가 없는 표현으로부터 연역추론을 거쳐 의미있는 문장을 획득하는 것은 불가능하기 때문에, 슈렉켄베르거가 기본법 제1조 1항 1문을 공허한 형식으로 비판하는 것은 정당하다. 물론 이 표현의 의미론적 구조만을 고려할 때에만 그렇다는 점에 주의해야 한다.

그러나 슈렉켄베르거에 의하면 이렇게 의미론적 차원만을

30) a.a.O., 44면.

31) a.a.O., 39면.

32) a.a.O., 66면.

33) a.a.O., 67면.

고려한 해석은 화용론적 차원을 무시하는 것이라고 한다. 하나의 표현이 의미론적으로 무의미하다는 것이 곧 기호학적으로 아무런 의미가 없다는 결론을 낳는 것은 아니다. 왜냐하면 하나의 표현이 '메타언어적 지시체(metasprachlicher Indikator)'로서 화용론적 작용을 한다는 측면에서는 얼마든지 의미를 가질 수 있기 때문이다. "인간의 존엄은 불가침이다"는 문장은 그 의미론적 무의미성과는 별개로 인문주의적 전통에 의해 확립된 이념사적 맥락을 내포하고 있다.[34] 이 점에서 기본법 제1조 1항 1문은 특정한 화용론적 작용을 하는 가치를 갖고 있으며, 이러한 가치에 근거하여 헌법 도그마틱에서 이 조문이 비록 제한적이긴 하지만, 어느 정도의 보장 및 조종기능을 담당할 수 있게 된다. 물론 의사소통의 관점에서 이 조문이 갖는 가장 중요한 기능은 인간의 존엄성에 대한 신념을 열정적으로 표방하고, 그 실현을 호소하는 가치, 즉 정당성을 확인하는 상징으로서 기능한다는 데 있다.[35]

기본법 제2조 1항("모든 사람은 타인의 권리를 침해하지 않고, 헌법질서 또는 도덕률에 반하지 않는 한, 자신의 인격을 자유롭게 발현할 자유가 있다")에 대한 수사학적 · 기호학적 분석 역시 동일한 결론에 도달한다. '인격'이라는 단어 또한 메타언어적 기호이며, 따라서 기본법 제2조 1항의 조문은 서로 다른 언어차원을 뒤섞어 놓고 있기 때문에 의미론적으로 의미가 없다는 것이다. 기본법 제1조 1항 1문의 경우와 마찬가지로 제2조 1항 역시 오로지 화용론적 차원에서만 기호학적 의미를 갖는다는 것이 슈렉켄베르거의 결론이다.[36]

화용론이 구문론과 의미론에 우선한다는 사실은 연방헌법재판

34) a.a.O., 86면 이하.

35) a.a.O., 87면.

36) a.a.O., 106면.

소의 논증을 분석해 보아도 분명하게 드러난다. 헌법재판소의 판결에서도 '법질서의 통일성' 또는 '법치국가원칙'과 같은 언어도식은 메타언어적 지시체로서 사용된다. '법치국가원칙'이라는 도식에 대해 의미론적 해석규정을 확보할 수는 없다.[37] 따라서 이 도식의 의미는 '법률언어 속에 녹아들어 있는 시민적 국가이론과 헌법이론의 전통에 연결되는 일관성을 확보한다'는 데 있다.[38] 결과적으로 연방헌법재판소의 논증에서는 법이론적 전통에 비교해 볼 때 "법률언어와 관련하여 그 강조점이 문장론에서 화용론으로 뚜렷하게 바뀌었다"는 것이 슈렉켄베르거의 결론이다.[39]

4. 토마스 자이베르트(Thomas Seibert)

논증이 상황에 구속된다는 통찰은 언어표현이 불변의 의미를 갖는다고 생각하는 언어관을 비판하지 않을 수 없게 된다. 단어나 언명의 고정된 의미에서 출발하는 모델은 언어기호가 지시하는 대상 또는 속성이 고정되어 있다는 인상을 불러일으키고, 따라서 언어의 화용론적 차원을 은폐한다.[40] 법도그마틱의 언어는 대부분 그와 같은 고정된 의미의 언어관을 토대로 삼기 때문에, 화용론에 입각한 언어비판의 대상이 된다. 특히 토마스 자이베르트는 섬세한 분석을 통해 사실상으로 의사소통

37) a.a.O., 240면.

38) a.a.O., 243면.

39) a.a.O., 397면.

40) *H. Rodingen*, Ansätze zu einer sprachkritischen Rechtstheorie, in: ARSP 58 (1972), 161, 183면; *ders.*, Pragmatik der Jurisprudenz, 1977; *Th. M. Seibert*, Von Sprachgegenständen zur Sprache von juristischen Gegenständen, in: ARSP 58 (1972), 43, 52면.

이 이루어지는 '논리적-화용론적' 명제와 법학 일반 또는 특정한 법학분과의 '연역적-체계적' 명제 사이에는 '그 추상도에 비추어 현격한 차이'가 있음을 밝혀낸다.[41] 즉, 의미론은 오로지 텍스트에만 집중하고, 그 때문에 언어사용의 구체적 현실이 상실된 가운데 언어와 의사소통 당사자들과의 관련성이 배제된다고 한다.[42]

이에 반해 언어화용론적 입장에서 출발하는 이론은 법적 논증의 내용적 측면뿐만 아니라, 특히 행위의 측면도 주제로 삼는다. 자이베르트는 언어표현을 무엇인가를 행하는(서술, 명령, 경고 등) 행위로 해석해야 한다는 언어행위이론(Sprechakttheorie)을 원용한다. 언어적 표현의 이러한 행위자원은 "말하는 사람도 없고, 다른 사람과의 관련성도 없이 아무렇게나 법의 세계에서 떠돌아다니는" 논증의 물결 속에서 자취를 찾아볼 수 없는 경우가 대부분이라고 한다. 특히 사실문제가 아니라, 법률문제를 다루는 상고심의 논증에서는 이러한 경향이 더욱 두드러진다는 것이다.[43] 이런 점에서 일상에서 볼 수 있는 실제의 행위와는 반대로 판결에 대한 근거설정(판결이유)은 불변의 고정적 내용을 가진 명제로 구성된다.[44] 이와는 달리 변호사가 제출하는 서면에는 행위의 측면이 훨씬 더 많이 나타나 있다.[45] 변호사의 서면에는

---

41) *Seibert*, Zur Fachsprache in der Juristenausbildung, 1977; *ders.*, Kritik des Larenz'schen Sprachgebrauchs, ARSP Beiheft n.F. Nr. 9, 69, 78면.

42) *Seibert*, Zur Entwicklung semiotischer Fragestellungen in der rechtswissenschaftlichen Grundlagenforschung, in: Zeitschrift für Semiotik 1 (1979), 282면.

43) *Seibert*, Argumentationsbeispiele aus dem Rechtsbereich, in: Schecker (Hrsg.), Theorie der Argumentation, 325면.

44) a.a.O., 329면.

45) a.a.O., 325면.

"이의가 있다", "문의한다", "어떤 문제를 다룬다", "반박한다", "신청한다" 등과 같은 언어행위를 찾아볼 수 있다. 물론 이들 언어행위도 정도의 차이는 있지만 제도적 틀에 구속된다. 그렇기 때문에 예를 들어 전문적 의미에서 "반박한다"는 언어행위가 존재하는지 여부는 전문분과의 특수한 규칙에 비추어 결정해야 한다. 앞에서 제시한 언어행위의 보기는 모두 주체와의 관련성을 명백히 문제삼고 있다는 공통점을 갖고 있다. 즉, 언어적 관련성은 대화를 주도하는 일방(Proponent; Sp)과 그 상대방(Opponnet; So) 사이의 관계가 언어기호를 통해 매개되고 있는 관계로 재구성할 수 있다. 이를 도식화하면,

Sp－Z－So

가 된다.

사기죄로 기소된 피고(Sp)가 재판부(So)에 대해, 손해를 입었다고 주장하는 회사로부터 대여받은 금액을 일정한 목적에 따라 사용할 것을 동의한 바 없다는 주장으로 사기죄의 성립을 반박한다면, 피고는 '부인'이라는 언어행위를 수행한다. 이 점에서 기호 Z의 의미는 언어가 지칭하는 대상(소비대차, 금전사용의 확고한 목적)의 차원이 아니라, 관련 당사자들 사이의 상호작용이라는 메타차원에 자리한다. "기호학적 설명방식은 논증에서 드러나는 행위관련성의 기호적 의미(O)가 대개는 '메타 상황'과 연관성을 갖는다는 점을 명백하게 보여준다."[46] 그렇기 때문에 단계적인 기호학적 도식이 필요하다.

46) a.a.O., 326면.

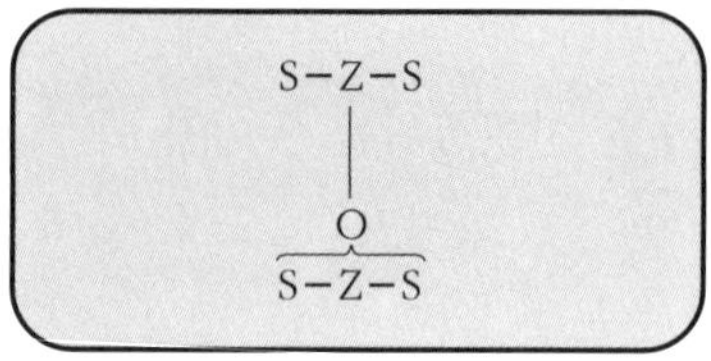

위의 보기를 여기에 대입해 보면 다음과 같다

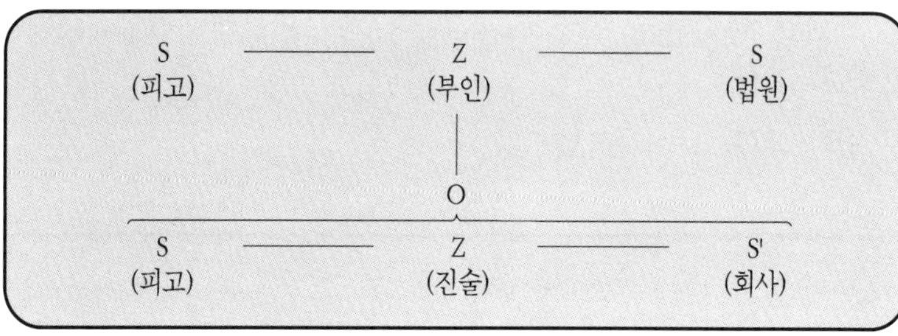

법도그마틱의 판결분석은 기본적으로 Z-O의 내용적 관련성에만 국한되어 있기 때문에, S-Z-S의 관련성은 S-Z와 Z-S의 두 차원에 걸쳐 "화용론을 지향하는 법적 논증이론이 밝혀내야 할 '불확실한 영역'"에 해당한다. 이 불확실한 영역을 텍스트분석의 몇몇 보기를 통해 해명하려는 시도는 상황에 따른 언어행위와 법적 논증 사이에 얼마나 커다란 간격이 있는지를 잘 보여준다. 이러한 간격은 S-Z와 Z-S의 관계로 지칭되는 행위지향성을 '인지적(kognitiv) 의미로 처리'하는 데 연유한다.[47] 다시 말해 법적 논증이론은 주체 S의 위상을 배제한 채 두 관계를 O-Z와 Z-O의 관계로 축소시킨다. 자이베르트의 분석이 보여주듯이,[48] 그의 모델을 사용하면 판결이유의 화용론적 구조를 재구성할 수 있으

47) a.a.O., 338면.
48) a.a.O., 341면 이하.

며, 이를 통해 은폐되어 있는 가치평가가 존재한다는 것도 확인할 수 있다.

하지만 자이베르트의 언어화용론적 이론은 법적 텍스트 분석의 차원을 뛰어넘는다. 자이베르트는 화용론의 개념을 넓게 이해하여, '의사소통모델의 기치'로 파악하며,[49] 이런 이유에서 법적 행위영역에서 나타나는 구체적인 언어적 상호작용까지도 자신의 이론에 포함시킨다. 따라서 화용론적 입장에서 출발하는 법적 논증이론은 하나의 행위이론, 즉 행위의 유기적 연관성에 대한 이론으로 확장된다.[50] 그 때문에 자이베르트는 법을 통해 구성된 행위영역에서 이루어지는 전형적인 상호작용 속에서 사회적 현실이 형성되는 과정까지도 연구한다. 사회적 현실은 결국 특정한 해석도식을 사용한 결과이다. 이로부터 법적 행위의 영역에서 제도가 갖는 의미가 도출된다. 즉, 제도화는 일정한 해석도식을 마련하고, 이 해석도식에 비추어 사회적 사건들을 해석하게 된다.[51]

5. 사회이론으로서의 논증이론(후베르트 로딩엔)

자이베르트는 프리드리히 뮐러[52]와 마찬가지로 '경험적 화용론에 비해 규범적 의미론이 더 우선하는 전반적 경향'의 배후에는 정치적 및 사회이론적 근거가 자리잡고 있다고 진단한다.[53] 로딩엔의 '법적 논증의 화용론'은 이처럼 언어철학을 사회이론과

---

49) *Seibert*, Aktenanalysen. Zur Schriftform juristischer Deutungen, 1981, 12면.

50) a.a.O., 41면 이하.

51) '제도' 및 '제도화'라는 개념에 대해서는 a.a.O., 15면; *ders.*, Zur Einführung: "Kode," "Institution" und das Paradigma des Rechts, in: Zeitschrift für Semiotik, 2 (1980), 183면 이하 참고.

52) *F. Müller*, Recht, Sprache, Gewalt, 18면 이하.

53) *Seibert*, Aktenanalyse. Zur Schriftform juristischer Deutungen, 1981, 16면.

결합시키는 입장을 더욱 섬세하게 구성한다. 로딩엔이 보기에 언어철학은 곧 사회철학이다. 왜냐하면 어떠한 언어에 구속되는가에 따라 사회적 사건을 해석하는 방향 또한 이미 어느 정도 결정되어 있기 때문이다. 이러한 맥락에서 로딩엔은 법률가들이 선호하는 언어구조가 결정자 개인의 주관적 평가가 아니라, 마치 '대상귀속(Objektzurechnung)', 즉 사안의 실질적 측면에 따른 귀속인 것처럼 보이게 만든다고 한다. 그는 법도그마틱의 전 영역에 걸쳐, 사회적 행위를 언어를 통해 존재론화한다고 단정한다. "법도그마틱과 같이 대상과의 관련성이 없는 명제는 … 존재론이 되고 만다."[54] 그러한 특정 전문분과의 존재론이 갖는 사회적 기능은 너무나도 분명하다. 즉, 법도그마틱이 취하고 있는 존재론은 법적 결정을 내려야 하는 사람이 부담해야 할 책임을 면제하고 구체적인 결정에 대한 비판이 결정자가 아니라 일반적 법제도와 법규범으로 향하도록 만드는 기능을 한다. 하지만 일반적 법제도와 법규범은 그 일반성 때문에 비판하기가 매우 어렵다. 결론적으로 법존재론은 정당화기능을 갖는다. 이 점을 로딩엔은 신랄한 표현을 동원하여 다음과 같이 설명한다. 법도그마틱을 통해 법률가는 "조잡한 존재론주의를 연습하고, 불변의 가치와 규범세계가 존재한다는 유치한 믿음을 갖게 되며, 복종심과 개념에 대한 집착을 키운다."[55]

형법의 영역에서 '책임'이나 '답책성(Verantwortung)'과 같은 개념이 어떤 실체를 표현한다고 이해하는 '조잡한 존재론주의'를 비판함으로써 로딩엔은 결과적으로 '낙인이론(labeling approach)'의 입장을 취하게 된다. 낙인이론에 따르면 범죄는 범죄자 개인 또

54) *Rodingen*, Ansätze zu einer sprachkritischen Rechtstheorie, in: ARSP 58 (1972), 182면.

55) *Rodingen*, Pragmatik der juristischen Argumentation, 1977, 153면.

는 그의 행위가 갖는 속성이 아니라, 사회나 사회적 제도가 범죄라는 '딱지를 붙이는' 것에 불과하다.[56] 로딩엔은 낙인이론의 입장을 포이어바하가 행한 종교비판의 르네상스로 이해한다. 즉, 인간이 신의 산물이 아니라, 신이 인간의 산물이라는 포이어바하의 인식과 같이 '낙인이론'은 책임 때문에 행위자가 처벌되는 것이 아니라, 행위자가 처벌되기 때문에 책임이 존재한다는 사실을 밝혀냈다고 한다. 로딩엔은 모든 법적 죄악의 근원은 법의 세계에서 통용되는 주장이 '명제와 추론의 형식'을 띤다는 데 있다고 본다. 이 점에서 단순히 책임과 처벌의 관계를 뒤엎는 것만으로는 낙인이론의 주장 역시 그러한 형식에서 벗어나지 못한다. 하지만 학문의 영역에서 이러한 형식구조를 타파하는 것 자체가 이미 불가능하다는 것이 로딩엔의 결론이다.

형법적 책임판단이 귀속적 성격을 갖는다는 점은 인식비판적 측면뿐만 아니라, 사회비판적 측면도 내포하고 있다. 실제로 로딩엔의 이론에서는 후자의 측면이 더 부각된다. 왜냐하면 형법적 개념들이 귀속적(askriptiv)이라는 사실이 곧바로 책임귀속은 극히 우연적인 기준에 따라 이루어진다는 것을 뜻하지는 않기 때문이다. 오히려 — '낙인이론'이 주장하는 바와 같이 — 책임판단의 척도는 판단자(법관이나 검사)가 갖고 있는 해석 및 기대의 도식이다. 이 도식은 범죄와 관련하여 사회계층에 따른 구별을 내포한다. 즉, 범죄행위는 '중산층'보다는 주로 '하위계층'(로딩엔 자신은 하위계층 대신, '주요계층'이라는 표현을 쓴다)에 속하는 인간들이 저지른다고 기대한다. 법관이 판결을 할 때, 어느 절도범의 인간성을 공사장 잡부의 인간성과는 전혀 구별하지 않지만, 대기업 과장의 인간성과는 완전히 다르다고 생각한다면,[57] 범죄통계에서

56) a.a.O., 123면.

57) a.a.O., 96면.

하위계층이 차지하는 비율이 압도적으로 많은 것은 사법부의 제재행위가 계층에 따라 차별을 한 결과라고 추측할 수 있다고 한다. 이처럼 일탈이라고 규정된 행위에 대한 반작용(제재)의 영역에서 존재론을 비판하는 언어분석을 행하는 것은 사회이론적 차원도 명확하게 드러나게 한다.

6. 프리트요프 하프트(Fritjof Haft)

프리트요프 하프트의 「법적 수사학(Juristische Rhetorik)」은 문제변증론과 새로운 수사학의 전통(부분적으로는 법적 해석학의 전통도 함께 한다)에 서있다. 물론 하프트의 이 연구는 법적으로 의미를 갖는 논증구조보다는 법적 논증의 실제적·기술적 측면을 더 많이 다루고 있다. 하프트는 법적 결정에서 선이해(선판단 Vorurteil)가 갖고 있는 의미를 강조한다.[58] 이 점에서 하프트의 입장은 법적 해석학의 그것과 동일하다. 하프트에 따르면 선판단은 "불가피하고 필연적이며, 따라서 처음부터 이를 부정적으로 평가할 수 없다"고 한다.[59] 오히려 소송당사자들이 합의에 도달할 개연성을 높이기 위해서는 선판단 구조를 밝히는 것이 가능할 뿐만 아니라, 반드시 그렇게 해야 한다고 한다.[60] 그 때문에 하프트의 '법적 수사학'에서 합의가능성은 특별한 의미를 갖는다. 즉, 합의가능성은 법적 사례판단의 정당성을 가늠하는 궁극적 기준으로 작용한다.[61] 그래서 하프트는 사안 자체에 따른 실질적 정당성이라는 기준을 포기한다.[62] 하프트의 이러한 입장은 '중립적' 언어는 존재하지 않

---

58) *Haft*, Strafrecht und Rhetorik, JuS 1981, 718면.

59) a.a.O., 718면.

60) a.a.O., 719면.

61) a.a.O., 718면 이하.

으며 가장 단순한 언명일지라도 수사학적이라는 견해에 부합한다.[63] 그렇지만 '새로운' 수사학은 단순한 장식이 아니라, 뚜렷한 기능을 갖고 있으며,[64] 단순히 미사여구를 동원하려는 것이 아니라, '사안에 적합하게 잘' 말하는 것이 중요하다는 점을 하프트는 명백히 강조한다.[65] 그러나 하프트의 '법적 수사학'에서는 사안에 적합한 논증의 기준을 발전시키려고 시도하지 않는다. 그 대신 "법률가로서 어떻게 다른 사람을 잘 설득할 것인가?"라는 물음이 우선한다.[66] 이 물음에 대해 하프트는 "잘 정렬된 논증구조를 보여주고 비교할 만한 사례들을 제시하는 것"이라고 대답한다.[67]

Ⅱ. 신수사학(페를만)

1. 출 발 점

'신수사학(nouvelle rhétorique)'이라는 이름으로 알려지게 된 논증이론의 발전은 이 이론의 창시자인 페를만에 힘입은 것이지만,

---

62) 특히 이 측면과 하프트의 법적 수사학 전반에 대한 비판으로는 *Hoerster*, Vorurteil, Konsens und Rechtsauslegung, JuS 1985, 665, 669면 참고.

63) a.a.O., 719면; *ders.*, Juristische Rhetorik, 3. Aufl. 1985, 95면.

64) *Haft*, Juristische Hermeneutik, in: W. Hassemer(Hrsg.), Dimensionen der Hermeneutik. Arthur Kaufmann zum 60. Geburtstag 1984, 96면; 1981, 720면.

65) *Haft*, 1981, 718면; 1985, 17면.

66) *Haft*, 1985, 96면.

67) a.a.O., 98면. 하프트의 '법적 수사학'은 법이 구체적 사례와 관련된다는 사실을 출발점으로 삼는다는 점에 대해서는 *Haft*, 1985, 11면; 1981, 719면 참고.

페를만 자신은 원래 전혀 다른 목표를 가지고 있었다. 즉, 페를만은 원래 정의의 물음을 연구하면서 초기부터 가치판단의 근거설정 가능성의 문제에 관심을 갖고 있었다. 그는 얼핏 보면 완전히 자의적이고 또한 논리적으로도 불확실하기 짝이 없는 가치판단에 대해 합리적으로 평가할 수 있는 어떤 기준을 찾는 것을 목표로 삼았다. 다시 말해 프레게(Frege)가 전개한 수학적 논리에 쌍벽을 이루는 가치판단의 논리를 발견하고자 했다.

페를만의 이러한 시도가 추후에 겪게 된 운명과 관련하여 가장 결정적 의미를 갖는 측면은 그가 가치판단을 수학적 계산법으로 구성하려고 시도하지는 않았다는 점이다. 만일 그랬다면 아마도 페를만은 '평가적' 논리체계를 전개했을 것이고, 이로써 오늘날 여러 학자들이 제시하고 있는 규범논리체계보다도 더 비현실적인 법적 논증이론을 발전시켰을 것이다. 하지만 페를만의 계획은 가치판단의 논리를 창안하는 것이 아니라, 그러한 논리를 발전시키는 것이었다. 다시 말해 논리적 연관성을 구성하는 것이 아니라, 이를 재구성하는 것이 페를만의 계획이었다. 그렇기 때문에 페를만과 그의 공동연구자인 올브레히스 티테카(Olbrechts-Tyteca)는 가치판단의 근거설정이라는 관점에서 텍스트를 분석하는 것을 연구방법으로 채택했다.[68]

아주 넓은 영역에 걸쳐 있는 이 연구의 결과는 "가치판단의 특수한 논리란 존재하지 않으며, 오히려 우리 두 연구자가 찾고자 하는 바는 아주 오랜 전통을 가지고 있지만, 그 동안 잊혀진 채 별다른 주목을 받지 못했던 분과인 수사학, 즉 사람을 확신시키고 설득하는 기술에서 이미 발전되어 있었다"[69]는 인식이다. 마치

68) *Chaim Perelman/Lucie Olbrechts Tyteca*, La nouvelle rhetorique. Traite de l'argumentation, 3. Aufl. 1976.

69) *Perelman*, Das Reich der Rhetorik, 1980, 3면.

인도를 향해 항해하다가 아메리카 대륙을 (재)발견했듯이, 가치판단의 논리를 찾으려다가 수사학을 재발견하게 된 것이다.

2. '수사학'의 개념

오늘날 일반적으로 '수사학'이라는 개념에는 '궤변' 또는 '술수'와 같은 부정적 인상이 담겨있다. 그러나 앞의 인용문이 보여주듯이 페를만은 수사학이라는 개념을 전혀 부정적 의미에서 사용하지 않는다. 페를만에 따르면 수사학을 어느 정도 진지한 분과로 이해하면서도 기껏해야 논증을 화려하게 치장하는 기술이라든가 심지어 상대방을 속이기 위한 기술로 파악하는 것은 수사학의 실제 기능을 완전히 무시한 것이자, 아리스토텔레스와 키케로에서 사용되던 고대 수사학의 개념을 충분히 이해하지 못한 소산이라고 한다.

부정적 의미의 수사학과는 반대로 페를만의 신수사학은 논거의 포장이 아니라, 논거의 내용을 대상으로 한다. 그 이론적 출발점은 합리적 논증이 연역적 또는 귀납적 추론에 국한되지 않는다는 인식이다.[70] 따라서 논증과 대화론(Dialektik) 및 수사학이 원래 대상으로 삼는 영역인 가치에 대해서도 얼마든지 합리적으로 논의할 수 있다는 것이 페를만의 기본입장이다.[71] 가치와 행위는 실천이성의 영역에 속한다. '신수사학'의 기본테제는 바로 규범과 결정에 대해서도 합리적 논의가 가능하다는 주장이다. 실천이성의 총체, 즉 실천적 합리성에 대한 구상을 펼치기 위한 패러다임으로서 철학자인 페를만은 법에 관심을 기울인다.[72] 실천이성의

70) *Perelman*, Fünf Vorlesungen über die Gerechtigkeit, in: ders., Über die Gerechtigkeit, 1967, 134면 이하.

71) *Perelman*, 1980, 162면.

영역에서는 논증이 핵심적인 기능을 한다.[73] 직접적인 인식이나 명백한 진리를 대상으로 하는 곳에서는 논증이 차지할 자리가 없다. 예를 들어 수학에서 중요한 것은 증명이지, 논증이 아니다. 이와 반대로 가치평가의 합리성은 논증을 통해 근거지을 수는 있지만, 이를 증명할 수는 없다.

증명과 논증의 차이점은 특히 논리적 추론이 갖는 비중이 서로 다르다는 데 있다. 증명의 경우 결론이 대전제로부터 필연적으로 추론되는 반면, 하나의 테제를 옹호하기 위해 제시된 논거는 단지 이 논거를 인정해야 할 좋은(충분한) 근거를 표현할 뿐이다.[74] 다시 말해 증명의 대전제를 인정하는 사람은 그 결론도 인정해야 하지만, 특정한 논거를 실질적으로 옳다고 인정할지라도 반드시 문제된 테제 자체를 인정해야 하는 것은 아니다. 이런 의미에서 특정한 논거를 인정하면서 이 논거가 지지하는 주장까지 인정할 것인지 여부는 전적으로 개인적인 문제이다.

3. '청중'의 의미

결과적으로 논증은 증명과는 반대로 논증을 펼치는 사람과 그 논증을 듣는 사람에 좌우된다.[75] 즉, 논증을 하는 사람은 청중을 감안해야 한다. 어떠한 논거가 어떠한 청중을 확신시키는가는 특정한 논증영역에서 어떠한 유형의 논거가 실제로 사용되는가와

---

72) *Perelman*, Le raisonnement juridique, in: Die juristische Argumentation, ARSP Beiheft n.F. Nr. 7, 1972, 6면.

73) *Perlman*, 1980, 17면.

74) a.a.O., 56면.

75) a.a.O., 12, 163면; *ders.*, Juristische Logik als Argumentationslehre, 1979, 17면; *ders.*, Justice, Law and Argument, 1980, 135면.

마찬가지로 일단은 경험적 문제이다. 이러한 물음들은 서술적 논증이론의 연구대상에 속한다. 페를만과 올브레히스-티테카의 연구[76]는 논거들을 분류하고 논증의 구조를 분석함으로써 서술적 논증이론의 발전에 지대한 역할을 했다.

하지만 합리적 논증이 연역추론과 귀납추론에 국한되지 않는다고 주장하면서, 실천이성의 의미를 강조하는 이론[77]에서는 당연히 어떠한 기준에 비추어 합리적 논증을 수사적 궤변으로부터 구별할 수 있는가 하는 규범적 문제가 더 우선한다. 그 때문에 페를만은 확신을 갖게 하는 것(Überzeugen)과 설득하는 것(Überreden)을 구별하고, 타당한 논거와 효과적인 논거를 분리한다.

모든 논증이 앞에서 말한 청중과 관련을 맺는다는 점을 강조하는 이론에서는 논거 자체의 어떤 속성에서 그러한 기준들을 찾을 수는 없다. 청중과의 관련성을 배제하면 논거는 고립된 '독백'이 되고 만다. 즉, 페를만이 강조하는 화자와 청중 사이의 정신적 접촉의 필연성[78]이 가장 중요한 지점에서 상실되는 결과를 낳게 된다. 따라서 논거의 가치는 논거가 확신을 시켜야 할 청중의 가치에 따라 규정되어야 한다.[79] 그렇기 때문에 오로지 합리적 논거에서만 확신을 갖는 청중의 동의가 곧 논증의 합리성 여부를 판단하는 시금석이 된다. 페를만은 이러한 청중을 보편적 청중(universelles Auditorium)이라고 부르며, 이 보편적 청중이 '합리성의 총체'라고 한다.[80] 결국 보편적 청중의 동의가 논증의 합리성을

76) *Perlman*, Das Reich der Rhetorik. Rhetorik und Argumentation, 1989, 60, 147면, *ders./Olbrechts-Tyteca*, 1976.

77) *Perelman*, 1979, 133면; *ders.*, Justice, Law and Argumentation, 1980, 32면.

78) *Perelman*, 1980, 18면.

79) *Perelman/Olbrechts-Tyteca*, 1976, 432면 이하.

80) *Perelman*, 1979, 164면.

판단하는 기준이다.[81]

보편적 청중이라는 이념을 통해 확신을 갖게 하는 것과 설득하는 것 사이의 경계도 가를 수 있다. 즉, 특수한 관중만을 대상으로 말하는 것은 설득을 하려는 것인 반면, 보편적 청중의 동의를 구하려고 노력하는 것은 확신을 갖게 만들려는 시도이다.[82] 타당한 논거와 효과적인 논거의 구별 역시 이와 마찬가지로 이루어진다.[83]

하지만 페를만도 강조하듯이 '확신'과 '설득' 사이의 경계를 뚜렷하게 확정하는 것은 많은 경우 아주 어려운 일에 속한다.[84] 이와 마찬가지로 논증과 장식적인 수사의 구별도 보편타당하게 이루어지기 어렵다.[85] 그렇지만 청중이 어떤 언어구사가 문세의 맥락에 비추어 정상적이라고 여기면 이는 논증이고, 그렇지 않으면 단순한 수사라고 페를만은 생각한다.[86]

논증과 장식적인 수사를 청중의 반응과는 관계없이 객관적으로 구별하는 것이 불가능한 이유는 현실을 완벽하게 서술하는 것이 불가능하다는 데 있다.[87] 적어도 사회적 현실에서는 그러한 서술은 불가능하다. 그렇기 때문에 사회적 현실을 서술하는 것은 언제나 해석이자 평가이다.

---

81) *Perelman/Olbrechts-Tyteca*, 1976, 40면; *Perelman*, 1979, 141면; *ders.*, Justice, Law and Argumentation, 71면 이하.

82) *Perelman/Olbrechts-Tyteca*, 1976, 208면; *Perlman*, Das Reich der Rhetorik, 26면.

83) *Perelman/Olbrechts-Tyteca*, 1976, 613면 이하; *Perelman*, Das Reich der Rhetorik, 142면.

84) *Perelman/Olbrechts-Tyteca*, 1976, 38면.

85) 이에 관해서는 *Ota Weinberger*, Jurisprudenz zwischen Logik und Plausibilitätsargumentation, Juristische Analysen 3 (1971), 565면 참고.

86) *Perelman*, Das Reich der Rhetorik, 1980, 46면; *ders.*, 1979, 159면.

87) *Perleman*, Das Reich der Rhetorik, 47, 49, 54면.

4. 논증기준의 보편성과 역사적 상대성

페를만의 '신수사학'은 실질적인(다시 말해 연역추론이나 귀납추론과 같이 형식적이지 않은) 논증이 역사적 및 사회적 제약을 받는다는 통찰과, 합리적 논증은 연역추론과 귀납추론에 국한되지 않는다는 주장을 통합하려는 시도라는 점에서 가장 뚜렷한 특징을 드러낸다. 논증기준이 합리적이어야 한다는 요청과 그 역사적, 사회적 상대성에 대한 인식을 균형이 잘 잡힌 관계에 있도록 하는 것은 아주 어려운 문제이다. 아마도 이러한 난점 때문에 페를만의 이론에서 이질적인 요소들이 한꺼번에 뒤섞이게 되었을 것이다. 이 점은 특히 페를만이 보편적 청중이라는 개념을 여러 가지 의미로 사용하고 있다는 사실에서 잘 나타난다.[88] 즉, 페를만은 보편적 청중의 성격은 역사적, 문화적 특수성에 따라 가변적이라고 강조하면서도,[89] 다른 한편에서는 보편적 청중이란 모든 이성적 존재의 총합[90] 또는 '계몽된 인류'와 동일[91]하다고 말한다. 물론 이러한 불명확성을 비판할 수도 있을 것이다.[92] 그러나 그러한 비판보다 더 중요한 점은 현실적인 논증이론은 논증의 기준과 전제가 합리적이어야 한다는 일반적 요청뿐만 아니라, 그 역사적, 문화적 상대성도 함께 고려해야 한다는 페를만의 근본적 통찰을 깨닫는 일이다.

---

88) 이에 관해서는 *Alexy*, Theorie der juristischen Argumentation, 1978, 204면 이하 참고.

89) *Perelman/Olbrechts-Tyteca*, 1976, 43면 이하.

90) *Perelman*, 1967, 221면.

91) *Perelman*, Betrachtungen über die praktische Vernunft, in: Zeitschrift für philosophische Forschung, 20 (1966), 221면.

92) 예컨대 *Alexy*, 1978, 218면.

제4장 실천적 논의에 대한 이론을 토대로 한 법적 논증이론

법적 논증이론은 한편으로는 법적 결정론을, 다른 한편으로는 비합리주의와 결단론을 피하고자 한다. 그 때문에 법적 논증이론에서 결정의 정당성은 두 가지 서로 다른 관점에 의해 규정된다. 즉, 결정의 정당성이 이를 위해 제시된 논거의 수준에 따라 좌우될 수도 있고, 일정한 규범을 선택하는 결정이 이루어진 조건에 좌우된다고 이해할 수도 있다. 후자의 입장을 취하는 이론들은 **절차적 논증이론**이라고 부를 수 있다.

로베르트 알렉시는 그의 근본적인 연구인 「법적 논증이론(Theorie der juristischen Argumentation; 1978)」에서 법적 논증에 대한 절차적 이론을 기획하고, 다른 여러 연구를 통해 구체적으로 설명하면서 이를 더욱 섬세하게 구성해 왔다.[1] 알렉시의 기획은 — 페

1) *Robert Alexy*, Aarnio, Perelman und Wittgenstein. Einige Bemerkungen zu Aulis Aarnios Begriff der Rationalität der juristischen Argumentation, in: Peczenick/Uusitalo(Hrsg.), Reasoning on Legal Reasoning, 1979, 121, 137면; *ders.*, Die Idee einer prozeduralen Theorie der juristischen Argumentation, in: Rechtstheorie, Beiheft 2 (1981), 177, 188면; *Aarnio/Alexy/Peczenick*, The Foundation of Legal Reasoning, in: Rechtstheorie 12 (1981), 133, 158, 257, 279, 423, 448면.

를만의 논증이론[2]과 에어랑엔 학파의 '심의이론(Theorie der Beratung)'[3]과도 관련을 맺고 있긴 하지만 — 무엇보다 실천적 논의에 관한 하버마스의 포괄적인 이론에 연결되어 있다.

Ⅰ. 실천적 논의에 대한 이론(하버마스)

규범의 근거설정에 대한 모든 규범적 이론은, 생각할 수 있는 모든 규범들의 집합 내에서 어떤 식으로든 몇몇 규범들은 다른 규범과는 구별되는 특수한 성격을 갖는다고 전제한다. 물론 이러한 전제만으로는 특수한 규범들이 갖고 있는 어떠한 성질 때문에 이들이 다른 규범들과 구별되는지를 확인할 수 없다. 일반적으로 정의, 합리성, 정당성 또는 진리성 등이 그러한 구별을 가능하게 하는 성질로 고려된다. 하지만 이 기준들은 구별의 강도가 서로 다르다. '정의'와 '합리성'은 비교개념이다. 어떤 규범 N2는 규범 N1보다 더 정의롭고 합리적이지만, 규범 N3보다는 정의롭고 합리적이지 않다고 말하는 것이 가능하다. 따라서 정의와 합리성이라는 기준에 비추어 생각할 수 있는 모든 규범들의 영역을 일련의 단계로 구성하여, 한 극단에는 가장 부정의하고 가장 불합리한 규범이, 다른 한 극단에는 가장 정의롭고 가장 합리적인 규범이 자리잡도록 할 수 있다. 이에 반해 진리라는 기준은 배타적 성격을 갖는다. 하나의 규범을 진리라고 지칭하게 되면 이와 경합하는 다른 규범들은 단계를 구별함이 없이 모두 '진리가 아닌' 규범이라고 비난할 수 있다. 그렇기 때문에 진리라는

---

2) 이에 관해서는 *Alexy*, Theorie der juristischen Argumentation, 1978, 187면 이하 참고.

3) a.a.O., 178면.

기준은 정의나 합리성에 비해 훨씬 더 강한 구별력을 내포하고 있다. 이런 의미에서 특정한 규범에 진리성을 부여하는 이론은 극도로 강한 이론이며, 당연히 그에 대한 정당화를 요구하는 압박도 더 강하게 받는다.

물론 그와 같은 이론이 구체적으로 어떠한 근거설정 요구를 충족해야 하는지는 이 이론이 출발점으로 삼고 있는 진리개념을 해석할 때에 비로소 결정된다. 진리를 이른바 상응이론(또는 일치설 Korrespondenztheorie)과 같이 언명과 사안의 일치로 이해하면, 결과적으로 인간의 인식과는 별개로 이미 주어져 있는 규범으로서의 자연법체계로 귀착하지 않을 수 없다. 그러나 그러한 자연법체계는 오늘날에는 더 이상 인정할 수 없는 존재론적 전제를 받아들이도록 강요하는 것이 되고 만다. 이에 반해 언명이 실재와 일치한다는 기준 대신에 언명의 동의가능성, 즉 모든 사람의 잠재적 합의를 진리의 기준으로 삼게 되면(합의이론) 사정이 다르다. 이 경우에는 모든 사람의 잠재적 합의가 규범의 진리성에 대한 합리적 기준으로 인정될 수 있다는 사실만을 근거지우면 된다.

1. 진리의 합의이론

상응이론에 대한 하버마스의 비판[4]이 이론적 언명의 영역에 대해 얼마만큼 설득력이 있는지는 여기서 자세히 논의할 수 없다. 어쨌든 적어도 규범의 진리성 여부에 대한 물음을 대상으로 하는 한, 상응이론은 진지하게 고려할 이유가 없다. 따라서 규범이 상응이론이 말하는 것처럼 '참 또는 거짓'이라는 사실이 아니

4) *Habermas*, Wahrheitstheorien, in: Wirklichkeit und Reflexion, Festschrift für Walter Schulz zum 60. Geburtstag, 1973, 215면 이하.

라, 규범에 대해서도 '참 또는 거짓'이라는 속성을 부여할 수 있다는 근거를 제시해야 한다. 그렇다면 이론언명에 대해서는 명백히 그 진리성을 판단할 수 있기 때문에, 이론언명과 규범언명 사이에 진리성판단 여부와 관련하여 공통된 측면이 있다는 점을 입증함으로써 그러한 근거제시가 이루어질 수 있다.

이와 같은 근거제시가 가능하다는 점을 보여주기 위해 하버마스는 언어행위이론을 원용한다. 이 언어행위이론을 통해 진리성 여부의 판단문제와 관련하여 결정적인 관점의 변화가 발생한다. 즉, 논의의 대상은 더 이상 이론언명이나 규범의 의미론적 내용이 아니라, 의미론적 내용에 상응하는 확인적(konstativ) 또는 규제적(regulativ) 언어행위가 제기하는 주장(Anspruch)이다. 하나의 언어표현은 일정한 주장을 제기한다는 관점에서 보면, 진술(확인적 언어행위)과 규제적 언어행위(명령, 요청, 금지 등)는 거의 동일한 구조를 갖고 있다. 다시 말해 진술의 경우이든 지시의 경우이든 모두 하나의 타당성주장(Geltungsanspruch)과 결합되어 있다. 어느 경우이든 언어행위가 타당하다는 주장을 제기하는 것이기 때문이다. 이처럼 진리를 우리가 언명과 결합시키는 타당성주장으로 이해하면,[5] 규범적 표현과 결합시킨 타당성주장에 대해 진리라는 개념을 사용할 것인지 아니면 정당성이라는 개념을 사용할 것인지는 용어상의 문제에 불과하다.[6]

---

5) *Habermas*, Wahrheitstheorien, a.a.O., 212면.

6) 실천적 물음이 진리성 판단의 대상이 된다고 말하고 있는 *Habermas*, Theorie der Gesellschaft oder Sozialtechnologie? Eine Auseinandersetzung mit Niklas Luhmann, in: ders./Niklas Luhmann, Theorie der Gesellschaft oder Sozialtechnologie?, 1971, 241면 및 *ders.*, Legitimationsprobleme im Spätkapitalismus, 140면 이하 참고. 또한 확인적 언어행위의 진리성과 규제적 언어행위의 정당성을 구별하고 있는 *Habermas*, Wahrheitstheorien, a.a.O., 219면 이하 참고. 이러한 입장에 대해서는 *Alexy*, 1978, 134면의

정당성이나 진리가 어떤 근거를 제시해야 하는 타당성주장이라고 이해한다면, 정당한 규범은 진리인 언명과 마찬가지로 근거지을 수 있어야 한다.[7] 문제가 된 타당성주장을 주제로 삼고 이를 심사하는 것은 논의(Diskurs)*에서 이루어진다. 즉, 일반적인 의사소통적 행위에서는 언어표현에 내포된 타당성주장을 그대로 받아들인다는 것을 묵시적으로 전제하는 반면, 논의는 이 타당성주장 자체의 정당성 여부를 해명하는 역할을 한다. 만일 하나의 진술(서술적 언명)의 타당성주장을 대상으로 한다면 그 논의는 이론적 논의이다. 이와는 달리 규범적 언명에 대한 해명은 실천적 논의에서 이루어진다. 하나의 진술이 정당한지, 즉 문제된 서술적 언명을 근거지을 수 있고 이 점에서 진리라고 할 수 있는지는 논의의 결과에 달려 있다. 모든 잠재적 대화파트너들이 하나의 언명에 동의할 것이라면, 그 언명은 근거가 있다. "언명이 진리가 되기 위한 조건은 다른 모든 사람들의 잠재적 동의이다."[8]

2. 논의의 논리

하버마스가 보기에 진리의 합의이론에 대해서는 두 가지 중요한 반론이 제기될 수 있다고 한다. 첫째, 언명과 실재의 관계가 아니라, 의사소통 참여자들 사이의 합의과정을 중시하는 모든 화

서술도 참고.

7) a.a.O., 212면.

* 'Diskurs'는 '대화' 또는 '담론' 등으로 번역되지만, 적어도 하버마스 이론의 맥락에서는 '규칙이 수반된 또는 규칙에 의해 지도되는 대화'의 의미를 갖기 때문에, 여기서는 '논의'라는 번역어를 사용한다. 물론 단어가 곧 개념을 완전히 표현하지 않는다는 일반론은 '논의'라는 번역어에도 당연히 해당된다(옮긴이).

8) *Habermas*, Wahrheitstheorien, a.a.O., 219면.

용론적 진리이론에 대해서는, 언명의 진리성과 진리를 획득하기 위한 방법을 혼동한다는 반론이 제기된다. 둘째, 사실적인 합의, 즉 대화참여자들이 실제로 도달한 합의는 진리의 기준으로서는 명백히 유용성을 갖지 못한다.[9] 그렇지 않다면 진리와 집단적 착오를 구별할 수 없게 되기 때문이다.

논증이론의 측면에서만 본다면 두 번째 반론이 훨씬 더 커다란 비중을 갖는다. 왜냐하면 이 반론을 감안하는 한, 모든 사실상의 합의가 아니라, 근거가 있는 일정한 합의만을 진리의 기준으로 허용해야 하기 때문이다. 따라서 하나의 합의가 더 좋은 논거가 갖는 힘(Kraft des besseren Arguments)에 바탕하고 있다면, 그 합의는 근거가 있다고 보게 된다. 결국 합리적 합의는 이 합의를 지탱하고 있는 논거의 수준을 통해 기만적인 합의와 구별된다. 그렇다면 과연 논거가 합의를 도달하게 만드는 힘은 도대체 어디에 근거하고 있는지를 물을 수밖에 없다. 이에 대한 하버마스의 대답은 이렇다. "진리의 합의이론은 논의의 형식적 성격을 통해 더 좋은 논거가 갖고 있는 강제 없는 강제력이라는 독특한 측면을 설명하고자 한다."[10] 이로써 어떤 주장이 근거가 있는지 여부, 즉 그 주장의 합리성은 절차적 규칙에 좌우된다. "합리적(또는 이성적)인 합의는 궁극적인 단계에서는 오로지 이상적 대화상황(ideale Sprechsituation)을 끌어들일 때에만 기만적인 합의와 구별될 수 있다."[11] 여기서 이상적 대화상황이란 "의사소통이 외부의 우연한 작용뿐만 아니라, 의사소통의 구조 자체에서 연유하는 어떤 강제로부터도 방해를 받지 않는" 상황을 말한다.[12] 이러한 대화상황은 일

9) *Habermas*, a.a.O., 239면.

10) a.a.O., 240면.

11) a.a.O., 257면.

12) a.a.O., 255면.

련의 구조적 요건이 충족되어 있을 것을 전제한다. 이 요건들은 알렉시가 하버마스의 이론을 수용하여 발전시켰고,[13] 하버마스 역시 동의한[14] 다음과 같은 논의규칙을 통해 확정된다.

> 1.1 언어 및 행위능력이 있는 모든 주체는 논의에 참여할 수 있다.
>
> 1.2 a) 누구든지 어떠한 주장이라도 문제삼을 수 있다.
>
> b) 누구든지 어떠한 주장이라도 논의에 끌어들일 수 있다.
>
> c) 누구든지 자신의 입장, 희망, 욕구를 표현할 수 있다.
>
> 1.3 어떠한 화자도 논의에 내재하는 강제나 논의와 무관한 외부의 강제로 인해 1.1과 1.2에서 확정된 권리를 행사하는 데 방해를 받아서는 안 된다.

물론 이러한 규칙의 준수를 담보하는 이상적 논의가 현실의 영역에서 완전히 실현될 수는 없으며, 최상의 경우라 할지라도 이상에 근접하는 정도로만 실현될 수 있을 뿐이다. 그렇지만 이상적 논의가 단순한 허구에 불과한 것은 아니다. 왜냐하면 모든 현실의 논의에서는 이상적 논의의 요건을 가정하고 있기 때문이다. 이는 구체적인 경우에 그러한 가정이 반사실적(kontrafaktisch) 성격을 갖는지 여부나 그 정도와는 관계가 없다.[15] 따라서 이상적 논의를 가정한다는 것은 이상적 대화상황을 미리 상정(vorgreifen)하는

---

13) *Alexy*, Eine Theorie des praktichen Diskurses, in: W. Oelmüller(Hrsg.), Normenbegründung, Normendurchsetzung, Materialien zur Normendiskussion Bd. 2, 1978, 379면, *ders.*, 1978, 240면.

14) *Habermas*, Diskursethik－Notizen zu einem Begründungsprogramm, in: ders., Moralbewußtsein und kommunikatives Handelen, 1983, 99면.

15) a.a.O., 102면.

것이며, 이러한 상정은 현실의 의사소통과정에서도 효력을 발휘하고, 사실상으로 도달한 합의가 과연 근거가 있는 합의가 될 수 있는 충분한 징표가 되는지를 심사하는 척도를 제공한다.[16)]

진리성을 담보하는 이성적인 합의를 이상적 대화상황과 절차적 요소(즉 논의의 형식적 속성)를 끌어들여 규정한다는 것은 곧 (하버마스가 말하는) 진리의 합의이론이 합의를 지탱하는 논증의 구조나 성질과 같은 논증의 실질적 관점까지 완전히 도외시할 수 있다는 것을 뜻하지는 않는다. 오히려 근거가 있는 합의는 오로지 '더 좋은 논거의 힘'에 의해 지탱된다는 특징을 갖고 있다.[17)] 그렇다면 진리를 담보하는 합의의 기준이 되는 절차적 관점과 실질적 관점은 과연 서로 어떠한 관계에 있는지를 묻지 않을 수 없다.

합의이론에 대한 앞에서의 설명의 토대가 되었던, 하버마스의 초기 이론구상에서는 절차적 측면이 지배적이다. 즉, 합의의 합리성에 대한 결정적 기준은 이상적 대화상황과의 관련성이 제공한다. 그러나 그 이후의 연구에서 하버마스는 이상적 대화상황의 이론으로부터 조심스럽게 거리를 두려고 하며,[18)] 실질적 관점에 더 커다란 비중을 인정한다. 그리하여 이상적 대화상황에 대한 개념규정이라고 볼 수 있는 조건들은 논증의 수준을 결정하는 규칙과는 다른 차원의 논증조건으로 파악된다. 하버마스는 다음과 같이 논증의 차원을 구별한다.

a) (논증) 결과의 논리적 차원
b) 과정의 대화론적 차원
c) 절차의 수사학적 차원

---

16) a.a.O., 258면.

17) a.a.O., 240면.

18) a.a.O., 98면 이하; *ders.*, Theorie des kommunikativen Handelns, Bd. 1, 1981, 47면.

첫 번째 차원에서는 윤리적 내용과는 관계가 없는 논리적 및 의미론적 규칙을 전제한다. 하버마스는 알렉시가 제시한 다음과 같은 규칙을 그 보기로 삼는다.

1.1 어떠한 화자도 자신의 발언에 모순되어서는 안 된다.
1.2 술어 F를 하나의 대상 a에 적용하는 모든 화자는 a와 모든 중요한 관점에 비추어 동일한 다른 대상에 대해서도 술어 F를 적용할 용의가 있어야 한다.
1.3 다수의 화자가 동일한 표현을 다른 의미로 사용해서는 안 된다.[19)]

과정의 대화론적 차원은 상호협력을 통해 진리를 찾아내기 위한 화용론적 조건을 대상으로 한다. 여기에서도 하버마스는 알렉시가 제시한 다음과 같은 규칙을 보기로 삼는다.

2.1 모든 화자는 자신이 믿는 주장만을 제기해야 한다.
2.2 논의의 대상이 아닌 언명이나 규범을 반박하는 사람은 그 근거를 제시해야 한다.

끝으로 절차의 측면에서 논증적 발언은 하나의 의사소통과정이며, 일정한 규칙을 통해 이 절차가 왜곡되지 않도록 보호해야 한다. 앞에서 서술했던 이상적 대화상황의 요건들은 이 차원에 자리잡는다.

더 좋은 논거의 힘을 설명할 수 있는 논증구조에 대한 이론은 첫 번째 차원에 속할 것이다. 물론 논리적-의미론적 차원이라고

19) *Habermas*, 1981, Bd. 1, 97면.

부른다고 해서 이 차원이 언명의 구성, 의미 또는 그 전환에 관련된다는 것을 뜻하지는 않는다. 하버마스에 따르면 논증은 연쇄적인 명제들이 아니라, 연쇄적인 언어행위로 성립되기 때문이다.[20] 따라서 논의의 논리는 화용론적 논리이다.

논증의 구조를 해명하기 위해 하버마스는 이론적 논의와 실천적 논의 양자 모두에 적용될 수 있다고 보는 툴민(Toulmin)의 논증도식을 원용한다. 실천적 논의는 근거(D)의 도움으로 명령이나 가치평가(C)를 정당화하는 것이다. D로부터 C로 옮겨가는 것은 행위규범이나 평가규범 또는 평가원칙을 추론규칙(W)으로 도입함으로써 정당화된다. 이 추론규칙은 욕구에 대한 "해석(가치평가), 결과, 부수적 결과 등을 제시"(B)하여 근거짓게 된다.

툴민의 도식에서 논증과 관련하여 결정적 의미를 갖는 단계는 하버마스로서는 B에서 W로 전환하는 것이다. 예를 들어 법칙가설(W)의 전제를 관찰(B)을 통해 정당화하는 이론적 논의에서는 귀납원칙이 이러한 전환을 보장한다. 이론적 논의에서 귀납원칙이 갖는 기능을 실천적 논의에서는 보편화가능성원칙이 담당한다. 보편화가능성원칙에 따르면 규범은 그것이 타당성을 갖는 영역 내에서 보편적 승인을 얻을 수 있을 때에만 허용되는 규범이 된다. 이 원칙은 보편성이 없이 특수한 내용이나 특수한 타당성영역만을 갖춘 규범은 합의불가능한 것으로 배제하는 역할을 한다.[21]

이러한 설명을 거쳐 하버마스는 도덕적 및 법적 가치평가나 명령을 근거지을 때 결정적 역할을 하는 보편화가능성원칙에 대해 아주 독특한 성격을 부여한다. 왜냐하면 보편화가능성원칙(UP)에 대한 여러 가지 해석들 사이에 존재하는 모든 차이점에도 불구하고, 이 원칙을 대화가 아닌 독백을 통해 적용할 수 있다는 것,

---

20) *Habermas*, 1973, 241면 이하.

21) a.a.O., 251면; *ders.*, 1983, 73면.

다시 말해 이 원칙의 도움으로 각 개인은 혼자서 하나의 규범이 구속력 있는 도덕규범으로 인정될 수 있는지를 심사할 수 있다는 것에 대해서는 아무런 이견이 없기 때문이다. 그런데도 하버마스는 보편화가능성원칙을 진리의 합의이론 및 이상적 대화상황의 이론과 결합시키고, 이를 통해 이 원칙의 독백적인 적용을 배제한다.[22)]

보편화가능성원칙에 대한 이러한 해석은 툴민의 도식에서 B에서 W로 전환하는 데 필요한 '가교의 원칙(Brückenprinzip)'으로 작용하는 일반화원칙을 훨씬 더 뛰어넘는 내용을 담고 있다. 즉, 하버마스식 해석에 따른 보편화가능성원칙은 논거의 구조 자체가 아니라, 절차로서의 논증의 차원에서 논의를 위한 조건을 확정하는 규칙들로부터 도출된다. 하버마스에 따르면 이러한 규칙은 도저히 피할 수 없는 가정적 전제의 성격을 갖는다고 한다.[23)] 즉, 규범적 타당성주장을 논의를 통해 근거지으려고 진지하게 시도하는 사람은 이미 직관적으로 보편화가능성원칙을 묵시적으로 인정하는 것과 거의 동일한 의미의 절차적 조건에 끌려 들어가지 않을 수 없다는 것이다.[24)] 이러한 절차적 조건은 논증이 가능하기 위한 화용론적 조건을 뜻하기 때문에, 이를 아펠(Apel)은 논증의 선험화용론적 조건 또는 전제라고 말한다. 아펠은 이를 통해 선험화용론적 조건에 상응하는 규칙들에 대한 최종적 근거설정(Letztbegründung)이 가능하다고 주장한다.[25)] 그러나 하버마스는 칸

---

22) *Habermas*, 1983, 76면.

23) a.a.O., 100면.

24) a.a.O., 103면.

25) *Karl-Otto Apel*, Das Apriori der Kommunikationsgesellschaft und die Grundlagen der Ethik, in: Transformation der Philosophie, Bd. 2, 1976, 358, 435면; *ders.*, Das Problem der philosophischen Letztbegründung im Lichte einer transzendentalen Sprachpragmatik, in: B. Kanitschneider (Hrsg.), Sprache und Erkenntnis, 1976, 55, 82면; *ders.*, Sprechakttheorie

트식의 선험적 연역의 조건까지 주어진 것은 아니라고 보고, 따라서 선험화용론적 추론의 최종적 근거설정을 부정한다. 최종적 근거설정에 대해 회의적인 하버마스의 입장은 '선험화용론(Transzendentalpragmatik)'이라는 아펠의 용어를 '보편화용론(Universalpragmatik)'이라는 용어로 대체하고 있다는 점에서도 드러난다.[26)]

하버마스의 연구는 법철학 문헌에서는 별다른 반향을 얻지 못했다. 실천적 문제도 진리성의 대상이 될 수 있다는 사고를 법학에 원용하는 경우[27)]가 있는가 하면, 지배 없는 논의라는 모델이 형사소송에서 의사소통의 기회가 불평등하게 분배된다는 사실에 주목하는, 형사소송 비판의 배경으로 작용하는 경우[28)]가 있긴 하다. 하지만 이상적 대화상황의 이론은 법적 문제의 해결과 관련하여 시사하는 바가 거의 없다는 인상이 지배적이다.[29)] 하버마스의 이론에 대한 법이론 문헌의 거부반응은 무엇보다 법정절차의 제도적 강제때문에 소송을 협력을 통한 진리추구라는 요청에 따르는 의사소통으로 해석할 수 없다는 사정에 기인한다.[30)] 하버마스 자신도 법정소송을 논의와는 뚜렷하게 구별하여, 소송을 전

---

und transzendentale Sprachpragmatik; zur Frage der Begründung ethischer Normen, in: ders. (Hrsg.), Sprachpragmatik und Philosophie, 1976, 10, 173면.

26) *Habermas*, 1976, 198면 이하; '선험화용론적'이라는 개념의 사용과 관련해서는 *Habermas*, 1983. 참고.

27) *J. Schmidt*, Noch einmal: Wahrheitsbegriff und Rechtswissenschaft, JuS 1973, 204, 207면.

28) *H. Rottreuthner*, Zur Soziologie richterlichen Handelns, Kritische Justiz 1970, 82면 이하; *ders.*, Rechtswissenschft als Sozialwissenschaft, 1973, 158면 이하.

29) *G. Struck*, Zur Theorie juristischer Argumentation, 1977, 118면.

30) *H. L. Schreiber*, Die Bedeutung des Konsenses der Beteiligten im Strafprozeß, in: G. Jakobs(Hrsg.), Rechtsgeltung und Konsens, 1976, 71, 85면.

략적 행위의 영역으로 파악했었다.[31)]

논의이론의 법철학적 의미에 대한 기존의 회의적 평가는 알렉시의 연구인 「법적 논증이론 (1978)」과 함께 변화를 겪게 된다.

Ⅱ. 합리적인 법적 논의이론(알렉시)

1. 보편적 합리적 논의에 관한 알렉시의 이론

알렉시가 법적 논증이론의 기초로 발전시킨 보편적 합리적 논의이론은 그 기본전제에 비추어 볼 때 하버마스의 논의이론과 일치한다. 알렉시는 규범적 언명도 참 또는 거짓이 될 수 있다는 하버마스의 입장에 동의한다. 다만 알렉시는 '참/거짓(wahr/falsch)'이라는 용어보다는 '옳다/그르다(richtig/falsch)'라는 용어를 선호한다.[32)] 따라서 알렉시 역시 실천적 물음도 원칙적으로 논증을 거쳐 결정할 수 있다는 전제에서 출발한다. 이를 근거짓기 위해 가치와 의무판단 역시 그러한 판단이 '옳다(정당하다)'는 주장(Anspruch auf Richtigkeit)을 함께 제기하는 것이라는 점을 지적하고, 이러한 주장을 근거짓기 위해 행해지는 논의에서 좋은 근거와 나쁜 근거, 타당한 근거와 타당하지 않은 근거를 충분히 구별해낼 수 있다고 본다.[33)] 이밖에도 알렉시는 실천적 논증에서 일정한 절차를 확정해 주는 규칙과 논거형식들의 체계를 사용함으로써 논증의 합리성이 보장된다고 전제한다. "하나의 규범적 언명 N은 이 언명이 절차 P의 결과일 수 있다면 옳다(정당하다)."[34)] 이처럼 하나의 언명을 이 언명

---

31) *Habermas*, 1971, 201면.

32) *Alexy*, 1978, 222면, 각주 5; *ders.*, 1981, 178면.

33) *Alexy*, 1978, 222면.

을 획득하는 절차와 결합시키는 것을 알렉시는 절차적 이론이라고 부른다.

이러한 절차적 이론의 핵심문제는 결과의 정당성을 보장하기 위해 준수해야 할 규칙의 선택 및 이러한 규칙에 대한 근거설정이다. 알렉시는 다섯 가지의 규칙집단과 한 가지 집단의 논거형식을 구별하고, 이들 규칙과 논거형식이 결합하여 '보편적인 합리적, 실천적 논의이론의 규칙들'을 구성한다고 한다.

첫 번째 규칙집단은 규범적 언명의 정당성을 대상으로 하는 '언어적 의사소통에서 합리성을 확보하기 위한 기본조건'을 표현한다.[35] 이 '기본규칙들'은 무모순성(1.1), 정직성(1.2), 서술적 및 평가적 표현을 구체적 상황과는 무관하게 사용할 용의(1.3), 여러 화자들 사이의 언어사용의 공통성을 요구한다.

두 번째 규칙집단은 합리적인 실천적 논의에서는 규범적 주장에 대해 근거가 설정되어야 한다는 사실에 관련되어 있다. 이 규칙집단 내의 첫 번째 규칙은 화자의 근거설정의무를 명시적으로 표현한다.

"모든 화자는 다른 사람이 요구할 경우 자신이 주장하는 내용을 근거지어야 한다. 다만 근거설정을 거부할 수 있는 근거를 제시할 때에는 그렇지 않다."(2)[36]

하나의 주장에 대해 근거를 제시하려는 사람은 최소한 다른 사람을 평등한 대화참여자로 인정하는 척이라도 해야 한다는 생각은 평등한 권리, 주제선정의 자유 및 '강제가 없을 것'이라는 요청으로 집약된다. "말을 할 수 있는 사람이라면 누구나 논의에 참

---

34) *Aarnio/Alexy/Peczenick*, The Foundation of Legal Reasoning, in: Rechtstheorie 12 (1981), 41면; *Alexy*, 1981, 178면.

35) *Aarnio/Alexy/Peczenick*, 1981, 43면.

36) *Alexy*, 1978, 239면.

여할 수 있다."(2.1) "누구나 어떠한 주장이라도 문제삼을 수 있으며, 어떠한 주장이라도 논의에 끌어들일 수 있고, 자신의 입장, 희망, 욕구를 표현할 수 있다."(2.2) 어느 누구도 논의에 내재하는 강제나 논의와 무관한 외부의 강제로 인해 이러한 권리를 행사하는 데 방해를 받아서는 안 된다.

논증부담규칙은 특수한 근거설정의무 또는 근거설정의무의 면제를 표현한다. 사람들을 서로 다르게 취급하고자 하는 경우(3.1), 논의에서 문제삼지 않고 있는 규범을 비판하는 경우(3.2) 또는 지금까지 행해진 논의와 관련성이 없는 내용을 논의에 끌어들이려고 하는 경우(3.4)에는 그 근거를 제시할 의무가 있다. 이와는 달리 하나의 논거를 이미 제시한 사람은 이에 대한 반대논거가 제기될 때에만 다시 다른 논거를 제시할 의무를 부담한다.[37)]

합리적 근거설정이 충족해야 할 요건들은 **근거설정규칙**을 통해 구체화된다. 이 규칙집단의 첫 번째 하위집단은 **보편화가능성원칙**을 여러 가지 형태로 변용한 것이다. 누구든지 하나의 규범적 언명이 근거로 삼고 있는 규칙에 따른 실제적 결과를 인정하는 한, 본인이 그러한 상황에 처했을 때에도 그 규칙의 결과를 인정해야 한다.(5.1.1) 각 개인의 이익을 충족하기 위한 여하한 규칙이든, 이를 적용한 실제적 결과를 모든 사람이 인정할 수 있어야 한다.(5.1.2) 모든 규칙은 수정이 가능해야 하며, 쉽게 배울 수 있어야 한다.(5.1.3)

규범적 확신의 형성에 대한 비판적 검토를 가능하게 만드는 두 가지 규칙은 근거설정규칙집단의 두 번째 하위집단에 속한다. 화자가 취하고 있는 도덕적 견해의 토대로 작용하는 일정한 확신은 역사적-사회적 연원(5.2.1)과 개인적-심리적 연원(5.2.2)에 비추

37) a.a.O., 242면 이하.

어 심사를 거쳐야 한다. 또한 실현가능성이라는 규칙은 실천적 논의의 실제적 의미를 담보하는 역할을 한다. 즉, 하나의 규범적 확신이 사실상으로 실현될 수 있는 한계 내에서 형성되어야 한다(5.3).

실천적 논의의 영역에서 사실문제, 용어상의 문제 및 논의절차 자체를 논의의 주제로 삼을 수 있는 가능성은 전환규칙이 보장한다. 즉, 모든 화자에게는 언제라도 이론적 논의(6.1), 언어분석적 논의(6.2) 또는 논의이론적 논의(6.3)로 논의를 전환하는 것이 허용되어야 한다.

알렉시는 논의규칙과는 구별되는, 실천적 논의의 특수한 논거형식들을 제시한다. 단칭의 규범적 언명을 규칙을 통해 근거짓는 것(4.1), 결과를 지적하는 것(4.2), 규칙을 그 결과를 지적하여 근거짓는 것(4.3), 규칙을 지적하여 근거짓는 것(4.4), 규칙과 원칙 사이의 절대적 우선순위를 근거짓는 것(4.5) 및 규칙과 원칙의 상대적 우선순위를 근거짓는 것(4.5)이 논거형식에 속한다.[38]

알렉시가 의미하는 보편적 실천적 논의를 특징짓는 이들 규칙과 논거형식의 체계에 따른다면, 몇몇 가치판단과 의무판단은 '논의에서 필연적인 것'으로 반드시 전제되어야 하며, 이와 동시에 몇몇 다른 판단들은 '논의에서 불가능한 것'으로 반드시 배제된다. 이 양 극단 사이에는 '논의에서 가능한 것들'로 구성된 아주 넓은 영역이 자리한다. 즉, 이 중간영역에서는 서로 합치할 수 없는 두 개의 규범적 언명일지라도 논의규칙에 위반되지 않고서도 양자에 대한 근거설정이 가능하다. 과연 이 세 영역 사이의 경계가 논의의 시점이나 논의 참여자들에 따라 얼마만큼 달라지는지는 확실하게 설명되어 있지 않다. 일단 노예제도는 절대

38) a.a.O., 245면 이하.

적으로 논의에서 불가능한 것으로 배제되는 보기에 속한다.[39] 다른 한편 '논의에서 필연적인 것', '논의에서 불가능한 것' 및 '논의에서 가능한 것'의 관점을 통해 실천적 결정의 영역을 구별하는 것은 결정의 시점과 논의에 참여하는 개인에 좌우된다는 점을 명백히 강조한다.[40]

논의의 규칙들에 따르더라도 '논의에서 가능한 것'의 영역이 상당히 넓다는 사실에 비추어 볼 때, 서로 양립할 수 없는 두 개의 해결방안 가운데 어느 하나를 선택하는 결정을 내릴 수 있게 만드는 규칙을 도입하지 않을 수 없다. 바로 이 지점에서 법적 규칙들이 개입하기 시작한다. "법적 규율이 반드시 필요한 근거는 바로 보편적·실천적 논의에 한계가 있다는 사실이다."[41]

2. 알렉시의 법적 논증이론

(1) 특수경우테제(Sonderfallthese)

법적 규칙들은 일반적 논의의 규칙들을 보충 또는 변용하는 것일 뿐, 그 대안이 아니다. 알렉시에 따르면 법적 논의는 일반적 실천적 논의의 특수한 경우이다.[42] 이 주장에 의거한다면 법(학)적 활동은 실천이성의 영역에 속한다. 따라서 법적 결정의 영역에서는 이미 주어져 있다고 여겨지는 규율을 인식하는 것이 아니라, 이성적으로 판단하는 것이 중요하다.

---

39) a.a.O., 256면.

40) *Alexy*, 1981, 182면.

41) *Alexy*, 1978, 275면.

42) a.a.O., 32면, 38면, 261면 이하.

(2) 법적 논증이론의 기본적 내용

알렉시는 로블레스키의 이론[43]을 받아들여 법적 판단과 관련하여 체계내재적 정당화와 체계외재적 정당화를 구별한다. 내재적 정당화는 하나의 결정이 그 전제로부터 논리적으로 도출될 것을 요구한다. 이에 반해 외재적 정당화의 대상은 그러한 전제 자체의 정당성이다.[44]

1) 체계내재적 정당화 　내재적 정당화의 가장 단순한 형식은 다음과 같은 구조를 갖는다.

(J.1.1.)	(1)	(x) (Tx → ORx)
	(2)	Ta
	(3)	ORa

이 도식을 읽으면 다음과 같다.

(1) 모든 x(=모든 자연인 또는 법인)에 대해 만일 x가 규범 (1)의 사실적 전제를 충족한 경우 x는 R을 행해야 한다.
(2) (자연인 또는 법인) a는 규범 (1)의 사실적 전제를 충족한다.
(3) A는 R을 행해야 한다.

이 추론도식으로부터 결정의 내재적 정당화를 위한 두 가지 요구가 도출되는데, 알렉시는 이를 각각의 독립된 규칙으로 표현한다.

43) *Jerzy Wroblewski*, Legal Syllogism and Rationality of Judicial Decision, in: Rechtstheorie 5 (1974), 336, 348면.

44) *Alexy*, 1978, 273면 이하.

(J.2.1) 하나의 법적 판단을 근거짓기 위해서는 최소한 하나의 보편적 규범이 제시되어야 한다.

(J.2.2) 판단은 최소한 하나의 보편적 규범과 여타의 언명으로부터 논리적으로 도출될 수 있어야 한다.[45]

이 두 가지 규칙은 보편화가능성원칙을 구체화한 것이다. 즉, (J.2.1)은 하나의 규칙에 근거하여 결정을 내려야 한다는 점을 감안한 것이다. 규칙 (J.2.2)는 알렉시에 따르면 보편화가능성 원칙으로부터 도출된다고 한다. 왜냐하면 이 규칙을 준수하지 않게 되면 어떠한 결론이든지 규칙 (J.2.1)에 합치할 수 있기 때문이다.

추론도식 (J.1.1)은 규범이 다른 중간단계를 거치지 않고 바로 사안에 적용되는 사례의 내재적 정당화를 재구성하는 데 적합하다. 하지만 그와 같이 단순한 사례는 극히 예외적인 경우에 해당한다. 따라서 대부분의 사례에서는 단어사용규칙을 통해 규범의 의미를 "확장 및 전개(Entfaltung)"해야 할 필요가 있다. 이 점에서 (J.1.1)의 단순한 구조는 다음과 같은 내재적 정당화의 일반적 형식의 특수한 경우에 해당한다.

(1) (x) (Tx → Orx)
(2) (x) (M1x → Tx)
(3) (x) (M2x → M1x)
.
.
.
(4) (x) (Sx → Mnx)
(5) Sa
(6) Ora (1) - (5)

---

45) a.a.O., 273면 이하.

몇 개의 내적 정당화 단계를 거치는가는 다음과 같은 규정에 의해 확정된다.

(J.2.3) a가 T인지 의심스러울 때 또는 a가 M인지 의심스러울 때에는 언제나 이 문제를 결정하는 규칙을 제시해야 한다.
(J.2.4) 추론의 단계는 언어표현이 문제의 사례에 부합한다는 사실에 대해 더 이상 다툼이 있을 수 없을 때까지 확장해야 한다.
(J.2.5) 추론도식에서는 가능한 한, 많은 확장단계를 제시해야 한다.

알렉시는 이들 규칙이 어느 정도의 합리성을 보장한다고 한다. 왜냐하면 이 규칙들을 준수하면 은폐될 수도 있는 대전제를 명시적으로 밝히지 않을 수 없으며, 보편성을 갖춘 대전제를 밝혀야 한다는 요청을 통해 결정의 일관성과 함께 정의와 법적 안정성에도 기여하기 때문[46]이라는 것이다. 물론 이러한 합리성은 "대전제의 합리성 여부에 달려 있다." 그렇기 때문에 하나의 판단의 합리성 여부에 대해서는 체계외재적 정당화의 영역에서 최종적으로 결정된다.

2) 체계외재적 정당화 체계외재적 정당화에 대해 알렉시가 열거하고 있는 논거형식들의 핵심적 내용은 법학방법론이 제시하고 있는 해석기준의 규칙과 거의 유사하다. 예를 들어 외재적 정당화와 관련하여 알렉시 역시 의미론적 해석, 발생론적 해석, 목적론적 해석, 역사적 해석, 비교해석, 체계해석 등으로 해석의 형식들을 구별한다. 이러한 논거형식들의 적용과 관련해서는 다음과 같은 규칙이 적용된다.

46) a.a.O., 283면.

(J.6) 해석규칙에 해당한다고 볼 수 있는 모든 논거형식들은 각 형식에 속하는 모든 대전제를 완전하게 포함하고 있어야 한다.
(J.8) 여러 가지 형식의 논거들이 갖는 비중을 규정할 때에는 논거의 비중을 결정하는 규칙에 따라야 한다.
(J.9) 해석규칙에 해당한다고 볼 수 있는 형식을 띠고 있는 논거들은 그러한 논거를 제시할 수 있는 한, 모두 고려의 대상으로 삼아야 한다.

이밖에 경험적 논증의 규칙과 형식, 법도그마틱 논증의 규칙, 선결례의 이용과 관련된 극히 일반적인 규칙 그리고 유추, 반대추론, 대소추론(소대추론 포함)과 같은 특수한 법적 논거형식 등도 외재적 정당화의 규칙에 속한다.

알렉시에게서 중요한 점은 이러한 법적 논증의 규칙이나 형식들을 고려한다고 해서, 실천적 논증이 배제되는 것이 아니라, 여전히 실천적 논증에 의존한다는 사실이다.[47] 이처럼 법적 논증의 규칙과 형식이 일반적 실천적 논증의 그것과 구조적으로 일치한다고 보기 때문에, 알렉시는 법적 논의를 일반적 실천적 논의의 특수경우로 파악하는 것이 정당하다고 한다.

3. 알렉시의 합리적인 법적 논증이론을 둘러싼 논쟁

법적 논증은 일반적 실천적 논의의 특수경우이고, 따라서 법도그마틱은 실천이성의 특수한 영역이라는 사실을 입증하려는 알렉시의 시도에 대해서는 몇 가지 의문이 제기되고 있고, 이러한 의문에 비추어 활발한 논쟁이 촉발되었다. 이 논쟁의 중심에는

47) a.a.O., 351면.

특수경우테제와 법적 논증을 절차이론으로 근거짓는 문제가 자리잡고 있다.

(1) 특수경우테제

법적 논의는 일반적 실천적 논의의 특수경우(Sonderfall)라는 이해가 논쟁 대상이 되는 경우에는 두 가지 문제영역을 구별할 수 있다. 첫째, (법적 토론이 갖는 특수한 제도적 특성인) 법정소송을 과연 논의(Diskurs)로 이해할 수 있는가 하는 물음이다. 둘째, 법적 논증의 특수성으로 말미암아 법적 논의를 제한하는 제도적 장치가 존재한다는 사실은 접어두더라도, 법적 논증을 일반적 실천적 논의의 특수경우로 해석하는 것 자체가 불가능한 것은 아닌가 하는 물음이다.

1) 논의로서의 소송　　법정소송에서의 행위나 논증은 특수한 조건하에서 이루어지기 때문에 소송에서 이루어지는 행위를 이상적 논의라는 척도로 판단할 수 없다는 인식에 대해서는 알렉시의 연구가 출간되기 전까지는 실제로 거의 당연한 사실로 여겨졌다. 특히 두 가지 사정 때문에 소송을 이상적 논의에 관련시켜 파악하는 것이 불가능하다. 첫째, 법정절차에서는 절차를 지배하는 권위의 행사가 필수적인 요건이다. 즉, 소송을 지휘하는 법관의 권한은 그 이념이나 범위의 측면에서 볼 때, 결코 실천적 논의를 수행하기 위해 필요한 권한이라고 해석할 수 없다. 둘째, 소송의 직접 당사자와 그 보조인(예컨대 변호사)의 논증은 전적으로 소송이 자신에게 더 유리한 방향으로 종결되기를 바라는 이해관계에 의해 좌우되지, 협력을 통해 진리를 추구한다는 의도와는 전혀 관계가 없다. 이처럼 법정소송에서의 논증이 당사자의 이해관계에 좌우된다는 사실 때문에 알렉시 역시 법정에서 행해지는 다툼을 강제가 없고 무제한적인 의사소통을 뜻하는 '논의'라

고 보지는 않는다.[48] 그럼에도 알렉시는 소송을 전략적 행위로만 파악하는 입장[49]을 거부한다. 왜냐하면 소송에서도 당사자들은 이성적으로 논증해야 한다는 주장을 제기하기 때문이라고 한다. "당사자들은 설령 순전한 가장에 불과할지라도 자신들이 제시하는 논거가 이상적인 조건하에서 모든 사람의 동의를 구할 수 있는 성격의 것이라고 주장한다. 따라서 법정소송에서 이루어지는 논증을 이론적으로 이해하기 위해서는 논의이론이 적절할 뿐만 아니라, 반드시 필요하기도 하다."[50] 이렇게 소송상의 논증이 이상적 조건과도 관련을 맺는다는 점에서 소송은 논의와 전략적 행위 사이의 '중간에 위치'한다는 것이 알렉시의 결론이다. 알렉시의 이러한 해석에 근거하여 하버마스 역시 그 사이 자신의 원래 입장을 수정했다. 즉, 하버마스도 이제는 "모든 제도적 특성을 감안해 볼 때 법적 논증은 실천적 논의의 특수한 경우"라고 한다.[51]

그러나 알렉시가 강조하는, 법정에서의 다툼과 이상적 조건 사이의 '필연적 관련성'이 소송을 실천적 논의의 적용영역에 속한다고 보아야 할 근거가 될 수 있는지는 의문이다. 소송당사자가 자신의 논거는 합리적이며 또한 누구나 이에 동의할 것이라고 주장하는 것은 성공적인 전략적 행위의 필요조건이다. 자신의 이해관계를 공개하거나 이기적 욕구를 있는 그대로 드러내는 것은 오히려 이익을 관철할 가능성을 현저하게 떨어뜨린다. 임금인상을 관철(또는 저지)하려는 사람은 예컨대 임금인상이 정당(또는 부정당)하고 국민경제의 측면에서 의미가 있다(또는 무의미하다)는

48) a.a.O., 271면.

49) 하버마스 역시 이러한 입장에 있었다. *Habermas*, 1971, 200면 이하.

50) *Alexy*, a.a.O., 271면.

51) *Habermas*, 1981, Bd. 1, 62면, 각주 63.

식으로 논증을 해야 한다. 전략적 능숙함을 발휘하기 위해 제기한 논거가 충분히 합의가능한 것이라고 가장하는 것을 법정에서의 다툼이 실천적 논의의 영역에 속하기 위한 기준을 충족한다고 파악하게 되면, 논의와 전략적 행위를 구별할 수 있는 가능성은 거의 없다. 따라서 법정소송에 대한 하버마스의 예전의 평가가 더 타당하다고 보아야 할 것이다.[52)]

2) 논의로서의 법적 논증 법적 논증에 제도적 강제나 개인적 이해관계가 거의 개입하지 않는 경우라 할지라도 과연 법적 논증을 실천적 논의의 특수한 경우로 인정할 것인지는 완전히 별개의 물음이다. 이 물음과 관련하여 결정적인 문제는 과연 법도그마틱을 실천이성의 특수한 영역이라고 볼 수 있는가이다.[53)] 만일 이상적인 법적 논증이 실천적 논의의 특수한 경우로 판명될 수만 있다면, 제도적 이유 때문에 그러한 이상이 왜곡된다는 사실만으로는 법적 논증과 실천적 논의의 연관성 자체를 부인할 하등의 이유가 되지 못할 것이다.

알렉시 본인도 특수경우테제에 대해서는 다음의 세 가지 반론이 가능하다고 본다. "법적 논증은 (1) 실천적 문제를 대상으로 하지 않으며, (2) 정당성주장이 제기되지도 않으며, (3) 설령 그러한 주장이 제기될지라도 법적 대화에서 적용되는 제한적 규율 때문에 이를 '논의'라고 지칭할 수 없다는 반론이 가능하다."[54)]

알렉시는 첫 번째 반론은 간단하게 반박할 수 있다고 여긴다. 즉, 법적 대화가 '현행법에 대한 서술'이나 '법관이 미래에 어떻게 행동할 것인지에 대한 예측'과 같은 사실확인도 대상으로

52) 예컨대 *Werner Krawietz*, Jurisdisch institutionelle Rationalität des Rechts versus Rationalität der Wissenschaft?, in: Rechtstheorie 15 (1984), 438면.

53) *Alexy*, 1978, 359면.

54) a.a.O., 263면.

삼긴 하지만, 법실무의 경우이든 법학의 경우이든 중심적인 역할을 하는 것은 '실천적 문제의 해결에 관련된 법적 논증'이라고 한다.[55] 따라서 법적 논의를 실천적 논의의 특수경우로 지칭하는 것은 정당하다는 것이 알렉시의 결론이다.

하지만 이와 관련해서는 좀더 자세히 고찰할 필요가 있다. 일단 법도그마틱의 논의가 결국 행위대안의 선택을 대상으로 한다는 점에서 '실천적' 성격을 갖고 있다는 사실에는 의문의 여지가 있을 수 없다. 법도그마틱적으로 쟁점이 되는 문제에 대해 결정을 내리는 것은 곧 — 이 결정을 받아들이는 한 — 특정한 사례집단과 관련하여 법관의 판결을 통해 사회적 현실의 형성에 대해서도 결정을 내리는 것이 된다. 그러나 법도그마틱 논의가 이러한 실천적 측면을 갖는다고 해서 곧 바로 법적 논의에 실천적 논의의 성격이 부여되는 것은 아니다. 이는 여행계획이 일기예보의 영향을 받는다고 해서, 기상학적 분석이 곧 실천적 논의의 성격을 갖는다고 말할 수는 없는 것과 같은 이치이다. 실천적 논의에서 중요한 점은 논의를 통해 행위대안의 선택이 조종된다는 사실이 아니라, 행위대안의 선택 자체가 일정한 평가적 우선순위의 관점에서 논의된다는 사실이다. 다시 말해 행위와 관련하여 중요한 물음을 논의대상으로 삼는다는 사실 자체가 결정적인 요소이다.[56]

그러나 법적 논증은 그와 같은 특성을 갖는다고 볼 수 없다. 법도그마틱이 가치평가의 문제를 인식 또는 진리의 문제로 전환하는 기능을 갖는다면,[57] 법도그마틱의 논의는 실천적 논의가 아

---

55) a.a.O., 264면.

56) 이 점 및 이하의 비판에 대해서는 *U. Neumann*, Neuere Schriften zu Rechtsphilosophie und Rechtstheorie, in: Philosophische Rundschau 28 (1981), 211면 이하 참고.

니라, 이론적 논의로 이해해야 한다. 물론 법적 논증에서는 결정이 내려지지 않은 가치평가의 문제도 중요한 역할을 한다는 알렉시의 지적은 전적으로 옳다. 하지만 가치평가 역시 법적 논증에서는 대부분 이론적 논증에 구속된다. 법관은 자신의 판결이 정당한 인식에 근거한다고 말하지, 결정의 실질적 정당성 자체를 직접적 근거로 삼지는 않는다. 여하한 경우이든 법도그마틱이 이해하고 있는 바에 따르면, 법적 논증에서는 실천적 정당성뿐만 아니라, 이론적 정당성의 문제도 중요하다. 이러한 비판은 동시에 알렉시의 두 번째 논거에 대한 비판이기도 하다. 물론 법관의 판결과 법적 논증에서 정당성주장이 제기된다는 사실을 부정할 수는 없다. 하지만 문제는 이 정당성주장이 과연 실천적 정당성을 주장하는 것인가 하는 점이다.

알렉시는 법적 논의에서 제기되는 정당성주장이 일반적 실천적 논의에서 제기되는 정당성주장과 뚜렷이 구별된다는 사실을 인정한다. "정당성주장과 함께 제기한 규범적 언명 또는 판결이 그 자체로서 합리적이라고 주장하는 것이 아니라, 단지 현행 법질서의 영역에서 합리적으로 근거지을 수 있다고 주장할 뿐이다."[58] 이는 결국 법적 논증과 결정의 합리성이 이미 주어져 있는 법질서에 의존한다는 사실을 뜻한다. 그렇다면 합리성이라는 개념은 다른 의미를 갖게 된다. 즉, 이런 의미의 합리성은 더 이상 논의를 통해 입증할 수 있는 실질적 타당성이 아니라, 법질서에 대한 올바른 인식이라는 의미에서 이론적 정당성을 뜻하거나 또는 상대적 타당성, 다시 말해 법질서가 허용하고 있는 결정의 범위 내에서 확인될 수 있는 실질적 타당성을 뜻한다.

---

57) *Josef Esser*, Vorverständnis und Methodenwahl in der Rechtsfindung, 2. Aufl. 1972, 101면.

58) *Alexy*, 1978, 264면.

알렉시가 법관의 판결에는 정당성주장이 내포되어 있다는 자신의 입장을 근거짓기 위해 제시한 보기에서는 이론적 정당성과 실천적 정당성의 이러한 차이점이 뚜렷하게 드러나지 않는다. 알렉시는 "'국민의 이름으로 윤 아무개는 비록 그에 대한 충분한 근거가 없지만 10년의 자유형에 처한다'와 같은 판결선고는 단지 도덕적 근거에서만 오류인 것은 아니다"라고 생각한다. 즉 "이 판결의 오류는 마치 '고양이가 침대 위에 있다. 하지만 나는 고양이가 침대 위에 있다고 생각하지 않는다'는 언명의 오류와 비슷하다"고 한다.[59)]

이 두 개의 언명을 같은 선상에서 취급하는 것은 내 생각으로는 두 가지 이유에서 문제가 있다. 우선 앞에서 인용한 판결문은 명백한 언어수행적(performativ) 행위이다. 이와 비교되는 언명은 다음과 같이 표현할 수 있다. "나는 고양이가 침대 위에 있다고 주장한다. 하지만 나는 그걸 믿지 않는다." 하지만 이 표현이 반드시 비도덕적 의미에서 오류인 것은 아니다. 화자는 이 언명을 통해 자신이 거짓말을 하고 있다고 말하는 것일 수도 있고, 자신이 가설을 제기하고 있다는 것을 표현할 수도 있다.

다른 한편 알렉시가 보기로 든 판결선고에서 '충분한 근거'라는 말이 무엇과 관련을 맺는지 확실하지 않다. 즉, 여기서 충분한 근거는 판결의 합법성(즉 판결이 법률에 부합한다)에 대해 충분한 근거를 말하는 것인지 아니면 판결의 실질적 적합성에 대해 충분한 근거가 있다는 것인지 확실히 알 수 없다. 법관의 평가에서 이 두 가지가 얼마나 동떨어진 영역에 속하는지는 어느 형사법관의 유명한 판결에서 너무나도 명확하게 드러난다. "나는 당신에게 진정 필요한 것은 3주간의 휴가임을 철저히 확신하지

59) a.a.O., 266면.

만, 당신을 3년의 징역형에 처한다."

나는 이 표현이 비도덕적 의미에서 (또는 심지어 도적적 의미에서조차) 오류라고 생각하지 않는다. 법관으로 하여금 실정법규정을 준수하도록 강제하는 정치적, 사회적 압력을 논리적 또는 언어이론적 필연성이라고 과장해서는 안 된다. 비합리적인 법률이 존재할 수 있다는 사실(또는 법률구속을 준수한 판결일지라도 개별사례에서 비합리적인 결론에 도달할 수 있다는 사실) 자체를 — 알렉시와는 달리 — 완전히 부정하는 사람만이 문제의 판결선고가 비도덕적 의미에서도 오류라는 결론에 도달할 수 있다. 앞에서 인용한 판결선고에서 '충분한 근거'를 결정의 실천적 합리성에 대한 근거로 이해하면 언제나 그러한 결론에 도달하게 된다. 이에 반해 충분한 근거를 결정의 합법성에 대한 근거라고 이해하게 되면, 비록 표현 자체는 모순이 없지만 판결 자체는 오류라고 볼 수 있다. 즉, 법관은 단지 자신의 판결이 법률에 합치하지 않는다는 점을 말하고 있을 뿐이다. 물론 그 때문에 이 법관이 법왜곡으로 기소될 수는 있겠지만, 그렇다고 해서 판결 자체가 이미 언어표현상 오류라고 단정할 수는 없다.

이 문제와 관련된 알렉시의 입장은 그가 결국은 사회적 기대나 제도를 언어규칙과 결합시킨다는 점에서 문제가 있다고 보인다. 알렉시는 사회적 역할에 부합하지 않는 언어적 행동을 오류라고 낙인찍는다. 알렉시가 보기로 든 판결은 모든 중요한 측면에서 다음과 같은 말로 시상식을 거행하는 것과 동일하다. "귀하는 전혀 그럴 만한 자격이 없지만, 귀하에게 프리츠 뮐러 기념상을 수여합니다." 이 경우에도 화자는 자신에게 향해진 기대를 저버리고, '사회적 역할에서 벗어난' 행동을 한 셈이다. 그렇다고 해서 시상행위가 언어적으로 오류인 것은 아니다. 이 표현은 사회적 규칙을 위반했지, 언어규칙을 위반하지는 않았다.

언어적 오류의 가능성이라는 측면에서 보면 앞의 시상연설과 알렉시가 보기로 든 판결 사이에는 아무런 차이가 없다. 그럼에도 이 판결이 오류로 여겨진다면, 이는 법률가들의 '내부적' 관점에 기인한 것이다. 법률가에게 법적 언술의 오류 여부는 오로지 언어규칙에 따라 결정되는 것이 아니라, 법적 규칙까지도 함께 고려하여 결정된다. 이러한 내부적인 관점으로 인해 알렉시의 이론에서는 의미론적(또는 보편화용론적) 규칙과 법적 및 사회적 규칙 사이의 경계가 불확실하게 되는 결과가 발생한다.

알렉시가 일반적 실천적 논의의 규칙들을 언어적 의사소통의 조건 및 근거를 갖춘 말하기(언술)의 조건으로부터 도출한 이후, 아주 갑자기 법학방법론의 통상적인 해석규칙들을 '법적 논의의 규칙과 형식'(정확히 말하면 법적 논의의 영역에서 이루어지는 외재적 정당화의 규칙과 형식)으로 받아들이고 있는 점 역시 법률가의 내재적 관점의 비중이 상당히 크다는 사실을 잘 보여준다.[60] 양 규칙집단을 매개하려는 알렉시의 시도[61]는 성공하지 못했다고 보인다. 알렉시처럼 문언이나 입법자의 의사를 해석기준으로 고수할 뿐만 아니라, 이에 대해 이성적 목적이라는 관점보다 원칙적으로 더 우선하는 지위를 인정하게 되면,[62] 합리적 결정과 현행법에 부합하는 결정이 서로 일치하는 경우는 — 조금은 극단적으로 표현하자면 — 순전히 우연에 불과하게 된다.

알렉시 자신도 "법적 결정의 무조건적 합리성은 … 입법자를 전제"하며,[63] 이성과 정의의 실현은 법이라는 '부분영역'에서

60) 이에 관해서는 *Ernst Tugendhat*, Zur Entwicklung von moralischen Begründungsstrukturen im modernen Recht, ARSP Beiheft n.F. Nr. 14, 1980, 1, 20면 참고.

61) *Alexy*, 1978, 349면 이하.

62) a.a.O., 305면.

도 오로지 이성적이고 정의로운 사회질서의 범위 내에서만 가능할 수 있다는 사실을 인정한다.[64] 그러나 알렉시의 입장에서 법적 논의의 한계로 여겨지는 측면이 나로서는 법적 논의의 합리성 자체에 대해 의문을 제기할 이유로 보인다. 왜냐하면 비합리적인 법률에 따라 행한 논증의 합리성은 더 낮은 의미의 합리성을 뜻하는 것이 아니라, 합리적인 실천적 논의의 규칙에 의거하여 찾아낸 결정과는 질적으로 완전히 다른 것이다. 설령 법적 논증의 특수한 규칙을 도입해야 할 필연적 이유를 다시 실천적 논의를 통해 근거짓더라도[65] 사정은 마찬가지이다. 왜냐하면 법적 논의(외재적 정당화)를 위한 특수한 규칙과 형식도 비합리적 법률을 조건으로 할 때에는 어떤 제한된 의미의 합리성이나 내용적으로 실천적 논의의 합리성에 근접하는 합리성이 아니라, 기껏해야 일관된 비합리성과 그 예측가능성만을 보장해 줄 수 있을 뿐이기 때문이다.

물론 그렇다고 해서 법적 논증에서 실천적 합리성이라는 논거가 중요한 의미가 있다는 사실 자체를 부정하는 것은 아니다. 이미 다른 학자들(에써, 크릴레)이 지적했던, 합리성과 법적 논증 사이의 연관성을 견고한 이론적 토대를 갖춘 법적 논증이론을 통해 근거지은 점은 알렉시의 공적이다. 하지만 '특수경우테제'는 이러한 연관성을 너무 과장 해석한 결과이다. 이 점은 "윤리적 논의와 법적 논의가 거의 동일하다"는 조금은 지나치다고 보이는 테제에도 해당된다.[66] 여하튼 두 가지 테제 모두 법적 규율의 합

---

63) a.a.O., 351면.

64) a.a.O., 359면.

65) a.a.O., 350면.

66) *Martin Kriele*, Theorie der Rechtsgewinnung, 1979, 34면; 이에 관해서는 *Alexy*, 1981, 187면, 각주 30도 참고.

의가능성을 과대평가하고 현대법에서 실정성과 제정성이 갖는 의미를 소홀하게 여기는 경향을 띠고 있다.

물론 '특수경우테제'는 이중적인 의미가 있다. 즉, 의미의 비중을 '한 경우'에 두느냐 아니면 '특수성'이라는 관점에 두느냐에 따라 법적 논의와 일반적 실천적 논의의 관계를 서로 다르게 설정하게 된다. 이러한 이중성은 특수경우테제에 비추어 법적 논의를 어떻게 평가해야 하는가 라는 물음에서도 나타난다. 즉, 강조점을 어디에 두느냐에 따라 법도그마틱을 하나의 학문분과, 즉 실천이성의 한 영역으로 옹호하기 위해 특수경우테제를 끌어 들일 수 있는가 하면,[67] 법적 논증에 대한 평가를 일반적 실천적 논의를 척도로 함으로써 법적 논의는 그 특수성으로 인해 실천적 논의의 결핍된 형태로 보일 수도 있다.[68] 후자의 경우에는 특수경우테제가 ― 알렉시의 의도와는 달리 ― 법을 비판하기 위한 실마리로 작용할 수 있다. 이렇게 특수경우테제를 후자의 관점에서 이해할 때에만, 의사소통적 구조를 가진 생활세계에 대한 법제화(Verrechtlichung)를 철저히 비판하는 입장[69]과 특수경우테제가 합치할 수 있다.

'특수경우테제'를 둘러싼 논쟁은 일단 법적 논의와 일반적 실천적 논의 사이의 관계만을 대상으로 한다. 그러나 일반적 실천적 논의에 대한 이론에 기초한 법적 논증이론이 과연 어느 정도 타당성을 갖는지를 묻게 되면 양자의 관계에 대한 물음을 뛰어넘어, 그 토대가 되는 일반적 실천적 논의이론 자체가 과연 견고한

---

67) *Alexy*, 1978, 356, 359면.

68) 이 점에 관해서는 *Gerd Walter Küsters*, Rechtskritik ohne Recht. Zu Habermas' "Theorie des kommunikativen Handelns," in: Rechtstheorie 14 (1983), 95, 114면.

69) *Habermas*, 1981, Bd. 2, 522면 이하.

이론인지도 묻지 않을 수 없게 된다.

(2) 토대 : 일반적 실천적 논의에 관한 이론

일반적 실천적 논의이론과 관련해서는 두 가지 점을 검토해 볼 필요가 있다. 하나는 규범의 진리성 여부에 대한 물음이다. 알렉시의 인지주의(Kognitivismus)적 입장은 비인지주의(Nonkognitivismus)의 관점에서 비판이 이루어지고 있다.[70] 다른 하나는 합리적인 법적 논증에 대한 절차적 이론이 가능한가에 대한 물음이다. 이 점에서는 논의규칙이 논의결과의 진리성 또는 객관적 정당성을 보장할 수 있다는 절차규칙에 대해 의문이 제기된다.[71] 이 비판은 상당부분 하버마스의 논의이론이 취하고 있는 진리의 합의이론에 대한 비판이기도 하다.

1) 규범의 진리성 알렉시의 이론에 대한 비판이 그 '인지주의적' 입장에 지향되는 경우, 그러한 비판은 알렉시의 견해가 '객관주의적' 요소를 지나치게 강조하고 있다는 사실을 지적하는 것이다. 알렉시가 "합리성에 대한 절차주의적 구상을 마치 영원히 타당한 진리를 담보하는 기준을 제시하는 것처럼 생각한다"는 비판[72]은 "하나의 결정의 정당성 여부에 대한 판단은 (논의에서 필연적인 것 이외의 영역에서는) 언제나 잠정적인 것이며, 따라서 반박될 수 있다"는 알렉시 본인의 입장[73]에 비추어 볼 때 지나친 비

70) *Robert Weimar*, Rechtserkenntnis und erkenntnistheoretische Rechtswissenschaft, in: Theorie der Normen, Festgabe für Ota Weinberger zum 65. Geburtstag, 1984, 99면 이하; *O. Weinberger*, Logische Analyse als Basis der juristischen Argumentation, in: W. Krawietz/R. Alexy(Hrsg.), Metatheorie juristischer Argumentation, 1983, 194면.

71) *Weinberger*, a.a.O., 195면; *E. Tugendhat*, 1980, 5면 이하.

72) *Weimar*, a.a.O., 100면.

73) *Alexy*, 1978, 358면.

판이다. 즉, 알렉시에 따르더라도 "논의의 결과가 완전히 상대적인 것은 아니지만, 그렇다고 절대적 객관성을 갖는 것도 아니다."[74] 이 점에서 알렉시의 이론이 철저히 상대주의적인 이론과는 합치할 수 없다는 것은 옳다.

2) 법적 논증에 관한 절차적 이론이 갖는 문제점 규범인지주의에 대한 비판보다는 규범의 정당성을 특정한 결정절차에 따른 (가상의) 결과로 정의하려는 알렉시의 이론에 대한 거부감이 더 커다란 비중을 갖는다. 이 점과 관련된 투겐트하트와 바인베르거의 비판은 모두 합리성이란 논의형식의 문제가 아니라, 결정의 내용 및 그에 대한 근거설정의 문제라는 생각을 토대로 삼고 있다. 바인베르거는 법적 논증과 결정의 합리성을 실천이성의 문제로 해석하는 알렉시 이론의 출발점 자체부터 거부한다. 바인베르거가 보기에 이성은 "결코 실천적 인식의 연원이 아니라, 단지 합리적인 사고능력"일 뿐이다.[75] 이처럼 합리성개념을 좁게 이해하면 '실천이성의 법전'[76]을 편찬하려는 시도는 거의 기적에 가까운 일로 보이게 된다.

바인베르거에 따르면 논의규칙은 논의결과의 진리성 또는 객관적 타당성을 담보하지 못한다.[77] 논의규칙은 심지어 좋은 근거가 제시되도록 하는 것조차도 보장할 수 없다고 한다.[78] 논의가 끝나면서 내려지는 결정은 의지의 표현이지, 결코 정당성 판단이 아니라는 것이다.[79] 바인베르거는 또한 논리적 요청과 도덕적 요청을

74) *Alexy*, 1981, 184면.

75) *Weinberger*, a.a.O., 194면.

76) *Alexy*, 1978, 35면.

77) *Weinberger*, a.a.O., 195면.

78) a.a.O., 193면.

79) a.a.O.

뒤섞는 것 그리고 논의규칙이라는 형식적인 포장을 씌워 실질적 내용을 확정하는 것을 조목조목 비판한다.

논리적 요청과 도덕적 요청을 뒤섞는다는 비판은 알렉시가 모든 화자는 정직해야 한다는 주관적 요청을 일반적 실천적 논의의 기본규칙으로 삼고 있다는 점[80]을 대상으로 한다. 이 정직성 요청을 "진리나 정당성을 대상으로 하는 모든 언어적 의사소통이 가능하기 위해 타당"해야 할 규칙의 하나로 파악하는 알렉시의 입장[81]은 다른 학자들로부터도 비판을 받는다.[82] 이러한 비판은 옳다. 왜냐하면 예를 들어 누군가 악마의 변호인(advocatus diaboli)이라는 역할을 자청하고, 이 사실을 다른 논의참여자들이 전혀 눈치 채지 못하는 상황이라면, 그러한 태도가 반드시 진리와 정당성에 지향된 의사소통의 조건을 파괴한다고 볼 수는 없기 때문이다. 또한 누군가가 도덕적으로 나쁜 이유에서 자신의 진정한 확신에 반하는 논증을 하더라도 그러한 요건 자체가 파괴되는 것은 아니다. 더욱이 비겁함이나 기회주의적 계산 때문에 자신의 진정한 입장을 숨기는 논의참여자와 실천적 논의를 하는 것 역시 얼마든지 가능하다. 다만 그와 같은 논의참여자의 논증이 언어적 의사소통의 합리성을 위한 기본조건은 충족하고 있을 것을 전제해야 한다. 하지만 이와 같은 비판은 알렉시의 이론에 대한 근원적 비판이 되지는 못한다. 이 비판을 감안하여 문제된 규칙들을 삭제하면 그만이기 때문이다.

이에 반해 "한 사람 A를 다른 사람 B와 다르게 취급하려면 이를 근거지어야 할 의무가 있다"라는, 알렉시가 제시한 규칙[83]

80) 이에 관해서는 위의 118면 이하의 서술을 참고.

81) *Alexy*, 1978, 234면.

82) *Tugendhat*, 1980, 6면; *Rolf Gröschner*, Theorie und Praxis der juristischen Argumentation, JZ 1985, 172면.

을 보기로 삼아 비판을 가하는 바인베르거의 두 번째 반론은 첫 번째 반론보다 더 중요한 의미가 있다. 즉, 알렉시의 이 규칙은 이에 대한 알렉시의 내용적 해석에 비추어 볼 때, 실질적 평등이 과연 필요한가 라는 물음에 대해 토론할 기회 자체를 박탈한다고 한다. 바인베르거로서는 실질적 평등의 요청이 "결코 이성의 선험적 요청이 아니라, 도덕적 태도에 따른 실질적 요청"일 뿐이다.[84] 이러한 반론이 과연 타당한지에 대해서는 여기서 자세히 논의할 수 없다. 어떠한 경우든 알렉시가 제시한 논의규칙들이 순전히 형식적인 규칙인 것만은 아니며, 이미 일정한 실질적 규칙에 유리하게 (또는 불리하게) 구성되어 있다는 사실에 대해서는 의문이 있을 수 없다. 이 점에서 알렉시 스스로 그가 제시한 논증규칙들이 헌법에 규정된 평등원칙(즉 하나의 실정법규정)의 화용론적 내용에 대한 포들레흐(Podlech)의 해석과 거의 일치한다고 평가하고 있다는 사실[85]은 중요한 의미를 갖는다. 물론 형식적인 논의규칙과 실질적인 규칙이 서로 관련을 맺고 있다는 사실을 들어 알렉시의 이론을 비판할 수 있는지는 내용적 규칙의 근거설정과 관련하여 실천이성의 역량을 얼마나 높이 평가하느냐에 달려 있다. 이성을 단순히 '합리적 사고능력'[86]으로 본다면, 모든 내용적 규칙의 형성은 논의참여자들의 뜻에 맡겨야 한다. 이 경우 논의규칙을 통해 특정한 내용을 미리부터 더 유리(또는 불리)한 쪽으로 확정하는 것은 허용되지 않는다. 이에 반해 내용적인 규칙에 대한 이성적 근거설정의 가능성을 인정한다면, 특정한 논의규칙과 특정한 내용적 규칙이 밀접하게 관련되어 있다는 사실

83) *Alexy*, 1978, 243면.

84) *Weinberger*, 1983, 198면.

85) *Alexy*, 1978, 243면.

86) *Weinberger*, 1983, 194면.

은 전혀 문제가 되지 않는다.

바인베르거와는 반대로 투겐트하트는 가치평가와 규범에 대한 합리적 근거설정이 가능하다는 알렉시의 기본입장에는 동의한다.[87] 하지만 투겐트하트는 알렉시가 법학방법론에서 제시한 기준들을 법학의 논증기준으로 그대로 받아들이고 있다는 점을 비판한다. 물론 투겐트하트의 비판은 알렉시가 하버마스를 원용하면서 규범에 대한 합리적 근거설정에 부여하고 있는 논의이론적 해석에 초점을 맞추고 있다. 투겐트하트는 모든 사고가 언어를 통해 이루어지며, 따라서 모든 근거설정 역시 언어적이라는 사실이 곧바로 논의이론적 입장을 선택해야 할 필연적 이유가 되는 것은 아니라고 한다. 왜냐하면 언어규칙 내에서도 다시 여러 사람들 사이의 의사소통에서 의미를 갖는 화용론적 규칙(이 점에서 논의규칙이라고 부를 수 있는 규칙)과 독백적인 논증과 대화적인 논증 양자 모두에 똑같이 적용되는 의미론적 규칙을 구별해야 하기 때문이다. 하버마스와 알렉시는 이러한 구별을 고려하지 않고 있고, 그 결과 두 사람 모두 서술언명의 근거설정에 대한 원칙을 오해하고 있다는 것이 투겐트하트의 비판이다.[88] 즉, 서술언명을 근거짓기 위한 규칙은 화용론적 규칙이 아니라, 의미론적 규칙이다. "하나의 이론적 명제를 이해한다는 것은 이 명제를 어떻게 입증할 것인지, 즉 어떻게 근거지을 것인지를 아는 것이다."[89] 이로써 투겐트하트는 서술언명의 입증문제와 관련하여 진리의 상응이론을 취하게 되며, 하버마스가 서술언명의 영역에서도 타당하다고 보는 합의이론을 거부한다. 투겐트하트는 어떠한 경우든 이론적 서술언명과 관련해서는, 근거설정을 위한 규칙을 논의규

87) *Tugendhat*, 1980, 3면.

88) a.a.O., 7면.

89) a.a.O., 8면.

칙으로 파악해야 한다는 진리의 합의이론이 결코 타당할 수 없다고 본다.[90]

더 나아가 투겐트하트는 규범적 또는 평가적 언명을 근거지울 때에도 의미론적 규칙이 결정적인 역할을 한다고 한다. 투겐트하트가 보기에 ("하나의 규범은 모든 사람이 여기에 동의할 수 있을 때에만 정당하다"는 형태의) 보편화가능성원칙 역시 '정당하다'는 단어의 의미론에 기초한다.[91] 이에 반해 '누구나 논의에 참여할 권한이 있다'와 같은 화용론적 규칙은 다수의 사람이 논의에 참여하기 때문에 발생할 수 있는 왜곡의 가능성을 배제하는 기능만을 갖는다. 규범에 대한 합리적 근거설정과 관련하여 참여자들의 합의가 갖는 의미 — 적어도 합의의 의미를 인정한다는 점에서는 하버마스와 투겐트하트의 견해가 일치한다 — 역시 논의규칙이나 진리의 합의이론이 아니라, '정당하다'는 단어의 의미론에 따른 귀결이라고 한다.[92]

이처럼 논의의 규칙을 합리적인 윤리의 원칙으로 근거지을 수는 없다고 할지라도, 논의를 도덕원칙의 특수한 '수행방식'으로 보는 것은 얼마든지 가능하다. 이것이 투겐트하트 및 그가 슈타른베르크 막스 플랑크 연구소에서 주도한 연구(연구참여자: 귄터 프랑켄베르크, 클라우스 에더, 울리히 뢰델)의 결론이다. "논의란 도덕적 근거설정의 발전과정에서 비록 독자적인 단계는 아니지만, 상당히 높은 단계로 개념정의 할 수 있다."[93] 논의의 도덕은 투겐트하트와 그의 공동연구자들이 제시한, 형식적 합리적 도덕의 발전단계모델(엄격한 이성적 도덕－유연한 이성적 도덕－논의의 도덕)

90) a.a.O., 8면.
91) a.a.O., 10면.
92) a.a.O., 11면.
93) a.a.O., 12면.

에서 가장 높은 단계에 해당한다.[94] 논의의 도덕은 당사자들의 통제를 통해 결정절차의 공정성이 보장되며, 당사자들의 얘기를 듣지 않고서 결정이 내려지는 일이 없도록 한다.[95]

알렉시의 법적 논증이론에 대해 가해진 개개의 비판을 어떻게 평가하든지, 알렉시의 연구가 법적 논증이론에 대한 획기적인 연구라는 사실에 대해서는 의문이 있을 수 없다. 이 연구를 통해 알렉시는 법이론 논쟁이 갖추어야 할 명확성과 정확성이 무엇인가에 대해서뿐만 아니라, 실천이성의 요구에 부응해야 할 과제를 부담하고 있는 법학이 과연 어떠한 학문적 기여를 해야 하는가에 대해서도 하나의 척도를 제시했다.

94) a.a.O., 1면.

95) 실제적인 논의를 단순히 참여를 보장하는 기능으로 국한시키는 것에 반대하는 입장으로는 *Habermas*, 1983, 78면 이하 참고.

제5장 법적 논증에 관한 복합모델들

Ⅰ. 맥코믹의 이론

법적 사고와 법적 논증에서 실천이성이 어떠한 의미를 갖는가 하는 물음은 닐 맥코믹(Neil MacCormick)의 여러 법이론 연구[1]에서 핵심적인 위치를 점하고 있다. 맥코믹은 법적 결정에 대한 2단계 근거설정(정당화 justification) 모델에서 출발한다. 첫 번째 단계에서는 결정이 연역적으로 도출되고(이는 알렉시의 '체계내재적 정당화'와 유사하다). 두 번째 정당화 단계(second order justification)에서는 연역추론의 대전제에 대한 정당화(알렉시의 경우 '체계외재적 정당화')가 이루어져야 한다. 그러나 첫 번째 단계에서도 결정에 대한 합리적인 근거설정은 그 연역적 구조 자체가 아니라, 대전제의 보편성을 통해 보장된다. 법적 결정에 대한 정당화는 어떠한 경우에든 보편적 전제에 기초하여 이루어져야 한다는 사실은 '같은 것

---

1) *N. MacCormick*, Legal Reasoning and Legal Theory, 1978; *ders.*, The Artificial Reason and Judgement of Law, in: Rechtstheorie, Beiheft 2 (1981), 105, 120면; *ders.*, Coherence in Legal Justification, in: Weinberger-Festschrift, 1984, 37, 53면.

은 같게 다루어야 한다'는 형식적 정의의 원칙에 따른 결론이다. 따라서 이 원칙을 고려하는 것은 합리적인 법적 논증의 필수불가결한 전제이다.2)

물론 형식적 정의는 결정의 합리성을 위한 필요조건일 뿐, 충분조건은 아니다. 판결에 대한 근거설정의 합리성은 결국에는 정당화의 두 번째 단계, 즉 대전제에 대한 근거설정에서 결정된다. 판결의 근거설정을 위한 대전제가 어떻게 정당화될 수 있는가 하는 물음은 우선 허용되는 논거의 분류에 달려 있다. 이와 관련하여 맥코믹은 결정의 법적 또는 사실적 결과와 관련된 논거(결과주의적 논거)와 결정이 현행 법질서를 준수할 수 있도록 하는 논거를 구별한다. 법질서의 준수는 현행 법체계의 규칙에 합치해야 한다는 요청(일관성 Konsistenz)을 통해 보장된다는 소극적 의미를 가질 수도 있고, 결정의 대전제가 보편적 법원칙을 토대로 해야 한다는 요청이나 승인된 법원칙의 유추(정합성 Kohärenz)를 통해 보장된다는 적극적 의미를 가질 수도 있다. 대전제의 선택과 관련해서는 일반적 실천적 관점(결과주의적 관점)뿐만 아니라, 특수한 법적 관점도 척도가 된다.

그렇다면 당연히 서로 다른 유형의 논거들 사이의 관계에 대한 물음이 제기된다. 이 물음은 여러 논거들 사이의 우선순위의 문제와 관련되고, 동시에 결과주의적 논거와 일관성 또는 정합성 논거 사이에 존재할 수 있는 어떤 내용적 연관성의 문제이기도 하다.

맥코믹의 모델에서 논거의 우선순위는 절대적으로 확정되어 있는 것이 아니라, 논거의 기능적 특수성에 따라 상대적으로 파악된다. 즉, 정합성과 일관성 논거는 법적으로 가능한 영역의 경계를 확정하고, 이 경계 내에서 결과주의적 논거에 기초하여 결

2) *MacCormick*, 1978, 73면 이하.

정이 내려진다.[3] 따라서 결과주의적 논거와 정합성/일관성 논거는 기능적 보충관계에 있다.

또한 여러 가지 유형의 논거들이 내용적으로 서로 맞물려 있다는 사정 역시 논거의 우선순위를 절대적으로 확정할 수 없는 이유가 된다. 결과주의적 논거가 정합성논거와 밀접한 관련을 맺는다는 점은 결과주의적 논증을 할 때 단순히 결과를 예측하는 데 그치지 않고, 결과에 대한 평가까지 행해야 한다는 필연성에 따른 것이다. 이 경우 법질서의 근본원칙도 평가의 척도로서 기능을 한다. 거꾸로 법원칙의 내용을 법질서 내에서 효력을 갖는 법규만으로는 확정할 수 없으며, 상당부분 일반적인 실천적 고려를 끌어들여 이를 확정하게 된다.[4] 일관성을 심사할 때에도 일반적 실천적 논거가 중요한 역할을 한다. 물론 일반적 실천적 논거를 구속력 있는 법규와의 합치성을 전혀 고려하지 않은 채, 독자적인 법적 논거로 삼을 수는 없다. 하지만 실천적 고려를 근거로 '구별', '설명', 'overruling' 등의 방법을 동원하여 구체적 상황에서 선호하는 규칙을 법질서 내에 자리 잡게 할 가능성이 얼마든지 있다.

맥코믹의 이론에 따른다면 법적 논증에 대한 평가와 관련하여 다음과 같은 두 가지 사실을 그 결론으로 확인할 수 있다. 첫째, 법적 논증은 일반적인 도덕적 논증의 특수경우이다.[5] 둘째, 법적 논증은 이성에 의해 조종되지만, 이성에 의해 결정되지는 않는다. 맥코믹의 모델에 따르면 법적 논증에서 이성은 결과주의적 논거 및 이 논거가 전제하는 가치평가의 한계 내에서만 의미

3) *MacCormick*, 1978, 127, 162, 188면.

4) a.a.O., 166면.

5) a.a.O., 272면: "법적 논증은 고도로 제도화되고 형식화된 특수한 유형의 도덕적 논증이다."

가 있다. 이에 반해 일관성 또는 정합성 논거는 법적 논증에서 이성이 차지하는 역할을 분명하게 보여준다.6)

Ⅱ. 도약이론(펙체닉)

법적 논증은 본질적으로 비연역적 추론에 기초한다는 인식은 법과 관련된 변환(Transformation)에 대한 펙체닉의 이론의 출발점을 형성한다. 펙체닉은 변환이란 인간의 지식 또는 (근거 있는) 가치평가를 다른 지식이나 가치평가로 바꾸고, 이에 대해 비연역적인 근거를 제시하는 작업이라고 이해한다. 이에 따르면 p에서 q로의 변환은 다음과 같은 경우에 이루어진다.

(a) p의 진리성 (또는 타당성)이 q의 진리성을 확인하기 위한 충분근거로 제시될 것.

(b) p로부터 q가 연역적으로 추론되지 않을 것.7) 변환의 가장 단순한 공식은 pTq이다. 만일 p와 q가 하나 이상의 명제로 구성되어 있을 때에는, (p_1 …, p_mTq_1 …, q_n)과 같은 복잡한 공식으로 표현된다.8)

---

6) a.a.O., 271면.

7) *Aleksander Peczenick*, Grundlagen der juristischen Argumentation, 1983, 5면; *Aarnio/Alexy/Peczenick*, The Foundation of Legal Justification, in: Rechtstheorie 12 (1981), 137면.

8) '변환'이라는 개념은 혼란을 유발할 여지가 있다. 왜냐하면 p가 q로 '바뀌는 것'이 아니라, p를 q의 근거로 제시할 뿐이기 때문이다. 펙체닉 자신도 변환이 정확한 용어가 아니라는 점을 알고 있지만, 더 설득력 있는 다른 대안이 없기 때문에 이 용어를 그대로 사용한다고 한다. *Peczenick*, 1983, 6면, 각주 4.

변환은 변환의 순간에 자의적으로 이루어지는 것이 아니라, (이미 있는 또는 새롭게 구성한) 규칙에 근거하여 이루어진다. 변환규칙은 실질적인 추론규칙이다. 이 실질적 추론규칙은 툴민의 추론규칙과 유사하다. 변환규칙이 실질적 성격을 갖는다는 점은 분석적 규칙은 추론규칙으로 고려할 수 없다는 사실을 뜻한다.[9] 어떤 분석적 추론규칙에 의거하여 p로부터 반드시 q가 추론된다면, 이 경우에는 변환이 아니다. 이에 반해 분석적이지 않은(즉, 실질적인) 추론규칙을 추가하여 하나의 변환(즉, 비연역적 단계)을 연역적 추론으로 바꿀 수 있는 경우에는 이 추론은 분석적이지 않으며, 따라서 당연히 변환에 속한다. 이러한 재구성은 언제든지 가능하다. 즉, p에서 q로 전환하는 과정은 소전제 p → q를 추가하여

$$\frac{p \quad p \rightarrow q}{q}$$

라는 완벽한 연역추론으로 재구성할 수 있다.

변환에서는 비연역적 추론이 지배한다는 사실은 법적 결론에 대한 정당화가 본질적으로 (논리적으로 볼 때) 필연적 성격을 갖지 않는 논증에 기초해야 한다는 것을 뜻한다. 물론 그렇다고 해서 충분한 근거를 제시한다는 의미에서 하나의 법적 결론을 정당화[10]하는 것이 불가능하다는 뜻은 아니다. 하나의 근거설정이 충

9) a.a.O., 8면.

10) a.a.O., 1면; 전제로부터 결론으로 전환하는 것이 정당성을 갖기 위한 전제에 관련된 자세한 내용은 *Peczenick*, Raette och foernuftet, 1986. 참고.

분한지 아닌지는 정당화가 충족해야 할 요건에 달려 있다. 이러한 관점에서 펙체닉은 법컨텍스트 내에서 충분한 정당화와 심층적인 정당화를 구별한다.[11] 법컨텍스트 내에서 충분한 정당화는 기존의 법적 전통, 즉 법이데올로기에 기초하며, 이 법이데올로기는 다시 심층적 정당화를 필요로 한다.[12] 이러한 정당화의 단계적 구조는 툴민이 발전시킨 도식을 이용하여 다음과 같이 표현할 수 있다.

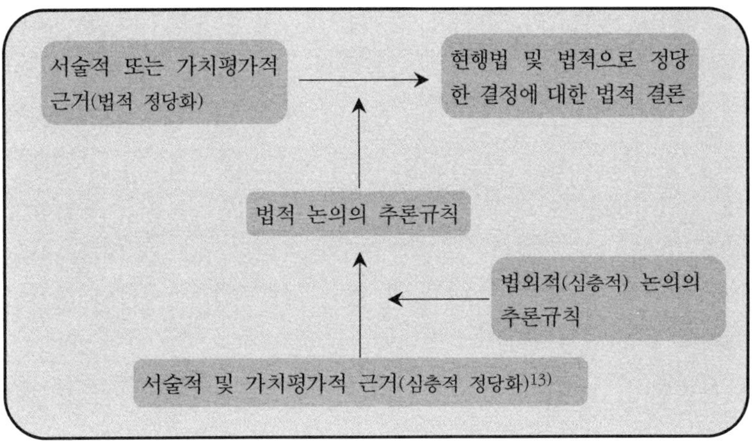

1. 법컨텍스트 내에서 이루어지는 충분한 정당화

법적 정당화의 범위 내에서 사용되는 (비연역적) 추론은 법 영역 내에서의 '도약'[14]이나 사회적 사건의 세계에서 법의 세계로 도약하는 과정을 밝혀줄 수 있다. 그 때문에 펙체닉은 알렉

11) *Peczenick*, 1983, 1면.

12) a.a.O.

13) a.a.O., 2면.

14) 이 은유적 표현에 대해서는 *Peczenick*, 1983, 6면, 각주 4 참고.

시가 구사하는 용어에 따라,[15] 법으로의 변환과 법 내에서의 변환을 구별한다.

(1) 법으로의 변환

'법으로의 변환'이라는 개념은 사회적 사실이나 법외적인 당위가 법적 당위로 바뀌는 과정에 관련된 것이다.[16] 즉, 특정한 사회적 사건(예컨대 의회의 표결)은 현행법과 법적 구속력을 구성하는 행위로 해석된다. 그러나 법으로서의 성질이나 법적 구속력이 사회적 사실로부터 연역적으로 도출되는 것은 아니기 때문에, 이 근거설정 과정은 앞에서 말한 변환에 해당한다. 법현실주의적 입장을 지지하는 사람들과 같이 '법적 당위'라는 개념을 부정하거나 이를 메타언어로 사용하는 사람도 이러한 변환을 수행하지 않을 수 없다. 왜냐하면 법현실주의자도 법률이나 선결례와 같은 법원(法源 Rechtsquelle)을 확인해야 하기 때문이다. 그렇다면 법현실주의자가 법적 당위라는 '개념범주로 전환하는 것'을 부정할 수 있을지언정, 현행법이 무엇인가에 대한 '기준의 변환'까지 부정할 수는 없다. 만일 그렇지 않다면 도대체 무엇이 현행법인지조차 모르는 법률가가 되고 말 것이며, 그러한 법률가의 삶은 상상조차 할 수 없다.[17] 어떠한 규칙에 따라 법으로의 전환이 이루어져야 하는가 라는 물음은 결국 자연법론, 법실증주의 그리고 법현실주의 사이에서 이루어져야 할 논쟁의 대상이지, 법적 논증이론의 영역에서 수행될 논쟁 대상이 아니다. 펙체닉 자신은 도덕적, 현실적, 규범논리적 기준을 모두 결합시키는 복합적 이론을 구상하고 있으며, 특정한 학파에 속하지 않는 독특한 입장을

15) *Aarnio/Alexy/Peczenick*, 1981, 142면, 각주 22.

16) a.a.O., 142면.

17) a.a.O., 142, 149면; *Peczenick*, 1983, 23면 참고.

견지하고 있다.

(2) 법 내에서 이루어지는 변환

법으로의 변환이 규범체계 전체, 즉 헌법과 여타의 법원이 갖는 법적 성질과 법적 구속력에 기초하는 반면, 법 내에서 이루어지는 변환은 하위의 법원과 법적 당위판단에 타당성을 부여하는 문제에 해당한다.[18] 펙체닉은 특정한 법원(예컨대 선결례)의 법원으로서의 성격을 다른 법원(예컨대 헌법)으로부터 정당화하는 경우(법원의 변환), 불문의 법규칙이나 법원칙을 하나의 법원으로부터 도출하는 경우(일반규범 변환) 그리고 구체적 당위판단을 여타의 법원과 불문의 법규칙 또는 법원칙으로 정당화하는 경우(개별규범 변환)로 구별한다. 물론 이러한 분류가 완벽하지 않다는 점은 펙체닉도 의식하고 있다. 법적 변환의 가장 단순한 모델은 pT_1qT_2r의 구조를 갖는다. 이 구조는 다음과 같은 의미이다.

p = 사실과 비법적인 가치평가

T_1 = 법으로의 변환(이는 다시 다음 두 가지 측면을 갖고 있다 : T_1^1 = 범주의 변환, T_1^2 = 기준의 변환)

q = 규범체계 전체, 이 규범체계의 헌법 및 여타의 독립된 법원의 법적 효력(법적 성격)

T_2 = 법 내에서 이루어지는 변환. 즉, T_2^1 (법원의 변환), T_2^2(일반규범 변환) 또는 T_2^3(개별규범 변환)

r = 여타의 법원, 불문의 법규칙, 법원칙 및 기타 법적 당위를 표현하는 구체적 주장의 법적 효력[19]

18) *Peczenick*, 1983, 55면.

19) a.a.O., 56면.

1) 법원의 변환 　모든 법적 근거는 넓은 의미의 법원이 된다.[20] 법적 근거는 실질적 근거이거나 권위적 근거이다. 실질적 근거는 다시 목적근거와 정당성근거로 구별할 수 있다. 권위적 근거는 그 내용이 아니라, 다른 근거 때문에 힘을 발휘한다는 특징을 갖는다.

'법원의 변환'이라는 개념은 1차적 법원에서 2차적 법원으로 넘어가는 것을 지칭한다. 1차적 법원과 2차적 법원의 구별은 하나의 법원을 확인하기 위해 다른 법원을 원용해야 하는지 여부에 달려 있다. 만일 하나의 규범적 언명을 법원으로 확인하기 위해 다른 법원을 끌어들여야 한다면, 이를 통해 법원이 되는 규범은 2차적 법원이다. 1차적 법원은 한 국가의 헌법이다.[21] 이에 반해 대부분의 법률과 선결례는 2차적 법원이다.[22] 2차적 법원의 법적 효력에 대한 언명이 1차적 법원으로부터 연역논리적으로 도출될 수 없기 때문에, 1차적 법원으로부터 2차적 법원을 추론하는 것은 변환을 뜻한다.

법원을 1차적 법원과 2차적 법원으로 구별하는 것은 법원의 구속력의 정도에 따른 구별과 일치한다. 구속력의 정도라는 관점에서는 일정한 법원을 반드시 원용해야 하는지, 원용해야 마땅한지 또는 원용해도 좋은지를 확인해야 한다. 반드시 원용해야 하는 법원은 법률과 — 영미법의 영역에서는 — 선결례이다. 펙체닉의 고향인 스웨덴의 경우 선결례, 입법자료 및 일정한 사례에서는 관습이 원용해야 마땅한 법원이라고 한다.[23] 법학문헌이나 외국의 입법례는 원용해도 좋은 법원에 속한다.

---

20) a.a.O., 59면.

21) *Aarnio/Alexy/Peczenick*, 1981, 150면.

22) a.a.O., 151면.

23) *Peczenick*, 1983, 61면.

2) 일반규범 변환 　법원의 변환이 법원의 확인을 위한 것인 반면, 일반규범 변환은 법원의 내용을 구체화한다. 법률의 '해석'은 법률로부터 연역하는 것만으로 끝나지 않기 때문에, 해석은 앞에서 설명한 의미의 변환을 거쳐야 한다.

3) 개별규범 변환 　다음과 같은 경우에는 하나의 추론이 개별규범 변환이 된다.

- 하나의 추론이 구체적인 법적 당위를 도출할 때
- 추론의 전제가 일반적인 법규범을 포함하고 있고, 이 법규범이 법원이거나 법원으로부터 연역적 또는 일반규범 변환을 거쳐 도출될 때
- 구체적인 법적 판단을 일반적 법규범과 사안에 대한 서술로부터 연역하는 것이 불가능할 때[24)]

2. 심층적 정당화

법컨텍스트 내에서 이루어지는 충분한 정당화는 법학에서 인정되는, 법적 논증의 규칙에 의존한다. 현실적으로 법적 논의를 하거나 법적 근거를 제시할 때, 이러한 규칙 자체를 문제삼지는 않는다. 따라서 그러한 법적 정당화 자체가 어떻게 정당화될 수 있는지를 묻게 되면, 이 물음은 통상의 정당화보다 한 단계 더 높은 차원으로 옮겨 가는 것이 아니라, 완전히 다른 차원에서 다루어야 할 근원적인 물음이 된다. 즉, 심층적 정당화의 문제는 규범의 정당화와 관련하여 고려해야 할 측면들을 확장하거나 이를 다른 측면에서 파악하는 것이 아니라, 그러한 측면들 자체를 완전히 포기한다. 따라서 심층적 정당화에서는 법적 논증 '자체'

24) a.a.O., 80면.

가 절대적으로 정당화될 수 있는가, 다시 말해 과연 법적 논증 그 자체가 정당한 것인가를 묻게 된다.

이 물음은 극히 보편적 성격을 갖기 때문에, 이에 대한 대답을 관할하는 '심급'은 이성의 법정이어야 한다. 이 이성의 법정 앞에서 법학은 학문분과로서의 과학성, 법적 논증의 합리성, 법적 지식의 이데올로기적 토대에 대해 심문을 받지 않을 수 없다.

(1) 법학의 과학성

펙체닉에 의하면 법도그마틱은 과학의 전형적인 조건들을 여러 측면에서 충족하고 있다. 즉, 법도그마틱은 상호주관적이며, 일반화를 행하고, 복잡한 이론보다는 단순한 이론을 선호한다.[25] 또한 경험과학에서 중요한 의미가 있는 이론과 데이터의 구별이 법학에서도 중요하다. 끝으로 라카토스(Lakatos)나 스니드(Sneed)의 과학이론적 모델은 법학에도 적용할 수 있다고 한다.[26]

다른 한편 법학은 자연과학과는 달리 진리성을 판단할 수 있는 명제만을 대상으로 삼을 수는 없다. 즉, 법학의 '이론들'이 대상영역과 관계를 맺는 방식은 자연과학 이론의 그것과 다르다. "만일 어떤 자연과학적 서술이 세계에 상응하지 않는다면, 그 서술이 거짓이고 세계는 변화하지 않는다. 이에 반해 하나의 법적 서술이 설령 법원에 부합하지 않더라도 법을 변경시킬 가능성이 얼마든지 존재한다."[27]

펙체닉에 따르면 자연과학과 법도그마틱의 이러한 차이점은 가치평가가 법도그마틱에서 차지하고 있는 특수한 역할 때문이라고 본다. 법학에서 가치평가가 갖는 의미는 또한 자연과학적 귀

25) a.a.O., 136면.

26) a.a.O., 148면 이하.

27) a.a.O., 142면; 이 관점에 대해서는 *Klaus Adomeit*, Rechtstheorie für Studenten, 1981, 14면 참고.

납추론과 법학적 귀납추론의 근원적인 차이점의 근거이기도 하다. 즉, 자연과학에서는 귀납추론의 결론이 일정한 법칙성이 존재한다는 추측의 표현인 반면, 법적 귀납추론의 결론은 추측이 아니라, 하나의 규범을 표현한다. 더욱이 그러한 규범을 정당화하기 위해 원용하는 토대 역시 규범적 성격을 갖는다. 그렇기 때문에 법도그마틱의 영역에서 귀납추론은 예컨대 형식적 정의의 원칙을 통해 근거짓게 된다.[28)]

따라서 법도그마틱은 서술적 요소와 규범적 요소를 모두 갖추고 있다. 즉, 법도그마틱은 "법원에 대한 서술적 이론과 규범적 도덕원칙의 복합체"이다.[29)] 법도그마틱의 이러한 이중적 성격은 법컨텍스트 내에서의 충분한 정당화와 관련하여 왜 비연역적 단계가 중요한 역할을 하는지를 설명해 준다. 바로 그렇기 때문에 '도약'의 과정이 없이는 두 가지 서로 다른 종류의 '이론'을 조합하는 것이 불가능하다.[30)]

(2) 법적 논증의 합리성

합리성을 주장하고자 하는 모든 논증은 제기한 주장이 일반성과 보증(Stützung)의 요청[31)]을 충족해야 한다. 일반성의 요청은 논증에서 등장하는 서술과 가치평가가 일반적으로 표현되어야 한다는 것을 뜻한다. 도덕적 평가나 규범과 관련된 일반성 요청은 곧 보편화가능성원칙이다. 보증의 요청은 서술과 가치평가에 대해 충분한 근거를 제시해야 한다는 것을 말한다. "p는 q를 보증한다"는 표현과 "p는 q의 충분한 근거이다"는 표현은 같은 의미

28) *Peczenick*, 1983, 145면.

29) a.a.O., 166면.

30) a.a.O., 166면.

31) 펙체닉은 '보증'이 아니라 '지지(Unterstützung)'라고 표현한다.

이다. p가 q를 보증한다면, p는 q를 정당화하는 한 부분이 된다.[32] 그러나 일반성과 보증을 동시에 극대화할 수는 없다. 따라서 최적의 합리성은 일반성과 보증이 적절한 관계에 도달하도록 만드는 것이다.

법적 정당화는 모든 합리적 논증에 대해 제기되는 이러한 두 가지 요청을 충족할 수 있다. 법률의 일반성과 정의원칙은 법도그마틱 명제의 일반성을 상당 부분 보장한다. 또한 법원 및 도덕규범과 원칙을 통해 법적 논증에 대한 보증이 이루어진다. 물론 이러한 최소한의 합리성조건을 충족하는 법적 논증은 그 범위가 극도로 넓다. 다시 말해 개개의 합리성기준들이 적절한 균형을 유지하도록 하는 가능성은 무수히 많다.[33] 따라서 그와 같은 적절성을 목표로 삼는 법률가는 필연적으로 실천적 정당성이라는 이념을 지향하게 된다. 실천적 정당성의 이념은 하나의 규범 또는 가치평가의 '근거'에 대한 물음을 제기할 수 있는 조건이다. 그렇기 때문에 펙체닉은 실천적 정당성을 인정하지 않는 극단적으로 주관적인 가치(평가)이론을 거부한다.[34]

(3) 법이데올로기

그러나 실천이성의 규칙들은 — 그 형식적 성격 때문에 — 법적 논증의 심층적 정당화를 수행할 만한 충분한 역량을 갖추고 있지 못하다. 심층적 정당화는 "우리의 문화적 세계에서 자명한 것으로 받아들여지는 여러 가지 확신이나 의무들까지도 함께 고

---

32) *Peczenick*, 1983, 170면 이하; "보증"이라는 개념에 대한 상세한 서술은 *ders.*, Raetten och foernuftet, 1986, 참고.

33) *Peczenick*, 1983, 182면.

34) a.a.O., 185면; 객관적 가치이론에 대한 펙체닉의 비판에 대해서는 a.a.O., 157면 이하 참고.

려할 때" 비로소 가능하다.[35)]

법적 논증에 대한 합리적(심층적) 정당화의 가능성은 합리적 또는 비합리적 근거설정의 기준을 결정하는 기본체계가 무엇인가에 따라 상대적이다. 이 상대성은 법적 논증에만 국한된 특수한 측면이 아니다. 합리적 논의나 합리적 합의는 언제나 행위, 견해, 개념 등의 공통된 체계를 배경으로 할 때에만 가능하다.[36)] 완전히 다른 체계를 주장하는 사람들끼리는 서로를 확신시킬 수 없으며, 기껏해야 설득을 시킬 수 있을 뿐이다. 이 측면에서 펙체닉은 '삶의 형식(Lebensform)'이라는 비트겐슈타인의 개념을 원용한다. 즉, "두 사람이 갖고 있는 기본체계가 인과적 의존성과 기본적인 유사성을 갖는 관계에 있기 때문에, 이들의 삶에서 등장하는 대부분의 중요한 테마에 대해 합리적인 방식으로 논의하는 것이 가능하다면 이 두 사람은 동일한 삶의 형식에 속해 있다."[37)]

법이데올로기 역시 한 사회의 문화적 전통의 특정한 부분으로서 삶의 형식에 속한다.[38)] 법이데올로기는 법의 영역에서 기초체계를 형성하며, 이를 전제하는 것에 대해 사회적으로 더 이상 의문을 제기할 수 없다.[39)] 펙체닉은 — 여기서 그는 드워킨(Dworkin)을 원용한다 — 법이데올로기를 법원칙으로 파악하여, 비록 법원칙으로부터 일반적으로 인정되는 법원을 이끌어낼 수는 없다 할지라도 법적용자는 여기에 구속된다고 한다.[40)] 하나의 법원칙의 근원은 "일정한 입법자나 법원의 특별한 결정이 아니라, … 적절

---

35) a.a.O., 179면.
36) a.a.O., 201, 207면 이하.
37) a.a.O., 208면.
38) a.a.O., 213면.
39) a.a.O., 211면.
40) a.a.O., 215면.

하다는 느낌이며, 그러한 느낌은 일정한 직업집단 전체 또는 일반대중 속에서 시간의 흐름과 함께 형성된다."[41]

한 사회의 법이데올로기는 사회적 현실이다. 물론 '법이데올로기'라는 단어는 극히 복합적인 사회현상을 일정한 모델로 축소하여 표현한 것이다. 따라서 법이데올로기는 "서술적이고 규범적인 확신(과 주장)들의 일관되고 정합적인 체계가 아니라, 수많은 확신(과 주장)들이 끝없이 변화를 거듭하며 축적된 산물이다. 그리고 이 수많은 확신들이 동시에 여러 가지 체계에 귀속될 수 있고, 그러한 체계마저도 비록 하나의 단위로서는 내재적 정합성을 가질지 모르지만, 다수의 체계들 사이에서는 정합성을 갖지 못하는 경우가 대부분이다."[42]

법적 논증은 다른 종류의 논증과 유사성을 띤다는 것이 펙체닉의 잠정적인 결론이다. 이는 특히 법적 정당화가 순환구조(또는 나선형 구조)를 갖는다는 측면에서 그러하다. 왜냐하면 모든 종류의 논증은 단지 하나의 '경험적 나선형' 속에서만 정당화될 수 있기 때문이다.[43] 다만 법적 논증의 선험적 구조에 비추어 특수성이 존재한다. 즉, (예컨대 자연과학의) 이론적 논증은 상응이론이 의미하는 진리를 전제하고, 도덕적 논증은 실천적 정당성을 전제하는 반면, 법적 논증은 '존재론적으로 볼 때, 진리와 실천적 논증을 뒤섞어 놓은 기이한' 전제를 필요로 한다.[44] 그러나 실천적 관점에서 보면, 그 선험적 전제에 따른 차이점보다는 유사성이 훨씬 더 중요하다.[45] 따라서 법의 영역에서 논증의 심층적 정당

41) *Ronald Dworkin*, Taking Rights Seriously, 1977, 40면; 펙체닉 역시 이러한 입장에 동의하면서 드워킨을 인용한다. *Ders.*, 1983, 216면.

42) *Peczenick*, 1983, 220면.

43) a.a.O., 225면.

44) a.a.O.

화는 인간의 경험을 대상으로 하는 다른 영역에서와 마찬가지로 충분히 가능하다.

우리의 삶의 형식에서는 여러 가지 이데올로기(도덕이론)를 정당화할 수 있다.[46] 그 때문에 각 개인은 특정한 이데올로기를 선택하는 결정을 내려야 한다. 펙체닉 자신은 개인적 가치뿐만 아니라, 초개인적 가치도 함께 고려하는 복합적 이데올로기를 신봉한다.[47] 개인적 가치 가운데서는 정의가 특별한 의미를 갖는다. 정의와 관련하여 펙체닉은 구체적으로 다음과 같은 원칙들을 언급한다.

(M1) 본질적인 측면에서 같은 사람은 같게 취급해야 한다.

(M2) 본질적인 측면에서 약한 사람은 보호되어야 한다.

(M3) 권리는 보호되어야 한다.

초개인적 가치도 고려해야 한다는 요청은 "법과 법적 논증이 문화적 가치를 증진한다면 그렇지 못한 경우보다 더 좋은 법과 법적 논증이다"라는 가치판단으로 요약된다.[48] 펙체닉은 '문화적 진보'라는 개념이 — 비록 지적, 도덕적, 미적 역량의 신장과 같은 구체적인 요소들을 언급하고 있음에도 불구하고 — 불명확하다는 점을 인정하고 있다. 하지만 알렉시와 마찬가지로 문화적 진보에 관한 내용적 이론을 발전시킬 수 있다는 낙관적인 입장을 피력한다.

45) a.a.O.

46) a.a.O., 279면.

47) a.a.O., 230면 이하.

48) a.a.O., 239면.

Ⅲ. 아르니오의 이론

1. 언명의 진리성과 근거설정 가능성

법도그마틱의 언명을 어떠한 방식으로 어느 정도까지 근거지을 수 있는가 하는 물음은 그 진리성 여부에 대한 물음과 밀접한 관련이 있다. 참 또는 거짓이 될 수 있는 주장은 그 진리성을 입증함으로써 강한 의미의 근거설정이 이루어진다. 만일 법도그마틱의 언명에 대해서도 '참 또는 거짓'이라는 진리치를 인정할 용의가 있다면, 결국 법도그마틱 언명에 대해 종국적 정당화를 하는 셈이다. 그리하여 진리인 법도그마틱적 주장의 정당성을 의심하는 것은 무언가 잘못된 인식의 결과로 평가될 뿐, 그러한 의문이 제기되더라도 주장의 정당성 자체에는 변함이 없다고 보게 된다. 이에 반해 법도그마틱적 언명에 대해 진리치를 인정할 용의가 없는 경우에는, 법도그마틱적 언명의 타당성이라는 말이 어떠한 의미인지를 묻지 않을 수 없다. 법도그마틱적 언명의 진리성 여부에 대한 물음을 법적 근거설정에 대한 논의의 출발점으로 삼는 아르니오[49]는 이 물음에 대한 대답을 자세히 구별할 필요가 있다고 한다. 아르니오에 따르면 법도그마틱의 과제는 법질서의 내용을 해명하고, 법적 개념과 규범들을 체계화하는 일이다.[50] 법도그마틱이 법질서의 내용을 해명하는 문제에 관련되는 한, 법도그마틱은 "법질서 x에서 효력을 갖는 이 법은 규범 y를 포함하고

---

49) *Aulis Aarnio*, Argumentation Theory - and Beyond. Some Remarks on the Rationality of Legal Justification, in: Rechtstheorie 14 (1983), 385면 이하; *Aarnio/Alexy/Peczenick*, 1981, 423면 이하.

50) *Aarnio/Alexy/Peczenick*, 1981, 424면.

있다"라는 구조를 가진 규범적 주장을 표명한다.[51] 진리성 여부의 문제와 관련해서는 세 가지 유형의 규범적 주장을 구별해야 한다고 한다. 우선 규범적 주장은 특정한 법률문언이 존재한다는 주장에 국한될 수 있다. 이러한 규범적 주장은 "법률텍스트는 명제 p를 포함하고 있다"는 구조를 갖기 때문에, 참 또는 거짓일 수 있다. 이와는 달리 규범적 주장이 법률텍스트에 일정한 내용을 귀속시키는 것일 수 있다. 이러한 규범적 주장은 "법률텍스트에 포함되어 있는 명제 p는 I라는 내용을 갖는다"라는 구조를 띠며, 그 진리성 여부는 법률텍스트의 의미내용이 모호한지 여부에 달려 있다. 만일 법률텍스트에 귀속시킨 내용이 실제로 법률텍스트에 포함되어 있다면 그 규범적 주장은 진리이다. 이에 반해 법률텍스트가 모호하면(즉, 다의적이거나, 여러 가지 평가가 가능하거나, 불완전하다면), 규범적 주장은 앞의 경우처럼 그 진리성을 판단하기 어렵다. 진리성을 판단할 수 있는 주장을 명제(Proposition)라고 부른다면 규범명제(Normproposition)와 규범적 입장(Normeinstellung)은 구별되어야 한다. 이러한 분류를 인정한다면, 법도그마틱적 주장의 진리성의 문제는 과연 규범적 입장이 진리성 판단의 대상인지 그리고 만일 그러한 대상이 된다면 어떠한 의미에서 그러한지 라는 물음에 집중될 수밖에 없다.

어떤 규범적 주장이 법률의 명백한 내용에 관련되지 않는 경우에도 그 진리성을 판단할 수 있다는 가정은 법현실주의의 토대 위에서 그 근거를 제시할 수 있는 것처럼 보인다. 즉, 규범적 주장을 일정한 사회적 사안(법관이 앞으로 내리게 될 판결, 특정 집단의 법적 확신, 법률가들의 지배적인 견해 등)에 대한 언명으로 이해하면, 규범적 주장에 대해서도 사회적 사실에 대한 여타의 서

---

51) a.a.O., 425면.

술과 마찬가지로 진리성 판단이 가능하다. 그러나 법규범을 사안에 대한 서술이나 예측으로 축소시키는 것은 — 아르니오가 여러 가지 형태의 법현실주의를 논박하면서 보여주고 있듯이[52] — 인정할 수 없다.[53] 이 점은 규범의 타당성에 대한 주장을 "그 규범이 법공동체에서 합법적인 것으로 승인된다"는 주장과 동일하다고 보는 니닐루오또(Niiniluoto)의 이론[54]에 대해서도 마찬가지로 적용된다. 니닐루오또의 이 견해는 아직 법공동체의 승인 여부를 확인할 수 없는, 제정된 지 얼마 안 된 법률의 효력을 설명할 수 없을 뿐만 아니라, 하나의 법공동체 내에서 규범에 대한 통일적인 해석이나 다수의 해석이 존재하지 않는 경우도 설명할 수 없다.[55]

법현실주의를 취하지 않으면서도 규범적 주장의 진리성을 근거지을 수 있는 가능성을 아르니오는 부정한다. 어떤 규범적 주장이 역사적 입법자의 의도와 일치한다거나 가상적인 의사에 합치한다는 사실을 규범적 주장이 진리가 되기 위한 기준으로 원용할 수는 없다. 따라서 규범적 입장의 영역에서는 규범적 주장과 규범적 사안이 일치한다는 의미의 진리에 도달할 수 없다. 규범적 입장이 진리라고 말하는 것은 이보다 훨씬 더 약한 의미에서나 가능하며, 이때에는 진리의 정합이론(Kohärenztheorie der Wahrheit)을 취해야 한다. 즉, "하나의 규범적 입장과 이를 보증하기 위해 제시되는 해석자료 사이에 정합성이 존재한다면," 그 규범적 주장은 (정합성이 있다는 의미에서) 진리라고 부를 수 있을

---

52) a.a.O., 430면 이하.

53) 이에 관해서는 *Aarnio*, Denkweisen der Rechtswissenschaft, 1979, 214면 이하 참고.

54) *Ilkka Niiniluto*, On the Truth of Norm Propositions, in: Rechtstheorie, Beiheft 3 (1981), 171, 180면.

55) *Aarnio/Alexy/Peczenick*, 1981, 432면 이하.

뿐이다.[56] 따라서 규범적 입장의 진리성은 이를 위해 제시되는 근거에 좌우된다.

2. 법공동체의 합의

이러한 종류의 '진리'는 상대성을 갖는다는 약점이 있기 때문에 '해석자료'(법원) Si와 정합성을 갖는 규범적 입장 I_1 또는 해석자료 S_j에 근거하고 그 내용이 I_1에 상반되는 I_2 가운데 어느 하나를 선택하는 결정을 정당화할 수 있는지 아니면 규범적 입장의 타당성은 상대적이기 때문에 결국 자의적인 결정이 불가피한지를 묻지 않을 수 없다. 이 물음에 대한 아르니오의 대답은 이렇다. I_1과 I_2의 우선순위를 순수한 규범적 고려에 근거하여 정당화할 수는 없다. 이를 위해서는 사회적 사실, 즉 법공동체의 합의를 고려해야 한다. 법공동체의 합의에 따라 (넓은 의미의) 법원[57]을 어떤 식으로 결합해야만 해석의 토대로 인정될 수 있는지가 결정된다. 예를 들어 프랑스에서 주석학파가 법실무를 지배할 때에는 전적으로 법률텍스트 (및 여기에 속하는 자료들)만이 법원으로 인정된 반면, 자유법학파는 법원으로 고려될 수 있는 내용의 리스트를 전혀 제한하지 않았다.

하지만 법공동체의 합의를 중시한다고 해서 이를 통해 규범적 입장의 진리성을 판단하는 기준이 생겼다고 이해해서는 안 된다. 이 점에서 아르니오는 진리의 합의이론을 명백히 거부한다.[58] 그렇지만 아르니오가 말하는 법공동체의 합의는 사실상의 승인이 아니라, 어떤 해석을 승인할 가능성을 뜻한다. 다시 말해

56) a.a.O., 436면.

57) 이 점에 대해서는 앞의 20면의 서술 참고.

58) *Aarnio/Alexy/Peczenick*, 1981, 439면.

특정한 해석에 대한 승인이 합리적 논의의 결과일 것을 요구한다.[59] 이러한 요구는 조작에 의해 성립된 우연적인 합의가 아니라, 합리적인 합의가 특정한 해석을 선호하는 근거가 될 수 있도록 보장한다.

물론 그러한 합의는 일정한 전제조건 하에서만 가능하다. a와 b 두 사람이 해석 I_1과 I_2 사이의 우선순위에 대해 논의를 한다면, 합리적인 합의는 다음과 같은 경우에만 가능하다.

(i) a와 b가 동일한 상호주관적 의미내용을 인정한다는 의미에서 공통의 언어를 사용할 것.
(ii) a와 b는 세계에 대해 공통의 경험적 관점을 갖고 있을 것.
(iii) a와 b는 충분한 양의 가치를 공유할 것.[60]

이 밖에도 합의가 합리적인 논의를 거쳐 도달되어야 한다는 요청(iv)이 추가된다. 위에서 언급한 세 가지 전제조건 가운데 첫 번째 조건이 핵심적인 위치를 차지한다. 물론 가치평가가 합리적인 논의의 대상에서 완전히 배제되지는 않는다. 즉, 가치평가도 일정한 한계 내에서 논증에 유용한 역할을 한다. 하지만 어디까지나 일정한 한계 내에서만 그렇다. 또한 합리적 논증은 삶의 형식이라는 한계를 벗어날 수 없다. 논증을 할 때, 하나의 삶의 형식에서 이와는 완전히 다른 삶의 형식으로 넘어가는 일은 설득을 통해서만 가능하다.[61]

---

59) a.a.O.

60) a.a.O., 440면; *Aarnio*, 1979, 157면 이하.

61) *Aarnio/Alexy/Peczenick*, 1981, 442면; 이에 대한 비판은 *Alexy*, Aarnio, Perelman und Wittgenstein. Einige Bemerkungen zu Aulis Aarnios Begriff der Rationaliät der juristischen Argumentation, in: Peczenick/

이러한 사정을 설명하기 위해 아르니오는 비트겐슈타인의 '삶의 형식'이라는 개념뿐만 아니라, 법철학문헌에서 자주 등장하는 '청중'이라는 개념도 사용한다. 아르니오는 전제조건 (i), (iv)가 적용되는 사람들의 집단을 청중이라고 부른다. 하나의 합리적 논증은 오로지 하나의 청중 내에서만 가능하며, 이에 반해 다수의 상이한 청중들 사이의 논의는 결코 합리적일 수 없다.[62] 그러나 개개의 삶의 형식들 및 개개의 청중들 사이의 경계가 고정불변인 것은 아니다. 상이한 삶의 형식이나 상이한 청중들 사이에는 — 아르니오는 이 점에서 다시 비트겐슈타인을 원용한다 — 가족유사성(Familienähnlichkeit)이 있으며, 따라서 하나의 삶의 형식에 참여한다고 해서 다른 삶의 형식이 완전히 배제되는 것은 아니다.[63] 그렇지만 논의참여자들이 최소한 논의의 대상이 되는 문제가 속하고 있는 '단편적인' 삶의 형식이라도 공유할 때에만 합리적 합의가 가능하다는 입장을 견지한다.[64]

Uusitalo(Hrsg.), Reasoning on Legal Reasoning, 1979, 121, 137면 참고.

62) *Aarnio/Alexy/Peczenick*, 1981, 443면.

63) a.a.O., 444면.

64) a.a.O.

제6장 판결이유에 대한 분석

Ⅰ. 특정한 유형의 논거들의 역할에 대한 연구

대다수의 논증이론적 구상들은 법실무의 텍스트(즉, 판결)들을 단순히 예시의 목적으로 원용하거나 선별적으로 다루는 것이 일반적이다. 이와는 달리 아직은 초기단계에 불과하지만 법실무에서 행해지는 논증 자체를 체계적으로 분석하려는 시도가 행해지고 있다. 이러한 시도들은 대부분 상급법원이나 연방헌법재판소의 판결에서 특정한 유형의 논거들이 갖는 의미를 밝히려는 것이다. 예를 들어 연방헌법재판소의 판결에 나타난 사실주장에 대한 연구[1]나 연방재판소 판결에 나타난 사실주장에 대한 연구[2]가 있고, 하급심 판결의 사실주장에 관한 연구[3]도 있다. 쇼이얼레

---

1) *Klaus Jürgen Philippi*, Tatsachenfeststellungen des Bundesverfassungsgerichts, 1971.

2) *Fritz Jost*, Soziologische Feststellungen in der Rechtsprechung des Bundesgerichtshofs in Zivilsachen, 1979; *ders.*, Tatsachenbehauptungen als Elemente juristischer Argumentation, in: Zeitgenössische Rechtskonzeptionen, ARSP Suppl. I, 3, 1983, 163, 172면.

3) *Jürgen Bürkle*, Richterliche Alltagstheorien im Bereich des Zivilrechts, 1984.

(Scheuerle)는 법적 논증이론이 비약적으로 발전하기 훨씬 이전에 이미 다수의 연구를 통해 법적인 논의에서 특정한 논거유형들이 어떤 식으로 사용되는지를 분석, 비판한 바 있다.[4] 법적 논증의 특수성을 이해하기 위해서는 특히 '권위적 논거'의 의미에 대한 분석[5]과 결과논거의 기능에 대한 분석[6]이 중요한 의미를 갖는다. 법적 논증은 상당히 권위에 지향되어 있다. 이는 법적 논증이 법률의 권위에 구속될 뿐만 아니라, 선결례와 '지배설(통설)' 역시 사실상 구속적 의미를 갖는다는 점에 비추어 보면 충분히 이해할 수 있다. 또한 '결과주의적(konse quentialistisch)'인, 다시 말해 결정으로 인해 발생할 것으로 기대되는 결과를 고려하여 논증을 하는 경향이 갈수록 강화되고 있는 추세이다. 이처럼 한편에서는 권위를 지향하면서도, 다른 한편에서는 결정의 결과를 고려하는

---

4) *Wilhelm Scheuerle*, Zum Wesen des Wesens. Studien über das sogenannte Wesensargument im juristischen Begründen, in: AcP 163 (1964), 429, 471면, *ders.*, Die Logik der Logik. Studien über logische Argumente und Methodenehrlichkeit im juristischen Begründen, in: ZZP 78 (1965), 32, 76면; *ders.*, Formalismusargumente. Studien über die juristischen Argumente; formal, formell, formalistisch, formallogisch, formaljuristisch, in: AcP 172 (1972), 396, 451면.

5) *Norbert Horn*, Rationalität und Autorität in der juristischen Argumentation, in: Rechtstheorie 6 (1975), 145, 160면; *Rita Zimmermann*, Die Relevanz einer herrschenden Meinung für die Anwendung, Fortbildung und Erforschung des Rechts, 1983.

6) *Winfried Hassemer*, Über die Berücksichtigung von Folgen bei der Auslegung der Strafgesetze, in: Coing-Festschrift, 1982, 493, 524면; *Niklas Luhmann*, Rechtssystem und Rechtsdogmatik, 1974; *Gertrude Lübe-Wolff*, Rechtsfolgen und Realfolgen, 1981; *Thomas Sambuc*, Folgenerwägungen im Richterrecht. Die Berücksichtigung von Entscheidungsfolgen bei der Rechtsgewinnung, erörtert am Beispiel des §1 UWG, 1977; *Thomas Wälde*, Juristische Folgenorientierung, 1979.

이중성[7])으로 말미암아 나타나게 되는 문제는 법적 논증의 차원을 뛰어 넘는다. 즉, 이 문제는 법의 기능에 대한 이론이 다루는 물음[8])이기도 하며, 따라서 법적 논증이론이 법의 일반이론과도 밀접한 관련성이 있다는 사실을 재차 확인하게 해준다.

이 모든 연구들이 비록 법이론적 관점에서 볼 때에 아주 중요한 것이긴 하지만, 논증이론적 측면에서는 여전히 단편적인 연구에 불과하다는 한계가 있다. 즉, 이 연구들은 특정한 유형의 논거가 갖는 의미를 밝혀주긴 하지만, 법적 논증의 구조를 분석하는 데에는 별다른 기여를 하지 못한다. 이를 위해서는 상당히 많은 판결을 자료로 삼아 이를 포괄적이고 체계적으로 분석하는 것이 필요하다. 현재까지 알려진 바로는 독일 학술진흥원(DFG)의 지원하에 뮌헨대학교에서 이루어진 두 개의 프로젝트[9])만이 그러

7) 이 점에 대해서는 *Hannu Tapani*, Anti Legalism: Five Essays in the Finalistic Theory of Law, 1980; *Stig Strömholm*, Analyse und Prognose. Zwei Typen der richterlichen Entscheidungsbildung, in: Recht und Gesellschaft. Festschrift für H. Schelsky zum 65. Geburtstag, 1978, 681, 695면; *Jerzy Wroblewski*, Between Legalism and Finalism, in: Rechtstheorie 15 (1984), 109, 113면 참고.

8) 이러한 측면은 특히 *Luhmann*, Rechtssystem und Rechtsdogmatik, 1974; *ders.*, Die Funktion des Rechts; Erwartungssicherung oder Verhaltenssteuerung?, in: ders., Ausdifferenzierung des Rechts (1981), 73, 91면 참고

9) 첫 번째 프로젝트는 "비경험적 분과에서 비경험적 논거의 역할"이라는 제목으로 1971년에서 1973년에 걸쳐 진행되었다. 전체 프로젝트의 지휘는 Eike von Savigny가 맡았으며, 공동연구자는 Manfred Beetz, Günther Grewendorf, Georg Meggle, Ulfrid Neumann, Joachim Rahlf, Ulrich Schroth였다. 두 번째 프로젝트는 "최고법원의 판례변경의 논증이론적 측면"이라는 제목으로 1977년부터 1980년 사이에 수행되었다. 이 프로젝트는 Arthur Kaufmann, Ulfrid Neumann, Jochen Schneider가 담당했으며, 공동연구원은 Alfred Büllesbach, Brigitte Fiech, Willi Prinzing, Ulrich Schroth였다.

한 광범위한 분석을 시도했었다.

이와 같은 분석이 가능하기 위한 전제는 판결이유의 형식적 구조를 재구성할 수 있는 도구가 마련되어야 한다는 점이다. 현재 이러한 목적을 위해서는 기본적으로 두 가지 상이한 모델이 있다.

Ⅱ. 판결이유를 재구성하기 위한 모델들

1. 논리학적 모델

첫 번째 모델은 법적 논증을 재구성하기 위해 형식논리학, 특히 언명논리학과 술어논리학을 이용한다.[10] 이렇게 논리학적 도구를 선택하는 것은 단순히 기술적 관점 때문만은 아니다. 오히려 판결의 근거설정의 핵심영역은 보편적 대전제로부터 연역적으로 도출된다는 확신이 개입한 결과이다. 더욱이 이러한 연역적 입장에 문제가 있다는 사실[11]이 반드시 판결분석과 관련해서도 논리적 재구성은 도구로서 썩 유용하지 않다는 것을 뜻하지 않

---

10) *Alexy*, Die logische Analyse juristischer Entscheidungen, in: W. Hassemer/Arth. Kaufmann/U. Neumann(Hrsg.), Argumentation und Recht, ARSP Beiheft n.F. 14 (1980), 181, 212면; *Koch*, Das Frankfurter Projekt zur juristischen Argumentation: Zur Rehabilitation des deduktiven Begründens juristischer Entscheidungen, in: W. Hassemer/Arth. Kaufmann/U. Neumann (Hrsg.), Argumentation und Recht, ARSP Beiheft n.F. 14 (1980), 59, 86면; *ders./Rüßmann*, Juristische Begründungslehre, 1982, 48면 이하; *H. Rüßmann*, Zur Abgrenzung von Rechts- und Tatfrage, in: H. J. Koch (Hrsg.), Juristische Methodenlehre und analytische Philosophie (1976), 242, 270면.

11) 위의 29면 이하의 서술을 참고.

는다.[12] 판결이유의 재구성을 위해 어떠한 기술을 선택할 것인지는 합목적성의 문제일 뿐, 법적 논증의 '논리적' 구조 또는 '문제중심론적' 구조에 대한 믿음의 문제가 아니다.

특히 완벽한 형태의 연역적 논리계산의 방법이 이미 존재하고 있고, 또한 그 유용성이 다른 학문영역에서도 광범위하게 검증되고 있다는 사실은 논리계산을 선택할 충분한 이유가 된다. 실제로 판결이유를 언명논리나 술어논리로 재구성하는 것이 판례분석이라는 목적을 위해 아주 유용할 수 있다는 점에 대해서는 의문의 여지가 있을 수 없다. 즉, 논리계산 기호를 이용하여 논증을 서술하면 논증의 과정을 일목요연하게 파악할 수 있다. 또한 일상언어를 통한 논증을 논리계산 언어로 '번역'하기 위해서는 텍스트를 아주 정확하게 읽어야 하고, 경우에 따라서는 언어적으로 불명확한 부분을 제거해야 한다. 그럼에도 판결이유에 대한 논리학적 재구성이 세분화된 분석을 준비하는 데 별로 유용하지 않다고 여겨지는 이유는 그 논리적 틀이 너무 막연하기 때문에 법적 논증의 사실상의 구조를 제대로 파악할 수 없다는 데 있다. 즉, 논리학적 재구성은 어차피 선별적이기 때문에 판결이유에 나타나 있는 설명들 가운데 상당부분이 배제되는 결과를 낳는다.[13] 물론 재구성의 도식은 재구성이 추구하는 목적에 의존하며, 특히 논증분석이 어떠한 관점에서 행해져야 하는가에 좌우된다. 이 점에서 논리학적 재구성 전체를 거부할 수는 없으며, 또한 그래서도 안 된다. 그렇지만 논거연관(즉 "x는 y의 논거다")의

12) 이에 관해서는 *U. Neumann*, Zur Problematik der Rekonstruktion von juristischen Argumentationen im Prädikatenkalkühl, Loccumer Protokolle 31 (1980), 138면 이하 참고.

13) *H. Rottleuthner*, Plädoyer für eine empirische Argumentationstheorie, in: W. Hassemer/Arth. Kaufmann/U. Neumann(Hrsg.), Argumentation und Recht, ARSP Beiheft n.F. 14 (1980), 87면.

서술을 가능하게 하지 못하는 도구를 이용해서는 결코 진지한 논증분석을 위해 유용한 사전작업을 진행할 수 없다는 사실을 강조할 필요가 있다.

2. 논거들의 그물망으로서의 법적 논증 : 화살표를 이용한 다이어그램

세분화된 논증분석의 토대를 형성해야 하는 판결재구성은 논거연관에 기초해야 하고 동시에 판결이유의 사실상의 논증과정에도 근접해야 한다는 생각은 독일 학술진흥원의 지원으로 뮌헨 대학교에서 행해진 프로젝트에서 상당히 세분화된 분석도식을 개발하게 된 계기가 되었다.

실제의 논증과정에 최대한 근접해야 한다는 요청은 두 가지 결과를 낳았다. 첫째, 가능한 한 모든 추론단계를 도식에서 확인할 수 있어야 한다. 다시 말해 논증의 최소단위(하나의 논거)는 더 이상 추론단계를 포함하고 있지 않아야 한다. 둘째, 논거의 개념은 저자(즉, 재판부)의 의도에 비추어 규정해야 한다. 여기서 논거란 재판부가 논거로 제시한 것이다. 이 두 가지 관점은 폰 사비니의 다음과 같은 개념정의를 감안한 것이다. "한 저자가 x를 무엇인가에 대한 찬성 또는 반대의 논거로 제시하거나 또는 무엇인가를 x에 대한 찬성 또는 반대의 논거로 제시하고, 이 x가 더 이상 부분논거로 나누어질 수 없어서 저자가 한 부분을 다른 한 부분의 찬성 또는 반대논거로 제시할 수 없는" 경우라면 "x는 하나의 논거이다"라는 언명은 타당성을 갖는다.[14]

---

14) *Eike von Savigny*, Argumentation in der Literaturwissenschaft, 1976, 31면; 이를 원용하고 있는 *U. Schroth*, Eine Methode der formalen Rekonstruktion von Gerichtsurteilen, in: W. Hassemer/Arth. Kaufmann/

이 개념정의에서 "저자가 무엇인가를 x의 찬성 또는 반대의 논거로 제시한다"라는 개념만은 더 이상 그에 대한 개념정의가 없는 기본개념으로 사용된다. 충분히 세분화된 분석에서는

1. x는 y를 z에 대한 찬성 또는 반대의 논거로서 제시한다.

⊙ 이 기본적 연관 이외에 다음과 같은 기본개념들도 도입해야 한다.

2. x는 y와 y'를 z에 대한 찬성 또는 반대의 논거로 제시한다.
3. x는 y를, z가 u를 통해 정당화된다(또는 반박된다)는 사실에 대한 찬성 또는 반대의 논거로 제시한다.
4. x는 y와 y'를, z가 u를 통해 정당화된다(또는 반박된다)는 사실에 대한 공통의 찬성 또는 반대의 논거로 제시한다.[15)]

기본개념 3과 4에 비추어 볼 때, 논거의 개념정의가 확장되어야 한다. 또한 단순히 u가 z를 찬성 또는 반대하는 필연적 논거라는 사실을 부정하는지 아니면 u가 z를 정당화할 수 있는 적격성 자체를 부정하는지에 따라 구별을 함으로써 다른 기본개념을 도입하는 것도 가능하다.[16)]

그 결과 논거연관을 기호로 표시하면 다음과 같은 형태가 된다.

U. Neumann(Hrsg.), Argumentation und Recht, ARSP Beiheft n.F. 14 (1980), 120면도 참고. 물론 무엇인가가 x를 찬성 또는 반대하는 논거로 여겨지는 경우를 함께 고려하는 것은 일반적인 언어사용에는 모순된다. 그러한 고려는 오로지 분석기술적인 이유 때문에 이루어진다.

15) *von Savigny*, 1976, 32면; *Schroth*, 1980, 120면.

16) *Schroth*, a.a.O., 121면.

1 ⟶ 2 : 1은 2를 정당화하는 독립된 논거이다.
1 —< 2 : 1은 2를 반박하는 독립된 논거이다.
1
>— 3 : 1과 2 함께 3을 정당화하는 논거들이다.
2
2 ⟶ 3 : 1은 2의 도움을 빌어 3을 정당화하기 위한 논거이다.[17]
↑
1

이러한 상징기호를 이용하여 하나의 판결에서 사용된 논거들을 개개의 단위로 분리하여 각 논거에 번호를 매김으로써 논증의 형식적 구조를 반영하는 다이어그램을 작성할 수 있다.[18]

판결재구성과 관련된 여타의 다른 절차는 판결재구성을 위해 마련해야 할 준비절차의 목적에 좌우된다. 뮌헨대학의 두 번째 연구프로젝트와 같이 여러 가지 논거유형들의 서열을 대상으로 할 때에는, 일단 개개의 논거들을 분류해야 할 필요가 있다. 뮌헨대학의 프로젝트에서는 문언논거, 발생적 논거, 역사적 논거, 이익논거, 원칙논거, 목적론적 논거, 한 규칙의 위헌성 논거, 법적 안정성 논거, 정의논거, 판결의 결과 논거, 법률의 체계론 논거, 실용성 논거, 전체를 아우르는 논거를 구별했다.[19]

물론 분류의 적절성은 어떻게 문제제기를 하느냐에 따라 다르며, 따라서 연구의 목적이 다를 때에는 완전히 다른 분류가 유용할 수 있다는 사실에 주의해야 한다.[20]

17) 이 도식의 구체적 내용은 *von Savigny*, a.a.O., 39면; *Schroth*, a.a.O., 121면 이하 참고.

18) 이러한 도식에 대한 보기는 *Schroth*, a.a.O., 144면; *G. Grewendorf*, Argumentation und Interpretation. Wissenschaftstheoretische Untersuchungen am Beispiel germanistischer Lyrikinterpretationen(1975), 142, 150면 참고.

19) *Schroth*, a.a.O., 122면 이하.

어떠한 논거나 논거유형이 전형적으로 어떠한 논거의 반대논거(또는 논거유형)로 관철되는가 라는 물음에 대답하기 위해서는 다시 논거들 사이의 우월/복종관계를 확인할 수 있는 구체화가 필요하다. 뮌헨의 프로젝트에서는 '승자의 논거'와 '패자의 논거' 라는 개념정의를 통해 그러한 구체화가 이루어졌다.[21] 이러한 토대 위에서 약 100개의 판결에 대해 행해진 분석의 구체적 결과는 프로젝트 결과물이 출간되어야 알 수 있다. 여하튼 크릴레[22]와 에써[23]가 이미 요구를 했었고, 상당부분 그럴 것으로 진단을 한 바 있지만, 법관의 논증이 '은폐된' 논증에서 '공개된' 논증으로 발전된 정도가 놀라울 정도로 높다는 사실을 이 연구프로젝트를 통해 확인할 수 있다. 예를 들어 연방법원 상급심은 판례변경을 주로 넓은 의미의 결과논거(정의와 실용성 논거를 포함)로 정당화한다. 이와는 달리 결과고려에 반하는 판례변경은 사실상 전혀 없다.

20) 예컨대 *Rotthleuthner*, 1980, 103면 이하의 분류를 참고.

21) 자세히는 *Schroth*, a.a.O., 124면 참고.

22) *Martin Kriele*, Offene und verdeckte Urteilsgründe. Zum Verhältnis von Philosophie und Jurisprudenz heute, in: Collegium Philosophicum. Studien Joachim Ritter zum 60. Geburtstag (1965), 99, 117면.

23) *Josef Esser*, Juristisches Argumentieren im Wandel des Rechtsfindungskonzepts unseres Jahrhunderts, 1979.

제7장 전 망

현 시점에서 법적 논증에 대한 연구에 관해 서술을 하는 것은 중간결산의 성격을 띨 수밖에 없다.[1] 그렇기 때문에 법적 논증에 대한 이론이 앞으로 어떠한 길을 걷게 될 것인지를 물어볼 수 있다. 미래에 대한 예언이 안고 있는 위험을 꺼려하지 않는다면, 일단 지난 수십 년에 걸쳐 여러 가지 이질적인 출발점들이 하나의 이론으로 결집되었던 전개과정들을 그려보고, 이러한 과정이 앞으로 계속될 것이라고 예언할 수 있을지 모른다. 지금까지 법적 논증이론은 한편에서는 법적 텍스트에 대한 포괄적인 분석에 기초하여 경험적-분석적 재구성을 시도했으며, 다른 한편 법철학적 물음과 논증이론적 물음을 결합하여 법적 논증에 대한 정련된 규범적 이론을 만들어냈다. 이러한 전개과정은 최소한 법적 논증이론이 앞으로 담당해야 할 과제를 적절히 표현하고 있다고 생각한다. 법원의 판결이나 여타의 법텍스트에 대한 포괄적인 분석을 토대로 삼지 않는 법적 논증이론도 매우 인상적인 논증모델이 될 수 있을지 모른다. 하지만 법적 논증의 실제와의 관

1) 위의 22-23면의 서술 참고.

련성을 담보하지 못하기 때문에 그러한 모델은 불충분하다. 다른 한편 법적 논증이론이 단순히 현재의 판결에 대한 분석만으로 그칠 수는 없다. 앞에서 짧게 지적한 바와 같이, 법철학적(법가치론적) 물음과 논증이론적 물음의 결합을 계속 추구해야 할 것이며, 이미 그 착안점이 제시되어 있듯이, 논증이론을 법에 대한 일반이론으로까지 확장해야 할 것이다. 또한 판결이유의 구조에 대한 법사학적 및 비교법적 연구가 법적 논증에 중대한 기여를 할 수 있다는 사실 역시 특별히 강조할 필요가 없다.

【부 록】 법적 논증이론*

울프리드 노이만

I. 법철학과 법적 논증이론

법률가로서 논증을 하는 사람이라면, 특정한 법개념을 배경으로 삼아, 다시 말해 특정한 법철학적 입장을 토대로 삼아 논증을 하지 않을 수 없다. 물론 현실에서 이루어지는 법적 논증과 법개념 사이의 이러한 연관성이 항상 분명하게 드러나 있지는 않으며, 단지 잠재되어 있는 것이 일반적이다. 왜냐하면 법적 논증의 대부분은 구체적인 법질서 및 그 규칙들, 즉 한 법질서의 내용(quid sit juris)과 관련을 맺을 뿐, 법의 개념(quid sit jus) 자체와 관련을 맺지는 않기 때문이다. 그러나 법의 개념에 대한 물음은 한 법질서의 내용에 대한 물음보다 논리적으로 앞서 있는 물음이다.[1] 왜냐하면 한 법질서의 규율내용은 법규범과 도덕, 풍속,

---

* 이 논문은 "21세기의 법철학(W. Brugger/S. Kirste/U. Neumann [Hrsg.], Rechtsphilosophie im 21. Jahrhundert, Frankfurt/M 2008)" 233-260면에 실렸다.

1) *Gustav Radbruch*, Grundzüge der Rechtsphilosophie (1914), in: Gustav Radbruch Gesamtausgabe(GRGA), hg. von Arthur Kaufmann, Bd. 2,

종교 등의 다른 규범질서에 속하는 규범들과 한계설정을 하지 않고서는 그 내용을 확인할 수 없기 때문이다. 이 점은 법이 자신의 규율영역을 (입법이라는 법적 행위를 통해) 스스로 확정할 것을 요구하는, 법전편찬 중심의 법질서의 경우에도 마찬가지이다. 왜냐하면 이러한 요구를 무제한적으로 제기할 수 있는지 아니면 이 요구에 일정한 제한을 가하거나 그 자체를 전혀 인정하지 않을 것인지까지 법 스스로 결정할 수는 없기 때문이다. 그러므로 이 물음에 대한 대답은 법제정의 차원이 아니라, 법에 대한 성찰의 차원에서만 이루어질 수 있고, 이 점에서 법철학의 관할영역에 속한다.

법적 논증과 법개념 사이의 이 연관성은 규범의 효력에 대해 의문이 발생할 경우에 분명하게 드러난다. 즉, 어떤 규범이 법질서 내부의 제도적 기준에 따른다면 구속력을 갖는 법적 규율로 인정될 수 있지만, 그 규율내용이 근본적인 실질적 법원칙에 합치하지 않는다고 여겨질 경우에 이러한 연관성이 분명해진다. 이 경우 실증주의적 법사상에 기초한 법률가는 현저하게 부정당한 법률일지라도 구속력 있는 법이며, 따라서 법원의 결정 역시 그러한 법률을 기초로 삼아야 한다고 논증해야 한다. 이에 반해 법도덕주의의 입장에 선다면 현저하게 부정당한 법률은 법질서로부터 제거할 수 있다. 잘 알려져 있는 대로 독일 연방공화국 법원의 판결에서는 두 번에 걸쳐 이 물음이 중요한 역할을 했다. 첫 번째는 2차 대전 후에 나치시대의 불법을 사법적으로 처리할 때였고, 두 번째는 그로부터 약 40년이 지나 독일민주주의공화국(동독)이 독일 연방공화국에 합병된 이후, 국경수비대의 총격행위에 대한 처벌 및 동독 사법부가 내린 판결을 법왜곡으

Heidelberg 1993, 46면.

로 평가한 형사절차에서 이 물음이 쟁점으로 떠올랐다. 이 두 가지 경우에서 법적 논증 및 결정가능성과 법적용의 기초가 되는 법개념 사이에는 밀접한 관련이 있다는 점을 분명하게 확인할 수 있다.

이 예외적인 역사적 상황에서 드러났던 것은 빙산의 일각에 불과하다. 법적 논증이 그 기초가 되는 법개념에 의존한다는 점은 훨씬 더 넓은 차원에 걸쳐 있는 문제이다. 하나의 결정을 특별히 '법적' 결정으로 구성하는 것이 무엇인가 라는 물음은 여러 가지 측면에서 법적 논증을 규정한다. 예를 들어 결정에 대한 근거설정 — 그리고 많은 경우에는 그 결론과 관련해서도 — 과 관련하여 결정이 미칠 결과까지도 법적 결정프로그램과 논증프로그램의 구성부분으로 고려하는 것을 인정할 것인지 아니면 그러한 문제는 '법정책적' 논증으로 파악하여 법관의 '법적' 논증과는 엄격히 구별해야 하는지에 따라 커다란 차이가 발생한다.[2] 또한 법관의 법률구속을 어떤 식으로 이해할 것인지에 따라 실제적인 논증가능성과 결정가능성의 구조가 달라진다. 만일 법률구속을 입법자가 의도한 것 또는 입법자가 문언을 통해 말한 것에 대한 구속이라는 주관적 방향설정으로 이해하게 되면, 이 파라미터와 관련된 논거나 기준, 즉 '입법자의 의사'와 '법률문언'이 다른 논거보다 우선한다고 보게 된다.[3] 그리고 법원의 판결을 상급법원

2) 독일의 문헌에서 결과고려를 거부하는 대표적인 입장으로는 *Niklas Luhmann*, Rechtssystem und Rechtsdogmatik, Stuttgart u.a. 1974(특히 31면 이하) 참고. 루만에 반대하는 입장에 있는 최근 문헌으로는 예컨대 *Marietta Auer*, Materialisierung, Flexibilisierung, Richterfreiheit, Tübingen 2005(원칙과 정책의 구별이 가능하다는 드워킨의 테제에 대한 반박과 관련), 82면 이하 참고.

3) 예를 들어 *Matthias Klatt,* Theorie der Wortlautgrenze. Semantische Normativität in der juristischen Argumentation, Baden-Baden 2004, 37면 이하 참고, 이에 대한 반론으로는 *Auer*(각주 2), 83면 이하 참고.

이나 헌법재판소를 통해 통제하는 문제와 관련해서도, 유일하게 정당한 판결이 있다고 보는지 아니면 수긍할 수 있는 다수의 결정이 존재할 수 있다고 보는지에 따라 논증 및 결정의 여지가 서로 달라진다.[4] 이밖에도 법철학적 또는 법이론적 입장이 법적 논증에 뚜렷하게 영향을 미치는 경우는 상당히 많다. 결론적으로 법적 논증은 법질서의 구조 및 법의 구조에 관한 특정한 견해를 포함하고 있으며, 역으로 법과 법질서의 구조에 관한 견해는 곧 특정한 법적 논증까지 포함한다. 그렇기 때문에 법적 논증에 대한 규범적 이론은 법의 일반이론에 대한 본질적 구성부분까지 포함하고 있다. 이 점에서 법적 논증에 대한 규범적 이론은 법적 근거설정이라는 특별한 측면을 출발점으로 삼아 법철학과 법이론의 전통적인 문제에 접근하는 것이기도 하다.

II. 논거의 개념

법적 논증이론의 핵심개념은 논증의 최소단위인 논거의 개념이다. 논증은 일반적으로 서로 연결되어 있는 다수의 논거로 성립한다. 다시 말해 논거는 원자로서, 다른 원자들과 서로 결합하여 분자(논증)가 된다. 하지만 이는 논거의 구조만을 설명할 뿐, 논거의 내용적 규정과 관련해서는 논란이 많다.

---

4) 이에 관해 자세히는 *Ulfrid Neumann*, Wahrheit im Recht. Zu Problematik und Legitimität einer fragwürdigen Denkform, Baden-Baden 2004, 37면 이하 참고. 드워킨(R. Dworkin)의 "유일하게 정당한 대답-테제(one right answer thesis)"에 관한 독일문헌으로는 예컨대 *Robert Alexy*, Probleme der Diskurstheorie (1989), in: *ders.*, Recht, Vernunft, Diskurs, Frankfurt am Main 1995, 109면(121면 이하); *Peter Koller*, Theorie des Rechts, 2. Aufl., Wien u.a. 1997, 180면 이하 참고.

1. 논거와 동기

일단 소극적 측면에서 논거의 개념이 동기의 개념과 같지 않다는 점은 분명히 확인할 수 있다. 즉, 행위의 동기와 그 행위에 대해 제시된 근거는 명확히 구별해야 한다. 법적 논증이론이 다루는 중심대상인 법관의 판결 및 그에 대한 근거설정과 관련시켜보면, 이 점은 곧 판결을 근거짓는 논거를 법관의 결정동기에 대한 설명으로 이해(또는 오해)해서는 안 된다는 것을 뜻한다. '동기'는 심리적 개념임에 반하여, '논거'는 '과학이론적' 개념이다.

논거와 동기를 이렇게 구별하는 것은 결정의 도출(Herstellung)과 결정에 대한 설명(Darstellung) 사이의 구별과 결합시킬 수 있다.[5] 후자의 구별은 '발견의 맥락(context of discovery)'과 '정당화의 맥락(context of justification)'을 구별하는 자연과학과 유사하다.[6] 하지만 법관의 행위에 대한 규범적 이론의 관점에서는 이러한 대비를 절대적인 것으로 여길 수는 없다. 왜냐하면 자연과학적 발견의 맥락에서와는 달리 법관의 결정발견에서는 법관이 어떠한 동기에서 자신의 판결에 도달했는지도 중요한 의미를 갖는다. 다시 말해 법관은 결정의 발견과정에서부터 이미 법질서의 공식적 규칙에 비추어 결정에서 중요한 의미가 있는 기준들을 지침으로 삼아야 할 제도적 의무를 부담하기 때문이다. 그렇긴 하지만 법관의 판결활동과 관련하여 결정의 도출과 그에 대한 설명, '법발

5) 이에 관해서는 *Ulrich Schroth*, Hermeneutik, Norminterpretation und richterliche Normanwendung, in: Arthur Kaufmann/Winfried Hassemer/Ulfrid Neumann(Hrsg.), Einführung in Rechtsphilosophie und Rechtstheorie der Gegenwart, 7.Aufl., Heidelberg 2004, 270면(296면) 참고.

6) 자세히는 *Ulfrid Neumann*, Juristische Argumentationslehre, Darmstadt 1986, 4면 이하[본문 6면 이하].

견'과 '정당화', 동기와 논거를 구별할 수 있다는 점에 대해서는 의문이 있을 수 없다.

2. 주관적 논거개념과 객관적 논거개념

일반적 언어사용에 따르면 논거는 근거설정에 기여한다. 즉, 논증을 하는 사람은 근거설정을 통해 다른 사람에게 확신을 갖게 만들고자 한다. 특히 일정한 주장, 가치평가 및 행위에 대해 근거설정이 가능하고, 더욱이 대부분의 경우에는 근거설정이 필요하다. 그렇다면 논증을 하는 사람이 제시한 어떤 관점이 과연 그러한 근거설정에 기여하기에 적절한 것인지를 물을 수 있다. 논증을 하는 사람이 주관적으로 근거설정에 적절하다고 여기는 어떤 사실확인이 제3자로 하여금 "그건 결코 논거가 아니야!"라는 반응을 유발할 수도 있다. 그렇기 때문에 하나의 사실확인이 근거가 이루어져야 할 대상과 관련된 논거인가 하는 물음에서 과연 논증을 하는 사람의 관점이 중요한지 아니면 제3자의 "객관적" 관점이 중요한지를 밝혀야 할 필요가 있다.

법적 논증이라는 연구영역에서는 이 물음에 대해 몇 가지로 구별해서 대답할 수 있다. 만일 법적 논증이론을 분석적-서술적 분과로 이해하게 되면, 법적 논증이론은 주관적 논거개념을 토대로 삼아야 한다. 왜냐하면 결정의 근거설정에 대한 분석이란 논증을 재구성하는 것이기 때문이다. 이 경우에는 논증을 하는 사람의 관점에서 특정한 주장에 대해 어떠한 근거설정을 부여했는가가 결정적인 의미를 갖는다.[7] 따라서 여기서는 논증을 하는 사람이 논거

7) 이에 관해서는 *Eike von Savigny*, Argumentation in der Literaturwissenschaft, München 1976, 30면 이하 참고.

로 제시한 모든 주장이 곧 논거가 된다.[8] 이에 반해 규범적인 법적 논증이론은 객관적 논거개념에서 출발한다. 왜냐하면 이 규범적 논증이론으로서는 어떠한 관점이 근거설정에 중요하고, 어떠한 관점이 중요하지 않은지가 결정적이기 때문이다. 즉, 규범적 논증이론이 구체적인 논증의 연관성에 대한 비판을 중심으로 하는 한, 실제로 행해진 논증을 분석할 때에는 주관적 논거개념을, 그에 대한 평가를 할 때에는 객관적 논거개념을 토대로 삼게 된다.

3. 법적 근거설정에서 제시된 논거를 확인하는 문제

논거의 개념에 대한 물음과 구체적인 근거설정에서 제시된 논거들을 확인하는 문제는 구별해야 한다. 물론 객관적 논거개념에 따를 때에는 논거의 개념과 논거의 확인은 밀접하게 맞물려 있다. 이 경우에는 근거지어야 할 대상을 사실상으로 근거짓기에 적절한 언명은 모두 논거가 된다. 물론 어떤 언명이 근거설정의 대상을 사실상으로 근거짓고 있는지에 대해서는 논란이 있을 수 있다. 하지만 하나의 주장을 논거로 확인하는 과제는 객관적인 측면에서 근거설정의 대상에 대한 논거인지를 확인함으로써, 다시 말해 하나의 규범적-평가적 결정을 통해 충족된다.

이에 반해 주관적 논거개념에 기초하게 되면, 일정한 근거설정 연관에서 사용된 논거를 확인하는 작업은 해석학적 과제가 된다. 즉, 논거를 확인하기 위해 해석을 하는 사람은 논증의 측면에서 중요한 의미가 있는 구절과 단순히 정보제공의 의미만을

---

8) 논거의 개념을 이렇게 정의하는 것은 [순환적 (zirkulär)이 아니라] 자기관련적(rekursiv) 개념정의이다(법학에서 이러한 자기관련적 개념정의가 불가피하다는 점에 대해서는 *Ulfird Neumann*, Rechtsontologie und juristische Argumentation, Heidelberg 1979, 59면 참고).

갖는 구절을 그 텍스트 저자의 입장에서 파악해야 하는 어려움을 겪게 된다. 예를 들어 남매 사이의 근친상간(독일형법 제173조 2항 2문)이라는 형벌구성요건의 위헌성 여부에 대한 헌법적 심사를 하면서, 근친상간 금지의 전통은 고대에까지 거슬러 올라가서 함무라비 법전에서도 이를 금지하고 있다는 사실을 서술하고 있다면,[9] 이 서술은 문제의 행위에 대한 처벌이 보편적 타당성을 갖는다는 점에 대한 논거일 수도 있고, 이 문제를 그저 세계사적 맥락에 편입시켜 묘사한 것에 그치는 것일 수도 있다. 이와 마찬가지로 판례의 일관된 입장이라는 지적 역시 단순히 정보제공의 기능만을 가질 수도 있거나, (약한 의미이긴 하지만) 근거설정을 하는 기능을 가질 수도 있다. 따라서 어떤 서술이 하나의 논거인지 아니면 단순히 정보인지의 문제는 자세한 맥락을 고려할 때에만 결정을 내릴 수 있는 경우가 대부분이며,[10] 또한 결단적 요소를 완전히 제거한 채 결정하기 어려운 경우가 많다.

III. 근거설정, '설득하기', 증명

1. 논증이 갖는 근거설정능력

앞에서는 법적 논증이 (다른 논증들과 마찬가지로) 근거설정 기

---

9) BVerfE, 120, 224.

10) 예컨대 남매 사이의 근친상간을 처벌하는 형법 제173조 2항 2문에 대한 연방헌법재판소의 결정에서 근친상간 금지에 대한 법사학적 지적이 판결문의 서두에 서술되어 있다는 사정은 이 지적이 단순히 정보제공의 차원에 속한다는 것, 다시 말해 중요한 판결이유는 아니라는 것으로 볼 충분한 근거가 된다.

능을 갖는다는 점을 설명했다. 법적 맥락에서 중심에 서는 것은 법원의 개별사례에 대한 결정을 일반적 규칙을 원용하여 근거짓는 기능이다. 근거설정이라는 개념은 합리적인 관점을 통해 다른 사람에게 확신을 갖게 한다는 사실을 포함한다. 다시 말해 논증은 합리적인 통찰을 목표로 하지, 감정적 효과를 목표로 하지는 않는다. 바로 그런 이유에서만 법적 결정에 대한 근거설정이 그 결정에 대한 정당화라는 기능을 갖는다고 인정할 수 있다.[11] 그렇기 때문에 논거는 이를 접하는 수용자들에게 미치는 영향과 관련하여, 수용자들이 어떻게 생각하든, "그 자체로 타당성을 갖는다"고 기대하게 된다. 즉, 논거는 순간적인 수사학적 효과를 노리는 것이 아니다. 간단히 말해서, 법적 논증에서는 '설득하기(Überreden)'가 아니라, '확신을 갖게 만들기(Überzeugen)'가 중요하다.

2. '확신을 갖게 만들기'와 '설득하기'(법적 수사학)

그렇지만 법적 논증을 이와 같이 파악하는 것에 대해 법적 논증의 문제영역을 다루는 모든 학자들이 동의를 하는 것은 아니다. 일부의 학자들은 판결이유를 수사학 텍스트로 보고, 판결문은 1차적으로 설득을 하는 효과를 목표로 할 뿐, 합리적인 확신을 갖게 만들려는 것이 아니라고 한다.[12] 물론 논거와 같이 듣는

11) 이에 대해 자세히는 *Ulfrid Neumann*, Wahrheit statt Autorität. Möglichkeit und Grenzen einer Legitimation durch Begründung im Recht, in: Kent D. Lerch (Hg.), Die Sprache des Rechts, Bd. 2, Berlin und New York 2005, 369면 이하 참고.

12) 독일어권에서 현재 이러한 입장을 대표하는 학자는 Katharina Gräfin von Schlieffen(혼인 전 이름은 Katharina Sobota)이다. 예를 들어 *Katharina Sobota*, Sachlichkeit. Rhetorische Kunst der Juristen, Frankfurt am Main u.a. 1990; *dies.*, Rhetorisches Seismogramm – eine neue Methode der

사람의 머리가 아니라, 가슴에 호소하는[13] 화술이라는 의미의 수사학적 요소가 법적인 텍스트에서 자주 등장한다는 지적은 타당하다. 또한 '법적 수사학'이라는 연구방향이 법관의 판결은 미리 주어져 있는 법률에 대한 단순한 인식일 뿐이고, 법률로부터 논리적 연역을 거쳐 나타난 결과라는 사고에 대해 매우 분명하게 반론을 제기하고 있는 점 역시 충분히 동의할 수 있다.

그러나 법적 수사학이 법적 논증을 본질적으로 (앞에서 말한 의미의) 수사학적 텍스트로 해석하는 것은 욕조의 물을 버리면서 아이까지 버리는 오류를 범하는 것이다. 법적으로 확신을 갖게 만드는 작업과 단순히 설득을 하는 작업을 구별할 수 있는 가능성은 모든 법학적 활동(이는 좁은 의미의 법학뿐만 아니라, 예컨대 법원의 판결도 포함한다)이 가능하기 위한 조건, 즉 합리적인 법체계가 성립하기 위한 '선험화용론적(transzendental-pragmatisch)' 조건일 뿐만 아니라, 법적 텍스트에 제시된 특정한 근거들에 대해 어떤 경우에는 합리적인 논거로, 어떤 경우에는 단순한 수사학적 화술로 파악하는 데에 모두가 동의한다는 일반적인 경험을 통해서도

Rechtswissenschaft, in: Juristenzeitung 1992, 231면 이하; *Katharina Gräfin von Schlieffen,* Zur topisch-pathetischen Ordnung juristischen Denkens. Resultate empirischer Rhetorikforschung, in: Kent D. Lerch (Hg.), Die Sprache des Rechts, Band 2, Berlin u.a. 2005, 405면 이하 참고(이에 대한 비판으로는 *Harald Wohlrapp*, Argumente stehen in einem Text nicht wie Gänseblumen in der Wiese herum. Eine Kritik von Katharina Sobotas empirischer Rechtsanalyse, in: Kent D. Lerch (Hg.), Die Sprache des Rechts, Band 2, 2005, 549면 이하 참고. 법적 수사학의 여러 가지 방향들에 대해서는 Neumann(각주 6), 54면 이하[본문 80면 이하] 참고.

13) *Sobota*, Seismogramm(각주 12), 232면에 나오는 표현이다. 이 맥락에서 사용되는 '수사학'이라는 단어를 전혀 다른 각도에서 이해하는 입장으로는 *Ulfrid Neumann*(각주 6), 54면 이하 참고.

얼마든지 입증할 수 있다. 심지어 어떤 측면에서는 법적 근거설정의 맥락에서 등장하는 수사학적 화술 자체를 확인하기 위해서는 비수사학적인(즉, 합리적인) 법적 논증의 가능성이 전제되어 있다고 생각할 수도 있다. 어쨌든 법적 근거설정에 포함된 모든 요소가 (앞서 말한 의미의) 수사학적 성격을 갖는다는 테제는 별로 설득력이 없다. 이 점에서 '법적 수사학'을 주장하는 저명한 학자들이 화자에게 확신을 갖게 만들려는 어법과 화자를 단순히 설득하려고 하는 어법과 구별할 수 있게 해주는 기준들을 밝히고자 했다는 사실을 상기할 필요가 있다.[14)]

3. 근거설정과 증명

'법적 수사학'과 대조되는 오해는 법관의 결정발견을 법률로부터의 논리적 연역으로 해석하는 입장이다. 이러한 오해는 법관의 결정활동이 법률을 대전제로 삼는 '법적 삼단논법'에 국한된다는 사고에서 표현된다. 물론 그와 같은 연역적 사고는 오늘날 독일어권의 법이론적 논의에서는 명시적으로 주장되기보다는, 그저 잠재되어 있는 사유형태에 불과하다. 적어도 앞에서 말한 방식의 해석대로 '법적 삼단논법'을 주장하는 경우는 오늘날 더 이상 존재하지 않기 때문이다. 즉, 법적 근거설정에 대한 논리적-연역적 모델을 주장하는 다수의 학자들[15)]이 있긴 하지만, 이 모델

---

14) *Chaim Perelman*, Das Reich der Rhetorik. Rhetorik und Argumentation, München 1980, 142면; *ders./Lucie Olbrechts-Tyteca*, La nouvelle rhétorique. Traité de l'argumetation, 3.Aufl., Brüssel 1976.

15) 예컨대 *Hans-Joachim Koch/Helmut Rüßmann*, Juristische Begründungslehre, München 1982. 최근의 문헌 가운데 여기에 동의하는 입장으로는 예컨대 *Jochen Bung*, Subsumtion und Interpretation, Baden-Baden 2004(37면 이하).

은 결코 결정의 발견과정을 그대로 반영한다고 주장하지는 않는다. 이 점에서 법관의 판결발견은 결코 논리적 추론의 수행만이 전부가 아니라는, 광범위하게 제기되고 있는 반론은 적어도 이 모델에는 애당초 해당되지 않는다. 그렇지만 법적 논증을 연역논리적 추론 및 현대화된 형태의 '법적 삼단논법'으로 재구성하는 것이 과연 법적 논증의 구조를 적절하게 파악하는 것인지에 대해서는 계속해서 의문을 제기할 수 있다. 왜냐하면 논리적 추론은 증명의 구조를 갖고 있기 때문이다. 논리적 추론은 대전제의 전환(Transformation)만을 포함하며, 결코 실질적인 변화, 즉 전제에 이미 포함되어 있지 않은 결론의 도출을 허용하지 않는다. 이 물음은 결과적으로 법적 논증의 구조가 과연 논리학과 같은 일반적인 모델을 통해 재구성될 수 있는지, 만일 그렇다면 어느 정도까지 그러한 재구성이 가능한지 등과 같은 더욱 일반적인 문제로 향하게 만든다.

IV. 구 조 들

1. 구조모델들의 상대성

법적 논증에 관한 여러 가지 구조모델들을 논의할 때에는 우선 법적 논증과 관련하여 유일하게 정당한 모델은 존재하지 않는다는 사실을 분명히 인식해야 한다. 이는 단순히 법적 논증이 극히 다양한 맥락들 속에 편입될 수 있다는 사정에 기인한 것이 아니다. 설령 판결에 대한 법관의 근거설정을 법적 논증의 대표적인 케이스로 국한시켜, 하나의 맥락에 고정시킨다 할지라도, 이를 재구성하는 데에도 다양한 모델들을 끌어들일 수 있다.

이렇게 다양한 모델들이 존재하는 이유 역시 제도적 근거(사실심인가 아니면 상고심인가 또는 정규법원인가 또는 헌법재판소인가)에 비추어 본 판결과 개별적인 논증행태에 비추어 본 판결 사이에 어떤 차이가 있기 때문이 아니다. 오히려 법적 논증은 복잡한 분석대상으로서 여러 가지 모델을 원용하여 재구성할 수 있다는 사정 때문이다. 그렇기 때문에 법적 논증에 관한 구조모델들은 법적 논증의 골격을 확인할 수 있는 뢴트겐사진이 아니라, 단지 특정한 구조를 포착하면서, 다른 구조들은 무시할 수밖에 없게 되는, 재구성의 시도일 뿐이다. 이 점에서 법적 논증의 구조모델들과 관련해서는 '올바른' 모델과 '잘못된' 모델 가운데 하나를 선택하는 문제가 아니라, 어떠한 구조요소들을 법적 논증의 '본질적' 요소로 강조할 것인가의 문제이다.

2. 논리적-연역적 모델

이러한 관점에서 볼 때, 앞에서 언급한 논리적-연역적 모델에 대해서는 이 모델이 법적 논증의 중심적인 측면을 부각시키고 있다고 인정할 수 있다. 즉, 법적 논증을 보편적인 대전제(와 사안의 확인)로부터 하나의 구체적인 결정을 논리적으로 도출하는 작업으로 재구성하게 되면, 이는 곧 법적 결정에서는 개별사례의 결정에 관한 일반적 규칙을 형성한다는 관점이 핵심을 이룬다는 사실을 강조한다는 뜻이다. 즉, 법관은 자신의 결정을 보편적 규칙에 비추어 정당화해야 하고, 그러한 규칙은 성문법질서에서는 보통 법률규범이 제공하거나 법률규범으로부터 획득된다. 논리적-연역적 모델은 또한 술어논리적 설명[16]을 통해 보편적 규범을 원용

16) 예컨대 *Robert Alexy*, Theorie der juristischen Argumentation. Die

하여 구체적 결정을 정당화할 수 있기 위해 필요한 중간단계들까지도 분명하게 밝힌다. 이 점을 단순한 보기를 들어 설명해 보자.[17] 결정에 대한 논리적-연역적 근거설정에 의하면 살인범(M)인 피고인 안톤(a)을 종신형에 처한다는 판결을 근거지을 때에는 다음과 같은 구조에 따른다.

$$\forall x\ (Mx \rightarrow Fx)$$

$$Ma$$

$$Fa$$

이를 읽으면 다음과 같다.

- 모든 x에 대해, 만일 x가 살인범이면 x는 종신형에 처해져야 한다.
- a는 살인범이다.
- a는 종신형에 처해져야 한다.

a가 저지른 살인행위가 독일형법 제211조에 따른 모살(謀殺)로 평가되어야 한다는 점에 대해서도 근거설정을 해야 하기 때문에, 논증은 다시 보충을 필요로 한다. 즉, 모살로 처벌하는 것이 피고인이 피해자가 잠자고 있는 사이에 살해했다는 사실을

Theorie der rationalen juristischen Diskurses als Theorie der juristischen Begründung, 3. Aufl., Frankfurt am Main 1996, 273면 이하; *Koch/Rüßmann* (각주 5), 48면 이하 참고.

17) 더 자세히는 *Neumann*, Juristische Logik, in: Kaufmann/Hassemer/Neumann(각주 5), 6면 이하 참고.

근거로 삼게 된다면, 이와 관련된 논리도식상의 보충은 다음과 같은 구조를 띤다.

$$\forall x\ (Mx \rightarrow Fx)\ (1)$$
$$\forall x\ (Hx \rightarrow Mx)\ (2)$$
$$\forall x\ (Ax \rightarrow Hx)\ (3)$$
$$\forall x\ (Sx \rightarrow Hx)\ (4)$$
$$Sa$$
$$Fa$$

이를 읽으면 다음과 같다.

(2) 간교한 방식으로 은밀하게 사람을 살해한 자는 '모살자'이다.
(3) 피해자가 전혀 눈치를 못채는 무방비상태에서 살해하는 것은 간교한 살인에 해당한다.
(4) 피해자가 잠자고 있는 사이에 살해한 자는 피해자가 전혀 눈치를 못채는 상태를 이용한 것이다.

연역적-논리적 모델은 규칙 (2)에서 (4)까지와 같이 법률개념을 구체화하는 규칙들을 '의미론적 규칙(semantische Regel)'이라고 부른다.[18)]

이 모델을 옹호하는 학자들은 위에서 서술한 도식으로 법적 논증이 갖고 있는 전체적인 복합성을 완전히 반영시킬 수 있다

18) *Alexy*(각주 16), 278면 이하('단어사용규칙'); *Koch/Rüßmann*(각주 15), 57면 이하 참고.

고는 주장하지 않는다. 즉, 개별적인 전제들 자체에 대한 근거설정에 기여하는 논증까지 이 모델이 포함하고 있지는 않다는 것이다. 이러한 한계를 '내적 정당화'와 '외적 정당화'의 구별[19] 또는 '1차도식(Hauptschema)'과 '2차도식(Nebenschema)'의 구별[20]이라는 용어로 표현한다.

연역적 근거설정 도식을 통해 법적 논증의 일부를 서술하는 이러한 모델은 법적 논증의 중요한 측면을 부각시키긴 하지만, 이 못지않게 중요한 다른 측면을 등한시한다.

물론 이미 언급했듯이, 법적 결정이 반드시 규칙에 지향되어야 한다는 사실을 강조하고 있는 점에서는 논리적-연역적 모델은 전적으로 옳다. 그리고 결정의 규칙구속성은 일반적으로 이 규칙이 구체화되는 중간단계를 거쳐서 이루어진다는 사실 또한 도식에 충분히 반영되어 있다. 그렇지만 논리적-연역적 모델은 법적 논증에 대한 오해와 일방적 고찰을 불러일으킬 위험을 안고 있다. 그러한 위험과 관련하여 여기서는 다음과 같은 점만을 지적한다.

a) 법적 규칙을 논리적 전칭명제(보기: $\forall x\ [Mx \rightarrow Fx]$)로 서술하는 것은 오해의 여지 또는 혼동을 불러일으킬 소지가 있다. 만일 법적 규칙을 전칭명제로 이해하면, 형법 제211조는 살인범 a가 (예컨대 책임능력이 없기 때문에) 종신형에 처해져서는 안 된다는 확인을 통해 곧바로 반증될 수 있다. 살인자 a의 가벌성을 전칭명제로부터 추론하는 것과 특정한 살인자가 종신형에 처해져서는 안 된다는 확인을 통해 전칭명제를 반증하는 것은 논리적 등가성을 갖는다. 다시 말해, 법적 논증에 관한 연역적 도식에는 법적 규칙에 대한 특별한 근거설정 능력이 표출되어 있지 않다.[21]

---

19) *Alexy*(각주 16), 273면.

20) *Koch/Rüßmann*(각주 15), 56면 이하.

b) 1차도식(또는 내적 정당화)에서 논리적 추론연관에 집중하게 되면, 논리적 필연성을 갖는 근거설정에 해당하는 논거만이 이 도식에 포함되는 결과를 낳는다. 그리하여 다른 논거는 빠져나가 버린다. 따라서 연역적 모델에서는 논증이론에서 핵심적인 역할을 하는 함수관계 "a는 b의 논거이다"가 설명되지 않는다.

c) 그리고 법률상의 개념을 구체화하는 전제들을 '의미론적 규칙'[22]이라고 표현하는 것 역시 오해의 여지가 있다. 왜냐하면 만일 그렇게 표현하게 되면, 마치 법률상의 개념들을 구체화할 때 원용하는 것이 일반적 언어사용이라는 인상을 불러일으킬 수 있기 때문이다. 하지만 실제로는 법률을 해석하는 자가 '의미의 확정'을 통해 그러한 '규칙'을 수립할 수 있어야 한다.[23] 다시 말해 기존의 언어사용과는 관계가 없는, 실질적인 고려를 통해 그러한 '의미론적' 규칙을 획득할 수 있는 가능성이 열려 있어야 한다. 이 점에서 논리적 모델은 의미론을 지나치게 강조하고, 화용론(Pragmatik)적 차원을 소홀히하는 경향이 있다.[24]

---

21) 자세히는 *Ulfrid Neumann*, Rechtstheorie und allgemeine Wissenschaftstheorie, in: Vestigia juris. Festschrift für Günther Jahr zum siebzigsten Geburtstag, Tübingen 1993, 157면 이하(158면 이하) 참고.

22) 앞의 각주 18 참고.

23) *Koch/Rüßmann*(각주 15), 15면 이하.

24) 다만 *Koch/Rüßmann*(각주 15), 157면 이하는 법적 논증의 화용론적 차원에 대해서도 의미를 부여하고 있다. 따라서 코흐와 뤼스만이 화용론에 부여하고 있는 의미에 대한 붕(Bung, 각주 15)의 비판은 설득력이 없다. 이와 관련하여 붕은 '애인상속'의 공서양속 위반 여부에 대한 논란에서는 '공서양속 위반'의 개념에 대한 평가가 아니라, 이에 대한 언어사용의 차이가 문제라고 하는데, 그렇다면 결과적으로 이 문제에 대해서는 의미 있는 논의를 할 수 없다는 결론에 도달하게 된다. 왜냐하면 붕처럼 생각을 하게 되면, 의미론적 차원에서 실질적 논의를 할 수 있는 기본적인 전제, 즉 '공서양속 위반'에 대한 일치

3. 툴민의 논증모델

삼단논법을 논증도식으로 해석하는 것에 대한 비판은 툴민(Toulmin)이 발전시킨 논증모델의 출발점이다.[25] 툴민이 비판하는 것은 삼단논법의 논리적 정확성이 아니라, 논증의 구조를 표현할 수 있는 적합성에 관련된 것이다. 나는 툴민의 이 모델에 대해 다른 곳에서 상세히 설명하고, 법적 논증의 기본구조에 관한 유용한 모델로 제시하고자 했다.[26] 그 이후 툴민 및 그의 이론을 법적 논증이론에 수용하는 문제와 관련하여 이를 긍정하는 입장[27]과 비판하는 입장[28]이 여러 측면에서 제기되었기 때문에 구체적인 판단과

된 언어사용 자체가 존재하지 않기 때문이다. 같은 논리로 예를 들어 어떤 법규범의 위헌성 여부와 관련하여, 그 규범의 '위헌성'을 인정하는 헌법재판소 재판관들은 '위헌성'을 부정하는 다른 동료 재판관과는 다른 개념의 '위헌성'을 사용한다는 결론에 도달해 버린다. 그렇게 되면 하나의 구체적 법률규범의 위헌성을 둘러싼 논쟁이 지향점으로 삼을 수 있는 공통의 척도 자체가 존재하지 않는다는 결론에 도달한다. 이와 마찬가지로, 애인상속이 공서양속 위반 여부에 대해 중요한 것은 이를 어떤 식으로 평가할 것인가에 관련된 화용론적 차원이지, 붕이 생각하는 것처럼 공통된 언어사용이라는 의미론적 차원의 문제가 아니다.

25) *Stephan* Toulmin, The Uses of Argument, 5. Aufl., Cambridge 1976; 독일어판 Der Gebrauch von Argumenten, 2. Aufl., Weinheim 1996(아래의 인용은 독일어판에 따름).

26) *Neumann*(각주 6), 21면 이하[본문 33면 이하].

27) 예컨대 *Manuel Antieza*, For a Theory of Legal Argumentation, in: Rechtstheorie 21 (1990), 393면 이하; *Constantin M. Stamatis*, Argumentes en droit. Une théorie critique de l'argumentation juridique, Paris 1995, 165면 이하.

28) 예컨대 *Hans-Joachim Koch*, Deduktive Entscheidungsbegründung, in: Okko Behrends/Malte Diesselhorst/Ralf Dreier(Hg.), Rechtsdogmatik und praktische Vernunft, Göttingen 1990, 69면 이하; *Eric Hilgendorf*, Argumentation in der Jurisprudenz, Berlin 1991, 74면 이하.

관련하여 섬세하게 근거들을 살펴보기에 충분할 정도로 논의가 축적되긴 했지만, 내가 보기에는 아주 원칙적인 차원에서 새롭게 판단해야 할 내용은 없다. 물론 툴민이 발전시킨 도식으로는 법적 논증의 기본구조, 즉 규칙에 지향된(하지만 연역적 모델과는 달리 예외적인 조건도 함께 고려하는) 개별사례결정만을 표현할 수 있을 뿐이다. 법적 논증의 섬세한 구조에 관한 이론은 아직 존재하지 않는다. 최근에는 비형식적 논증이론을 상당부분 불필요하게 만들 수 있다고 주장하는, 복합적 논리학[29] 모델들이 제시되고 있고, 이들 모델들이 논증이론적으로 상당한 관심을 끄는 것은 사실이지만, 이 모델들 역시 법적 논증의 섬세한 구조에 관한 이론은 아니다.[30]

4. 논거의 다이어그램

법적 논증에 대한 합리적인 재구성을 목적으로 뮌헨 연구프로젝트에서 개발된, 화살표 다이어그램 분석의 절차는 상이한 유형의 논거들이 서로 결합 또는 대비되는 점을 고려하여 법적 논증의 형식적 구조를 밝히고 있다. 특정 유형의 논거들이 갖는 비중 및 특정유형의 논거들의 결합빈도를 섬세하게 파악할 수 있게 해주는 이러한 다이어그램은 법이론적으로 볼 때, 법적 결정에 대한 근거설정은 여러 논거들의 비교형량을 거쳐 이루어진다는 단순한 전제['논거들의 패러렐그램 (Pararellgramm)']에서 출발한다.

---

29) 예컨대 *Giovanni Sartor*, Artificial Intelligence and Law: Legal Philosophy and Legal Theory, Oslo 1993. 이 분야의 다양한 이론적 경향에 대해 적절한 개관을 제시하고 있는 *Eckart Ratschow*, Rechtswissenschaft und Formale Logik, Baden-Baden 1998, 141면 이하 참고.

30) 새로운 모델들에 대한 설득력 있는 비판으로는 *Ratschow*(각주 29), 167면 이하 참고.

V. 토 대 들

1. 하버마스의 실천적 논의이론에 기초한 법적 논의이론 (알렉시)

법적 논증은 일정한 법적 규칙 또는 일정한 법적 결정을 정당하다고 입증하는 것을 목표로 한다. 여기서 '정당성'은 두 가지 상이한 관점에서 그 내용을 규정할 수 있다. 첫째, 정당성의 내용을 예컨대 이미 주어져 있다고 여기는 법질서 또는 실질적 정의의 기준과 같은 어떤 실질적 척도와 관련을 시킬 수 있다. 둘째, 정당성을 특정한 규범을 선택하게 되는 형식적 조건에 의존한다고 이해할 수도 있다. 후자의 입장을 취하는 이론들은 논증에 관한 절차적 이론이라고 부를 수 있다.

로베르트 알렉시는 실천적 논의에 관한 하버마스의 포괄적인 연구를 기초로 하여 '법적 논증이론'[31]이라는 근본적인 연구를 통해 법적 논증에 관한 절차적 이론을 기획하고, 그 이후의 여러 저작을 통해 이 이론을 설명하고 더욱 정치하게 구성해 왔다.[32] 알렉시의 이론적 기획과 실천적 논의에 관한 하버마스의 이론에 관한 설명과 논의는 — 반복을 피하기 위해 — 나의 과거의 저작을 지적하는 정도로 그치겠다.[33] 그 이후에 이루어진 두

---

31) *Robert Alexy*, Theorie der juristischen Argumentation, 3.Aufl., Frankfurt am Main 1996(1. Aufl. 1978).

32) 특히 *Robert Alexy*, Recht, Vernunft, Diskurs, Frankfurt am Main, 1995에 실린 논문들을 참고.

33) *Neumann*(각주 5), 70면 이하(하버마스)[본문 107면 이하], 78면 이하(알렉시)[본문 118면 이하].

이론의 발전 및 그에 대한 논의와 관련해서는 세 가지 관점에 국한시켜 논의를 하겠다: 1) 독자적인 법적 논증이론을 전개한 하버마스의 입장, 2) 논의이론에 대한 최근의 법이론적 비판, 3) 적용대화와 근거설정대화의 구별에 관한 클라우스 권터의 이론

2. 법적 논의에 관한 이론(하버마스)

하버마스는 1992년에 출간된 그의 법철학 대작 「사실성과 타당성」에서 법적 논증에 관한 독자적인 이론을 전개했다.[34] 그의 논증이론의 법철학적 배경은 법을 제도적으로 독립성을 갖고, 도덕으로부터도 상당부분 자율성을 갖지만, 그럼에도 논의이론적 해석을 통해 이해할 수 있는 규범의 복합체로 인정한다는 점이다. 이에 상응하여 하버마스는 논의원칙을 도덕에 특수한 보편화 가능성원칙과 법에 특수한 민주주의원칙으로 세분화하는데, 후자의 민주주의원칙은 '논의원칙과 법형식의 결합'[35]에 힘입은 것이라고 한다. "논의원칙이 법적 형식을 취하게 됨으로써, 논의원칙은 민주주의원칙으로 변화한다."[36] 민주주의원칙은 "법적으로 조직화된 논의를 통한 법제정절차 속에서 모든 이해당사자들의 동의를 얻을 수 있는 법률만이 정당한 효력을 갖는다"[37]는 점을 뜻한다. 이를 통해 절차에 지향된 법이해의 길이 열리고, 하버마스는 자유적 법패러다임 및 사회적 법패러다임과 대비되는 이 절차적 법패러다임을 새로운 법패러다임으로 정립하고자 한다.

---

34) *Jürgen Habermas*, Faktizität und Geltung, 4. Aufl., Darmstadt 1994(1. Aufl., Frankfurt am Main 1992.

35) Ebd. 154면.

36) Ebd. 670면.

37) Ebd. 141면.

또한 법의 정당화라는 관점에서 볼 때, 종교적-신학적 또는 다른 형이상학적 토대에 선 자연법모델과 결별을 한 자유주의 사회에서는 절차적 법패러다임 이외의 다른 대안은 존재하지 않는다고 한다. "정당성과 관련하여, 형이상학 이후의 유일한 원천은 분명 법창설을 위한 민주적 절차뿐이다."[38)]

하버마스의 이러한 이론에서 논증이론적으로 중요한 측면은 논증적인, 다시 말해 정당한 결정이라는 이념에 관계된 절차적인 요소가 과연 비논증적인(표결을 통한 정당화) 요소와 어떠한 관계를 맺고 있는가 라는 물음이다. 이와 관련하여 하버마스는 실질적-논증적 측면을 더 중시한다. 즉, 법적으로 제도화된 절차를 이성적인 결과에 도달하는 방법으로 해석한다. 절차가 갖고 있는 정당화 능력은 의사소통적 합리성이 자유롭게 발산된다는 사실에 기초한다. 절차는 "주제와 주제에 대한 의견, 정보와 이유들이 자유롭게 떠돌아다니도록 만들어주고, 정치적 의사형성이 논의적 성격을 확보하게 해주며, 절차에 맞게 성립한 결과가 어느 정도 합리적이라는 (추후에 반증이 가능한) 추정의 근거가 된다."[39)]

법적 결정은 이 결정과 관련하여 의미가 있는 논거들의 총합만으로는 확정할 수 없기 때문에 결정의 정당화를 오로지 논거의 수준에만 근거하도록 할 수는 없다. 그러므로 어떤 법적 판단을 합리적으로 인정할 것인지 여부는 '논거의 수준뿐만 아니라, 논증과정의 구조에도' 의존한다.[40)] 따라서 법적 논증이론은 논리적-의미론적 차원에만 국한되는 것이 아니라, 논거들을 교환하는 절차적 조건이라는 화용론적 차원도 함께 고려해야 한다. 하버마스에 따르면, 오로지 이러한 전제하에서만 드워킨의 독백

---

38) Ebd. 662면.

39) Ebd.

40) Ebd. 277면.

논리적(monologisch) 이론에서는 설득력을 갖지 못하는, '유일하게 정당한 결정'이라는 테제가 유지될 수 있다고 한다. "어떤 구체적 근거가 그저 상대방을 설득하는 힘을 가질 뿐이고, 따라서 기본적으로 논거들이 미치는 결과는 늘 불완전하다는 사실과 '유일하게 정당한' 결정이라는 주장이 갖는 절대적 성격 사이에 끼어 있는 합리성의 간극은 상호협력을 통해 진리를 찾아가는 논증적 절차를 통해 이상적으로 메울 수 있다."[41] 민주적 법제정 절차와 마찬가지로 법정절차도 제도화된 절차와 논증적인 의사소통과정의 결합을 특징으로 한다.[42]

법적 논의는 일반적 실천적 논의의 특수경우라는, 알렉시가 표명한 테제(특수경우테제)와 관련하여 하버마스는 논의원칙을 도덕에 특수한 보편화가능성원칙과 법에 특수한 민주주의원칙으로 분리함으로써 특수경우테제는 양자의 분리에 따라 확정된, 법과 도덕의 관계에 부합하지 않는다고 본다. "적어도 규약 이후의(postkonventionell) 근거설정수준에서 나타나는, 법과 도덕의 병행적 분화를 진지하게 고려하는 한", 특수경우테제는 필요하지 않다는 것이다.[43]

3. 비 판

논의이론의 구상에 대해 제기되는 근본적인 반론은 특히 실천적 인식이 가능하다는 주장에 초점이 맞추어져 있는데[인지주의

---

41) Ebd. 279면.

42) 이에 관해 자세히는 *Ulfrid Neumann*, Zur Interpretation des forensischen Diskurses in der Rechtsphilosophie von Jürgen Habermas, in: Rechtstheorie 28 (1996), 1면 이하 참고.

43) *Habermas*(각주 34), 286면.

(Kognivismus)의 문제],[44] 이에 대해서는 여기에서 자세히 언급할 수 없다. 논의이론에 대한 반론이 특별히 (법적) 논증에 관한 논의이론적 구상에 지향되는 한, 비판은 주로 세 가지 관점과 관련을 맺는다.

a) 첫 번째 관점은 논거 및 결정의 실질적 정당성 기준으로서의 (이상적, 잠재적) 합의의 역할에 관련된다. 특히 바인베르거는 하버마스 및 하버마스에 가까운 학자들에 대해 실질적으로 좋은 근거와 논거가 확신을 갖게 만드는 영향을 구별해야 한다는 반론을 제기한다. 그렇기 때문에 하버마스처럼 논의의 결과에 초점을 맞출 수는 없다고 한다.[45] 그러나 다른 학자들도 유사한 형태로 제기하는 이 비판은 논거가 사실적이고 구체적 상황에 따라 달라지는 조건하에서 달성하게 되는 확신력과 이상적인 조건하에서 달성하게 되는 확신력 사이의 차이를 분명하게 구별하고 있지 않다. 만일 이 비판이 잠재적 합의라는 정당성기준을 문제 삼는 한, 그렇다면 과연 잠재적 합의가능성을 관련시키지 않고 다른 어떤 방법으로 좋은 논거와 덜 좋은 논거를 구별하려고 하는지 의문이다.

b) 첫 번째 반론보다는 다음과 같은 두 번째 반론이 더 중요한 의미가 있다고 보인다. 즉, 설령 '좋은' 논거의 성질을 합의가능성이라는 기준을 통해 확인 가능한 대상으로 만드는 것에 대해 동의한다고 할지라도, 논증적인 정당성과 제도화된 절차와 관련된 정당성 사이의 관계가 구체적으로 어떠한 구조를 띠고 있는

---

44) 이에 관해서는 예컨대 *Herbert Keuth*, Erkenntnis oder Entscheidung. Zur Kritik der kritischen Theorie, Tübingen 1993; *Armin Engländer*, Diskurs als Rechtsquelle?, Tübingen 2002, 89면 이하 참고.

45) *Ota Weinberger*, Diskursive Demokratie ohne Diskursphilosophie, in: Rechtstheorie 27 (1996), 427면 이하.

지를 설명해야 할 필요가 있다.[46] 하버마스는 이러한 반론을 감안하여 결과의 절차적 정확성과 논증적 정확성 사이의 관계를 어떤 결정의 결과가 갖는 '타당성(Gültigkeit)'과 '인정가능성(Akzeptabilität)' 사이의 구별을 통해 더 섬세하게 구성한다. 절차에 부합하여 성립한 결정은 그 자체 '인정가능성'을 주장할 수 있고, 이와는 달리 실질적 근거를 원용하여 타당한 결과와 (단지) 합리적으로 인정할 만한 결과 사이의 차이를 주장할 수 있는 가능성도 열려 있다고 한다.[47]

c) 논의윤리학(Diskursethik)의 중심문제는 합리적 논증의 조건들로부터 규범적 규칙을 도출하려는 시도이다. 이 점에 대한 비판은 그릴(Gril)이 요약하여 서술하고 있고, 이와 관련된 여러 가지 다른 문제도 다루고 있다.[48] 그릴은 먼저 상호이해에 지향된 대화 이외에는 다른 대안이 없다는 논의이론의 전제에 대해 반론을 제기하면서, 성공을 지향하는 전략적 논증도 논의규칙에 대한 묵시적 승인을 포함하고 있지 않더라도 얼마든지 상호이해를 지향하는 의사소통적 논증과 동등한 반열에 있다고 한다.[49] 이밖

46) 이에 관해서는 예컨대 *Arthur Kaufmann,* Rechtsphilosophie, 2.Aufl., München 1997, 275면 이하; *Bernhard Peters*, Recht und Gesellschaft, Frankfurt am Main 1991, 253면 이하; *Neumann*(각주 42), 415면 이하 참고.

47) Jürgen Habermas, Die Einbeziehung des Anderen, Frankfurt am Main 1996, 341면 이하[여기서 하버마스는 베른하르트 페터스와 미첼 로젠펠드(Michel Rosenfeld)가 제기한 비판을 지적한다].

48) *Peter Gril*, Die Möglichkeit praktischer Erkenntnis aus Sicht der Diskurstheorie. Eine Untersuchung zu Jürgen Habermas und Robert Alexy, Berlin 1986; *ders.*, Alexys Version einer transzendental-pragmatischen Begründung der Diskursregeln im Unterschied zu Habermas, in: Archiv für Rechts-und Sozialphilosophie 83 (1997), 206면 이하.

49) *Gril*, Möglichkeit(각주 48), 68면 이하. 양자를 동등하게 보는 입장에 대한 비판으로는 *Günter Ellscheid*, in: Archiv für Rechts- und Sozialphilosophie 86 (2000), 294, 297면 참고.

에도 그릴은 보편화가능성원칙에 대한 하버마스의 표현에서 등장하는 '보편적 이익'의 개념과 기능에 대해서도 의문을 제기한다. 즉, 하버마스에 따른다면 보편적 이익을 합의를 통해 확인할 때 관건이 되는 동의의 주체로서의 각 개인은 결정을 내릴 때 이미 보편적 이익을 지향해야만 하고, 그렇다면 보편적 이익은 각 개인의 동의를 필요로 하지 않는다는 역설에 봉착하게 된다는 것이다.[50] 이러한 반론이 어느 정도 비중이 있는지는 별개의 문제로 하더라도, 도덕규범을 근거짓는 다른 대안이 있는가 라는 물음은 여전히 남는다. 엘샤이트가 그릴을 논박하면서 다시 한 번 주의를 환기시키고 있는 바와 같이, 도덕규범을 개인의 이기적 이해관계에 기초하여 근거짓는 것은 불가능하다. 왜냐하면 그러한 도덕규범은 약한 의미의 이기주의자만을 구속할 수 있을 뿐, 강한 의미의 철두철미한 이기주의자까지 구속할 수는 없기 때문이다.[51] 과연 선험화용론적 출발점을 경험적 이익에 초점을 맞춘 논증과 결합시키는 것[52]이 안정된 토대를 마련해줄 수 있는지 여부는 계속 논의를 해야 할 필요가 있다.[53]

4. 적용논의와 근거설정논의(클라우스 귄터)

하버마스의 논의모델에 따르면 어떤 행위규범은 관련된 모든 당사자들이 규범준수를 통해 자신들의 이해관계에 발생하는 결과에 비추어 그 규범에 동의할 수 있을 때에 타당성을 갖는

50) *Gril*, Möglichkeit(각주 48), 92면 이하.

51) *Ellscheid*(각주 49).

52) *Robert Alexy*, Diskurstheorie und Menschenrechte, in: ders., Recht, Vernunft, Diskurs, Frankfurt am Main 1995, 165면 이하.

53) 이에 대한 비판으로는 *Gril,* Alexys Version(각주 48); *ders.*, Möglichkeit (각주 48), 138면 이하.

다.[54] 그러나 이러한 전재만으로는 그 규범이 효력을 갖는 개별 사례에서도 적절한 규범이 된다는 보장이 없다. 이 점이 클라우스 귄터(Klaus Günther)가 발전시킨 모델의 기본사상이다. 그의 모델에 따르면 하나의 규범의 타당성 여부에 대해 결정을 하는 근거설정논의(Begründungsdiskurs)는 그 규범이 구체적 사례에서 적용될 수 있는지 여부의 문제와 관련된 적용논의(Anwendungsdiskurs)를 통해 보충되어야 한다고 한다.[55]

적용논의와 근거설정논의의 구별이 해결하고자 하는 문제는 구체적인 개별사례에서 이루어지는 도덕적 또는 법적 결정이 그 사례와 관련하여 타당성을 갖고 또한 그 사례에 해당되는 행위규범에 따른 결정과는 다를 때에만(또는 최소한 다를 수 있을 때에만) 등장한다. 도덕발달의 '규약 이후의' 단계에서는 행위에 대한 도덕적 평가가 규칙과의 합치성만으로는 이루어질 수 없다는 사정 때문에 그러한 가능성이 생기게 된다.[56] 이 문제를 귄터는

---

54) *Jürgen Habermas*, Diskursethik – Notizen zu einem Begründungsprogramm, in: *ders.*, Moralbewußtsein und kommunikatives Handeln, Frankfurt am Main 1983, 53면 이하, 75면 이하.

55) *Klaus Günther*, Der Sinn für Angemessenheit. Anwendungsdiskurse in Moral und Recht, Frankfurt am Main 1988. 이 문제에 관해서는 *Ulfrid Neumann*, Die Geltung von Regeln, Prinzipien und Elemente, in: Bernd Schilcher/Peter Koller/Bernd-Christian Funk(Hg.), Regeln, Prinzipien und Elemente im System des Rechts, Wien 2000, 115면 이하, 123면 이하 참고.

56) 귄터가 기초로 삼고 있는, 도덕의식의 발달단계에 관한 모델에 관해서는 *Lawrence Kohlberg*, Die Psychologie der Moralentwicklung(hg. von W.Althof), Frankfurt am Main 1996 참고. 콜벅의 이론에 관해서는 *Lutz Eckenberger*, Anmerkungen zur Beziehung zwischen Recht und Moral aus entwicklungspsychologischer Sicht, in: Heike Jung/Heinz Müller-Dietz/Ulfrid Neumann, Rechtsbegründung – Rechtsbegründungen, Baden-Baden 1998, 19면 이하 참고.

"인간에 대한 사랑 때문에 거짓말을 할 권리가 있다는 잘못된 주장에 관하여(Das vermeinte Recht, aus Menschenliebe zu lügen)"라는 칸트의 유명한 텍스트에 비추어 분명하게 밝힌다. 거짓말을 금지하는 규범은 모든 사람이 거짓말에 속아 넘어가지 않는 것에 대한 이익이 있다는 점 때문에 타당성을 갖는다. 하지만 피해자를 쫓고 있는 살인자에 대해서도 거짓말을 해서는 안 된다는 칸트의 결론은 수긍할 수 없다. 왜냐하면 칸트의 결론은 구체적 상황의 특수성을 무시하고 있으며, 오히려 그러한 특수성이야말로 바로 이 상황에서 무엇이 도덕적으로 올바른 행위인가 라는 물음에 대해 결정적 의미를 갖는다.

일반적으로 설명하자면, 하나의 규범이 구체적 상황에서 적절성을 갖는지에 대해서는 상황과 관련된 모든 중요한 표지들을 고려할 때에만 결정을 할 수 있다는 것이다. 그러나 규범의 타당성에 대해 결정을 하는 근거설정논의에서는 그와 같은 고려가 불가능하다. 왜냐하면 장래의 규범적용상황 모두를 사전에 예견할 수는 없기 때문이다.[57]

도덕적 및 법적 결정과 관련된 상황표지의 중요성이 규범 자체를 통해 확정되는 한, 하나의 규범이 구체적 상황에서 적절성을 갖는지의 문제는 타당성을 갖는 기존의 규범들 사이의 충돌관계를 해소하는 작업의 형태로 제기된다. 그러나 특정한 상황에서 서로 충돌하는 여러 규범들 가운데 어느 한 규범의 타당성을 부정함으로써 문제해결에 도달할 수는 없다. "규범충돌은 결코 타당성주장들 사이의 갈등으로 재구성할 수 없다. 왜냐하면 서로 충돌하는 규범들은 … 구체적 상황에서 비로소 일정한 관련성을 맺게 되기 때문이다."[58] 문제해결은 오히려 구체적 사례에

57) *Günther*(각주 55), 198면; *Habermas*(각주 34), 266면.

58) *Günther*(각주 55), 300면.

서 '적용논의'를 통해 이루어진다. 이 적용논의에서는 규범체계의 정합성[59]이라는 관점에서 어떠한 규범이 '그 자체의 타당성은 계속 유지하는 가운데' 이 케이스에서 '적절한' 다른 규범에 양보를 해야 하는지를 결정한다.[60]

하버마스도 수용하고 있는[61] 권터의 구상은 커다란 반향과 활발한 논쟁을 불러일으켰다.[62] 우선 서로 충돌하는 규범들이 존재한다는 전제하에 하나의 규범에 대한 정당화와 구체적 상황에 이 규범을 적용할 가능성에 대한 정당화를 구별하는 것에 대해서는 의문이 있을 수 없다. 이에 반해 적용논의와 근거설정논의 사이의 구별이 논의이론적으로 정당화되는지, 다시 말해 이러한 차이가 적용을 둘러싼 논란에 독자적인 논의형식을 부여해야 할 정도로 논증구조상의 중요한 차이에 해당하는지에 대해서는 커다란 의문이 제기되고 있다.

이와 관련하여 권터로서는 적용논의에서는 하나의 개별사례에 대한 구체적 평가가 우선한다는 점, 즉 단칭의 규범적 명제에 대한 근거설정이 이루어지는 반면,[63] 근거설정논의에서는 보편적 규범의 타당성을 주제로 삼는다는 점을 지적할 수 있다. 물론 이러한 지적에 대해서는, 적용논의 역시 구체적 상황의 표지들이

---

59) 이에 관해서는 *Günther*(각주 55), 299면 이하; *ders.*, Ein normativer Begriff der Kohärenz für eine Theorie der juristischen Argumentation, in: Rechtstheorie 20(1989), 163면 이하 참고.

60) *Habermas*(각주 34), 266면.

61) *Habermas*(각주 34), 265면; *ders.*(각주 47), 369면 이하.

62) *Robert Alexy*, Normenbegründung und Normenanwendung (1993), in: *ders.*, Recht, Vernunft, Diskurs, Frankfurt am Main 1995, 52면 이하; *Matthias Kettner*, Warum es Anwendungsfragen, aber keine "Anwendungsdiskurse" gibt, in: Jahrbuch für Recht und Ehtik 1 (1993), 365면 이하.

63) *Klaus Günther*, Warum es Anwendungsdiskurse gibt, in: Jahrbuch für Recht und Ethik 1 (1993), 379면 이하.

갖는 규범적 중요성과 관련을 맺기 때문에 어떤 단칭적인 사건이 아니라, 일반화 가능한 기준과 관련을 맺는다고 반론을 제기할 수 있다. 즉, 칸트의 보기에서 질문을 받은 사람이 거짓말을 해서 잠재적 살인자로부터 쫓기는 사람을 구출할 (도덕적) 권리가 있다고 말하기 위해서는 반드시 모든 사람은 그와 같은 상황에서 그러한 권리를 갖는다고 전제할 수 있어야 한다. “상황표지의 중요성에 대한 주장에 대해서는 (이른바) ‘적용논의’를 통해 제기될 수 있는 근거들”은 “언제나 직접적 또는 간접적으로 당사자들의 이익에 대한 보편화가능성을 표현한다.”[64] 다른 한편 근거설정논의에서도 규범의 모든 적용상황을 관련시킬 수 있다.[65] 이 점에서 근거설정논의와 적용논의의 차이는 근거설정논의의 참여자와 적용논의의 참여자가 갖고 있는 정보의 상태의 차이에 따른 것이다. 하지만 근거설정논의 참여자들이 부족한 정보를 갖고 있다는 사정은 이 논의의 본질적 측면이 아니라, 단지 우연적인 성격의 것이기 때문에, 개별사례에 대한 정당한 결정을 둘러싼 토론은 다른 방식으로도 재구성할 수 있다. 즉, 결정해야 할 사례의 사실적인 구조가 아니라, (일반화 가능한) 상황표지의 규범적 중요성이 문제되는 한, 토론 참여자들은 어떠한 규범에 비추어 구체적인 사례를 결정해야 하는지를 밝히게 될 근거설정논의를 시작할 수 있다는 식으로 재구성할 수 있다. 이렇게 재구성을 하게 되면, 특히 규범충돌의 ‘적절한’ 해소를 위해 정합성의 관점에서 수행해야 할 토론은 반드시 보편적인 (메타)규범과 관련을 맺어야 하고, 이 점에서 이 토론의 논증이론적 위치를 근거설정논의의 내부에서 찾게 된다는 장점이 있다. 그렇게 되면 구체적 사례에 대한 적절한 결정에 필요한 규범은 예외조항을 추가하여 서술하고, 이를 근거설정논의를 통해 정당화할 수 있다.[66] 적용

64) *Kettner*(각주 62), 375면; 이에 관해서는 *Günther*(각주 63), 386면 참고.
65) *Günther*(각주 55), 51면; 이에 관해서는 *Alexy*(각주 62), 68면 이하 참고.

을 둘러싼 토론을 이렇게 재구성하면, 사실상 적용논의와 근거설정논의의 구별은 필요가 없을 것이다. 하지만 이러한 재구성은 귄터의 세분화된 모델이 타당하다고 보이게 만드는, 한 가지 중대한 논거와 관련된 문제를 해결하지 못한다. 왜냐하면 예외조항을 추가("사람의 생명을 구하기 위한 경우가 아닌 한, 거짓말을 해서는 안 된다")하는 방식으로 규범을 변경하는 것은 아무런 예외가 추가되지 않은, 원래의 무제한적 규범의 타당성을 파괴하고, 결과적으로 이 규범은 예외조항의 적용영역에서는 도덕적 중요성을 완전히 상실하기 때문이다.[67] 논증이론적으로 표현하면, 예외조항의 추가는 생명을 구하기 위한 표현이 거짓말이라는 사실이 거짓말의 도덕적 허용성에 반대되는 논거로 더 이상 고려될 수 없다는 결과를 낳는다. 즉, "사람의 생명을 구하기 위한 경우가 아닌 한, 거짓말을 해서는 안 된다"는 규범은 그 구조적 측면에서 "교통경찰이 '통과'라는 사인을 보내지 않는 한, '빨간 신호등' 앞에서는 차를 멈추어야 한다"는 규범과 구조적으로 아무런 차이가 없다. 하지만 이 두 규범에서 예외조항이 갖는 의미는 도덕적 및 논증이론적 관점에서 상당한 차이가 있다. 신호등이 '빨간불'이라는 사실은 구체적 상황(경찰의 교통통제)에서 규범적으로 아무런 의미가 없다. 즉, 빨간불은 그 상황에서는 교통경찰의 사인에 따라야 한다는 명령에 대한 '반대논거'가 될 수 없다. 이에 반해 거짓말을 금지하는 일반규범은 설령 이 규범이 생명구조(또는 생명포기의 금지)라는 다른 명령에 양보해야 할지라도, 구체적 상황에서 여전히 거짓말에 반대되는 '논거'로 작용한다.[68] 물론 이 점은 거짓

---

66) 자세히는 *Alexy*(각주 62) 참고.

67) 이에 관해서는 *Günther*(각주 63), 386면 참고.

68) 이에 관해서는 *Klaus Günther*, Universalistische Normbegründung und Normanwendung in Recht und Moral, in: Maximilian Herberger/Ulfrid Neumann/Helmut Rüßmann(Hg.), Generalisierung und Individualisierung

말금지가 절대적인 당위론적 (deontologisch) 의미를 갖는다고 전제할 때에만 그렇다. 만일 거짓말금지를 행위공리주의적(handlungsutilitaristisch) 의미에서 단순히 순간순간의 규칙으로 이해한다면 규범적 측면에서는 위에서 보기로 든 교통규칙과 아무런 차이가 없다. 그렇게 되면 거짓말금지는 처음부터 거짓말이 (보편적인 표현으로) 중요한 이익의 구출에 기여하지 않는 사례에만 국한된다. 하지만 내가 보기에는 거짓말금지를 당위론적으로 해석하는 것이 이 금지에 대한 일상의 도덕적 이해에 더 부합하는 것 같다. 어쨌든 거짓말금지에 대한 행위공리주의의 해석에서 표출되고 있는, '상황에 의존하는 도덕적 기회주의'[69]는 논의이론의 모델과는 결코 부합할 수 없다. 물론 당위론적 이해가 논의의론을 통해 근거지을 수 있는 모든 법규범과 도덕규범과 관련하여 설득력을 갖는지는 면밀하게 검토해야 한다.[70]

VI. 비 판(루만)

논증이론이라는 개념으로 결집되는, 지시적 이론(규범적 논증이론) 또는 분석적-서술적 이론과는 반대로 체계이론은 올바른 논증의 규칙이나, 사실상으로 이루어지는 논증의 규칙성에 대해 묻지 않고, 법적 논증의 기능에 대해 묻는다. 이러한 체계이론의 관점에서는 법적 논증에 대한 기존의 모델들은 여러 가지 문제를 안고 있다고 여겨지게 된다. "지난 수십 년 동안 '논증이론'이

---

im Rechtsdenken, ARSP-Beiheft Nr. 45 (1994), 36면 이하, 46면 이하 참고.

69) *Günther*(각주 63), 389면,

70) 이 지점에서 형법학자들은 '소극적 구성요건표지'이론과 '개방적' 구성요건의 문제를 떠올릴 것이다(이에 관해서는 예컨대 *Claus Roxin*, Strafrecht Allgemeiner Teil, Band I, 4. Aufl., München 2006, 286면 이하, 300면 이하 참고).

라는 이름으로 축적된 내용들을 면밀한 이론적 관심을 갖고서 회고해 보면 정작 딱히 도움이 될 만한 내용을 찾아볼 수 없다."[71] 그리하여 법적 및 도덕적 논증에 관한 '이성적' 원칙('원칙에 대한 믿음')뿐만 아니라, 법적 논증에 관한 절차이론적 경향("절차적 지침으로 도피하는 것은 현실적으로 아무런 도움이 되지 않는다," 348면)도 루만의 비판의 그물에 걸려든다. 즉, 이성원칙과 도덕원칙을 원용하는 것은 법외부의 규범적 기준을 끌어들이는 것이기 때문에 '법체계의 작동상의 폐쇄성'이라는 테제, 즉 "오로지 법 스스로만이 법이 무엇인지 말할 수 있다"는 주장(50면)에 반한다고 한다. 작동상 폐쇄된 법체계라는 모델은 도덕이 직접적으로 법적 의미를 갖게 되는 것을 배제한다(78면).

체계이론의 관점에서 보면 법적 논증은 법체계의 일관성(반복 Redundanz) 및 유동성(변이 Varietät)을 보장할 필요성과 관련을 맺는다. 단순하게 표현하면, 과거의 결정과의 관계에서 현재의 사례를 과거와 같이 취급할 것인지 아니면 다르게 취급할 것인지의 문제이다. 개별사례는 다른 결정들과의 맥락 속에 자리를 잡아야 하며, 그래야만 "체계가 단순히 개별적인 결정들의 총합으로 해체되는 것을 방지할 수 있다(356면)." 정의를 평등취급(평등한 정의)으로 이해하면, "정의는 반복이다"고 말할 수 있다(356면). 따라서 반복을 보장하는 논증의 방향은 규칙에서 사례로 이루어지는 것이 아니라, 개별사례에서 다른 개별사례로 이루어진다. 바로 이 점으로부터 법적 논증에서 유추(Analogie)가 차지하는 의미가 도출된다.

다른 한편 법체계는 — 다시 한 번 단순화시켜 표현하면 — 비교를 통해 사례들을 처리할 수 있는 가능성, 즉 사례집단에 대

---

71) *Niklas Luhmann*, Das Recht der Gesellschaft, Frankfurt am Main 1993, 348면. 이하에서 인용하는 페이지 숫자는 이 저작에 관련된다.

한 (규범적) 구별의 가능성을 보장해야 한다. '반복'과 '변이'라는 개념들은 법적 논증에 대해 서로 모순되는 요구를 제기한다. 하지만 루만에 따르면, 논증 자체의 차원에서는 이러한 모순되는 요구가 "지속적으로 반복되는 근거설정의 모순"의 형태로 등장하지는 않으며, 오히려 규칙과 원칙의 네트워크를 통해 감추어진다고 한다(361면). 근거들은 차이를 낳는다(368면). (적어도 내가 루만을 이해하는 한) 근거들이 여러 가지 차이들 가운데 특정한(임의적인?) 차이들에만 국한됨으로써, 근거들은 그 어떤 것, 즉 자신들의 '반복'적 성격에 대해 침묵한다(370면). 이는 결과적으로 법적 논증에 대한 이데올로기 비판 및 법적 논증의 '해체(Dekonstruktion)'라는 문제로 귀착한다.

근거들 자체도 다시 근거지어져야 한다. 텍스트의 명확한 문언만으로 충분하지 않는 한(해석의 의미에 관해서는 362면 이하 참고), 법적 논증에서의 '메타-근거들'에 대한 물음이 제기된다. 바로 이 지점에서 오늘날의 법적 논증은 신, 인간의 본성 또는 이성 따위를 원용하는, 역사적으로 진부하게 된 방식 대신 법적 결정이 낳을 결과에 대한 판단을 앞세운다고 한다(377면 이하). 물론 이와 관련해서는 체계내재적 결과와 체계외재적 결과, 법적 결과와 사실상의 결과를 구별해야 한다(380면). 체계내재적 법적 결과는 '통상의 일관성통제, 즉 충분한 정도의 반복을 확보(381면)'하는 것이기에 문제가 없다. 이에 반해 사실상의 결과를 고려하는 것은 경험적 예측의 불확실성에 비추어 볼 때 커다란 우려의 대상이다(381면).[72] 이러한 우려를 그저 결정과 관련된 예측이 잘못

72) 이에 관해서는 *Niklas Luhmann*, Argumentation. Eine Analyse ihrer Form, in: Gunther Teubner(Hg.), Entscheidungsfolgen als Rechtsgründe, Baden-Baden 1995, 19면 이하; *ders.*, Rechtssystem und Rechtsdogmatik, Stuttgart u.a. 1974도 참고.

될 수도 있다는 의미로 이해해서는 안 된다. 그보다는 미래의 불확실성이라는 불가피한 사정은 '참/거짓'이라는 2치논리에 근거한 진리이론에 '확정불가능'이라는 제3의 가치를 추가할 수밖에 없고, 이는 결국 법/불법이라는 양 가치로 코드화된 법과 갈등을 겪게 된다는 우려이다(383면 이하).

특정한 사례집단은 같게 취급하고 다른 사례집단은 다르게 취급하기 위한 규칙들은 행정행위, 위임, 법인격부인론과 같은 도그마틱 개념 속에 저장된다(384면 이하). 이런 의미에서 법개념은 곧 구별이다(386면). 따라서 루만의 관점에서는 개념법학에 가해지는 통상의 반론이 법개념 자체에 대한 반론으로 가해지는 한, 지나치게 과장된 것이다. 이익법학이 선호하는 것처럼 이익이라는 개념에 집중하게 되면 '최대한의 이익실현(392면)'에만 국한되지 않는, 법의 고유한 가치를 소홀히 할 수 있다.

체계이론에서는 이익과 법의 고유한 가치 사이의 관계는 타자준거(Fremdreferenz)와 자기준거(Selbstreferenz)의 관계로 재구성될 수 있다(393면 이하). 예컨대 구속력 있는 텍스트와 관계가 있는 형식적 논거들을 통해 법체계는 자기 자신과 관련을 맺고, 자기준거를 실행한다. 구속력 있는 이익에 대한 지적과 같이 어떤 실질적 논거들을 통해 법체계는 타자준거를 실행한다. 이러한 재구성에 따른다면, 법원칙으로서의 이익형량이라는 통상의 공식은 전적으로 타자준거에 속하며, 그 때문에 "타자준거과 자기준거의 매개라는, 모든 결정이 반드시 충족해야 할 활동을 수행하지 않는다"는 비판을 받는다(398면). 이와 같은 체계이론적 관점에서 이익형량은 모든 법도그마틱에 대한 '트로이의 목마'이다(268면).

법적 논증에 대해 루만이 행한 냉철한 분석의 결과는 곧 법률가들과 (일부의) 철학자들이 법적 논증의 역량을 지나치게 과대평가하고 있다는 것이다. 아마 그럴지도 모른다. 하지만 법적 논증의 대안은 결국 정당화가 없이 이루어지는 결단일 뿐이다. 이 점에서 법적 논증은 국내외의 법철학문헌에서 커다란 주목을 받는 충분한 이유가 있다 하겠다.[73)]

---

73) 앞에서 인용한 문헌들 및 Neumann(각주 6)에 제시된 연구들 이외에도 *Andrzej Grabowski*, Judicial Argumentation and Pragmatics, Krakau 1999; *Jerzy Stelmach/Bartosz Bozek*, Methods of Legal Reasoning, Dordrecht 2006; *Joseph Raz*, Practical Reason and Norms, 3. Aufl., Oxford 1999; *Robert Summers*, The Jurisprudence of Law's Form and Substance, Aldershot 2000 등 참고.

지은이 울프리드 노이만(Ulfrid Neumann)은 1947년에 독일 헤센 주의 젤리겐슈타트(Seligenstadt)에서 태어나 튀빙엔 대학교와 뮌헨 대학교에서 철학과 법학을 공부했고, 1971년에 1차 사법시험, 1974년에 사법시험에 합격했다. 1974년부터 스승인 아르투어 카우프만(Arthur Kaufmann) 교수가 소장으로 있던, 뮌헨 대학의 법철학과 법정보학 연구소(Institut für Rechtsphilosophie und Rechtsinformatik)의 연구조교로 일했으며, 1978년에 박사학위를, 1983년에 교수자격논문을 취득했다. 1984년부터 프랑크푸르트 대학교의 법철학 담당교수, 1987년부터는 자브뤼켄 대학교의 형법, 형사소송법, 법철학, 법사회학 담당교수, 그리고 1994년부터는 다시 프랑크푸르트 대학교에서 형법, 형사소송법, 법철학, 법사회학 담당교수로 재직중이다. 1998년부터 2006년까지 세계 법 및 사회철학 학회(IVR) 독일지부 회장을 역임했으며, 2007년 8월부터는 IVR의 회장단 임원이기도 하다. 구스타프 라드브루흐 재단(Gustav Radbruch-Stiftung)의 이사장이며, 1991년부터 1999년까지 독일 학술원(DFG)의 법철학과 사회철학 전문분과 평가위원을 맡기도 했다. 2009년 3월에 그리스 아테네 대학교에서 명예박사학위를 수여받았다. 그는 「총체적 형법학잡지(ZStW)」와 북경에서 발간되는 「법철학과 법사회학 잡지(Archives for Legal Philosophy and Sociology of Law)」의 공동편집인이자, 노모스 형법주석서(Nomos-Kommentar zum Strafrecht)의 책임편집인 및 공저자이기도 하다.

주요저작으로는 「법존재론과 법적 논증」(1979), 「형사정책의 새로운 이론」(1980, 울리히 슈로트와 공저; 한국어판, 배종대 옮김, 1994), 「귀속과 사전과책」(1985), 「법에서의 진리」(2004) 등이 있고 기타 형법, 형사소송법, 법철학, 법이론, 법사회학에 관한 다수의 논문이 있다.

옮긴이 윤재왕은 1964년 광주에서 태어나, 광주고등학교, 고려대학교 법학과와 철학과, 같은 학교 대학원 법학과를 졸업하고 독일 자브뤼켄 대학교와 프랑크푸르트 대학교에서 법학과 철학을 공부했으며, 프랑크푸르트 대학교 법과대학에서 지은이 울프리드 노이만의 지도로 「법효력과 승인」(Rechtsgeltung und Anerkennung, Nomos Verlag, 2009)이라는 주제로 박사학위를 받았다. 논문으로는 "법적 논증이론과 절차적 정의"(1992), "법, 도덕 그리고 사실－비얼링의 승인설에 대한 켈젠의 비판"(2009), "'법관은 법률의 입'? 몽테스키외에 대한 이해와 오해"(2009)가 있고, 번역서로는 「라드브루흐 공식과 법치국가」(Frank Saliger 지음, 2000), 「법철학」(Kurt Seelmann 지음, 2000), 「인간질서의 의미에 관하여」(Werner Maihofer 지음, 2003), 「법이란 무엇인가?」(Norbert Hoerster 지음, 2009), 그리고 김규완과 함께 옮긴 「독일법개념사전」(Barbara Wagner 지음, 2002)이 있다. 현재 고려대학교 법과대학에서 강사로 일하고 있다.

법과 논증이론

2009년 11월 10일 초판 인쇄
2009년 11월 20일 초판 발행

저 자 울프리드 노이만
역 자 윤 재 왕
발행인 이 방 원
발행처 세창출판사
서울 서대문구 냉천동 182 냉천빌딩 4층
전화 723 - 8660 팩스 720 - 4579
E-mail: sc1992@empal.com
Homepage: www.sechangpub.co.kr
신고번호 제300-1990-63호

정가 18000 원

ISBN 978-89-8411-292-6 93360

【원전】 **Juristische Argumentationslehre**
by Ulfrid Neumann

Wissenschaftliche Buchgesellschaft, Darmstadt, 1986